成语里的万年中华史

郭志坤　陈雪良　著

因
纸
材
无
上
施
围
内
谈
教
魏
而
兵
救
始
赵
卧
薪
尝
胆
礼
崩
乐
坏

春秋战国卷

上海人民出版社　上海书店出版社

自　序

　　把中国的成语典故串联起来，撰成一部中国通史的构想，是 20 世纪 80 年代的事。本书作者之一、时任文汇出版社总编辑的郭志坤策划了一部《世界成语典故辞典》（文汇出版社 1989 年 9 月出版），我们从中获得一种启迪，深感中国成语典故丰富多彩，若把中国成语串起来就是一部通俗生动的中国历史，可迟迟没有落笔。一则是因为时间紧，我们还在各自的工作岗位上，二则是因为我们也先后忙于《中华一万年》、"提问诸子"丛书以及"细讲中国历史"丛书的编纂工作。虽然课题搁了下来，可在上述著述编辑进程中不时冒出鲜活的成语典故，并纳入著述，如《中华一万年》涉及两百余则中国成语，"提问诸子"丛书也有一百余则成语。经长时间的酝酿与积累，我们更加意识到，中国成语是语言的精华、历史的缩影、文明的积淀、智慧的结晶，是传承中华文明的重要纽带。把一则则成语典故缀连起来，就是一部丰富翔实而充满着现场感的中国通史。

　　于是，退休之后，我们将构思多年的《成语里的中国通史》（三册本）编撰出来，很快就在上海人民出版社出版。该书出版后引起较好的反响，媒体纷纷作了报道。上海市文史研究馆与上海人民出版社联合举行了出版座谈会，与会者对此书予以褒奖，认为首创中国通史"成语体"，即以成语为切入口，将与中国历史发展脉络密切相关的成语缀连在一起，叙其历史原貌，述其历史过程，深入浅出、生动有趣，并美言这是挖掘阐发中华优秀传统文化精神内涵之创新。会上专家学者赞赏有加的评论以及后来媒体的众多报道，给予我们极大的慰勉。

《成语里的中国通史》的出版，获得了中央有关部门的重视与关注，出版当年被列入中宣部 2019 年"优秀青少年读物出版工程"，这是极大的鼓励和鞭策。盛名之下，我们在重读之后，觉得离褒奖实际还有差距。众多好友提出了不少意见，认为中华优秀传统文化有很多重要元素，共同传承了中华文明，其中文献记载以及口口相传的中国成语起了作用，建议尽量把优秀传统文化的精神标识提炼出来、展示出来。尤其在网络音频专家的启发下，我们觉得有必要在原著的基础上进行扩充改写，使文稿更加通俗化、口语化，有利于进一步扩大宣传，帮助更多读者深入了解中华文明的历史，更有力地推进中国特色社会主义文化建设。

　　由是，我们重读"二十四史"，对本纪、世家、列传等以及相关文人笔记、历史小品等，进行了一番钩沉探奥。按照一些权威学者的界定："成语是长期习用、结构定型、意义完整的固定词组。"本书所讲述的成语，不仅涵盖了习惯意义上所说的成语、典故、掌故、谚语和俗话等，还泛指从历史中留存下来的、民众在社会生活中长期习用的"固定词组"。为了便于读者查阅及贯通历史，本书在每则成语典故前，以类似"旁白"的形式，紧扣历史事件、历史人物，简明扼要地叙说了成语典故出现的背景，以增强历史现场感。同时出于对成语典故产生的深刻背景和含义的理解，书中还进行适量中外对比，以全球的视角来评述中华民族在世界历史发展中的特殊地位。

　　中国成语典故尽管是三言两语，但所蕴含的思想内容相当丰富。我们脑际一直回荡着这样一种心愿：让口口相传以及文献记载下来的中国成语，精准地描绘源远流长、博大精深的中国通史。这部《成语里的万年中华史》（十册本）成稿后，我们自认为是一部"别具一格"的中国通史，本书至少有三个重要特色：

　　其一，昭示着我们中华民族和平发展的脉络。中华民族是热爱和平的民族，这已是世所公认的不争事实。一部中国成语发展史，生动地展现了我们民族爱好和平发展的精神血脉。五帝时代，舜对禹提出了"允执厥中"的重要观念，这是以"中正"塑造民族性格，并要求走和平发展之路才能治理好国家。到了商代，商汤见有人"网布四面"，明确提出"网开三面"。"网开三面"（也称"网开一面"）体现了人际关系中的和平精神，对后世影响巨大，唐太宗曾以此作为建设大唐盛世的思想武器。武王灭商后的"刀枪入库，马放南山"更是具体生动地表达了对和平的热爱和向往。《论语》中的"礼之用，和为贵。先王之道，斯为美"，就把和平精神与礼让观念完美结合在一起。之后"言归于好""退避三舍""同舟共济""不战而屈人之兵""和而不同"以及"协和万邦"等成语倡导的和平发展的内在基因，流淌在中华民族的血脉中，从根本上决定了中国始终是世界和平的建设者。

其二，彰显着中华民族爱国爱民的崇高情怀。中国人在爱国爱民的情怀上是热烈而富于激情的。神话传说中，开天辟地的盘古在完成了他的伟业后，将自己的血、肉、皮、毛全都献出，"化生万物"，无私奉献了所有。"夸父追日""女娲补天""道法自然""厚德载物"等成语表达的都是先民对养育自己的皇天后土的感怀深情。大禹的"三过家门而不入""克勤克俭""沐雨栉风"，商汤的"自我牺牲"，商王朝发展过程中有五代商王在王业衰微后成功实现了"复兴伟业"，孔子的"任重道远"，墨子的"兼爱天下"，孟子的"得民心者得天下""乐以天下，忧以天下"，都是爱国爱民情怀的集中体现。至于苏武的"完节归汉"，高颎的"以天下为己任"，岳飞的"精忠报国"，东林党人的"家事、国事、天下事，事事关心"，顾炎武的"天下兴亡，匹夫有责"，更是激情满怀，掷地有声。正由于此，中华文明的绵延传承至今从未中断，对人类文明的进步事业贡献巨大。

其三，展现着中华民族自强不息、艰苦奋斗的精神面貌。《易》是

《五经》之首，是中国最具哲学意味的一部传世经典。这部经典有六十四卦，其第一卦称"乾卦"，亦称"龙卦"，在乾卦的《象传》中有这样的一句话："天行健，君子以自强不息！""自强不息"这则成语，成了支撑中华民族奋勇前行的主心骨。中国人的事情靠中国人自己来操办，只要"自强"了，就没有过不去的"火焰山"。这体现了中华民族不惧挑战的无畏品格。"精卫填海""愚公移山""卧薪尝胆""千里之行，始于足下""铁杵磨成针"等成语，所表述的都是"自强不息"的艰苦奋斗精神。司马迁在《报任安书》中写过一段激昂文字："古者富贵而名摩灭，不可胜记，唯倜傥非常之人称焉。盖文王拘而演《周易》；仲尼厄而作《春秋》；屈原放逐，乃赋《离骚》；左丘失明，厥有《国语》；孙子膑脚，《兵法》修列；不韦迁蜀，世传《吕览》；韩非囚秦，《说难》《孤愤》；《诗》三百篇，大抵圣贤发愤之所为作也。"在这里，司马迁以七大文化名人和《诗经》作者群体为例证，说明圣贤之所以为圣贤，可贵之处在于"发愤"，在于奋斗。司马迁的这段激情文字，就是一部浓缩了的中华民族发愤图强史。

正是在浩瀚璀璨的中华优秀传统文化的感化和召唤下，我们坚持不懈，久久为功，不知熬过多少不眠之夜。虽然此"工程"完结了，但实际还没有结束，还要充实修改。其中必有错漏之处，诚望指正。

郭志坤　陈雪良

2023 年 6 月 2 日

目 录

战　国

春　秋

春　秋　战　国　卷

成语里的万年中华史

前　言

春秋时期起于公元前 770 年的平王东迁，结束于公元前 453 年的三家灭智，凡三百一十八年。春秋时期的到来，标志着统一王权的名存实亡，也意味着地方诸侯势力的雄起和割据局面的形成。春秋时期是进入阶级社会之后，华夏大地上的第一次大动乱和大分裂，当然也是一个大变革的时代。

这不仅是一个战乱的历史时期，更是"一个充满活力、能量和创造力的时期"，甚至有些西方学者认为"这是一个决定而且永远决定中国发展进程的时期"。就经济实力而言，当时的世界总体上说是"四大文明古国"领跑。据美国学者费正清统计，到公元前 8 世纪（相当于中国的西周时期）四大文明古国基本上并驾齐驱，而西亚的巴比伦略略领先于四大文明古国中的其他三国。可到了公元前 8 世纪末（春秋中后期到战国时期），因为华夏大地上铁工具和铁农具的普遍使用，"中国已经迎头赶上"，成为独领风骚的世界领头羊。"中国成为当时人口最多的地区。据考证统计，当时战国七雄的人口加起来共有 2 000 万之多，接近西亚和地中海地区人口的总和。""铁制农具和用牛拉犁则给中国带来了一场农业革命。华北有更多的土地得到开垦，海岛的'蛮夷'也被纳入了主流文化。"中国的发展令整个世界为之艳羡和惊异（费正清：《中国：传统与变迁》）。这个说法应当说是相当客观的，也是有充分的文献依据的。

截至公元前 500 年前后，三百余年间，战事绵绵不绝，大小战争千余次，平均每年有三四次战争不等。春秋无义战。王权衰微，礼崩乐坏，导致诸侯混战，其间相继出现了"春秋五霸"。

这也是一个变革和发展的历史时期。各诸侯国的领军人物，为了使自己在战争以至争霸中处于有利的地位，纷纷开展政治、经济、文化上的变革。齐国管仲的大胆革新以及"仓廪实而知礼节"口号的提出，中西部两大国对原本相对落后地区的开发，以及秦晋两大国间的"永结秦晋之好"，楚庄王的"一飞冲天"，越王勾践的"卧薪尝胆"，都是彪炳史册的伟大壮举。这些壮举改铸了各诸侯国的面貌，也改铸了整个华夏大地的面貌。在不绝的战乱及变革过程中，生产和各项经济事业还是在发展着，铁器、牛耕、私田，算是当年的民生"三宝"。春秋时期是从青铜时期迈向铁器时期的关键性阶段。

这更是一个文化灿烂的伟大历史时期。公元前 500 年前后，被西方学者称为世界文化昌明的"轴心时代"，那是一个文化大师风起云涌的大时代，那是一个文化生活风生水起的大时代。这个时代的文化成就实际上是以中国为最杰出的代表的，当时中国出现的文化巨匠之多、影响之大之久远，都是其他国家和其他地区所无法比拟的。这段时期，在"学术下移"的伟大变革中，产生了被称为"文圣"的孔子，被称为"智圣"的老子，被称为"兵圣"的孙子，被称为"民圣"的墨子。尤其是作为"集大成者"的孔子，他上承传说中的黄帝到他那个时代大约两千五百年的文化成就，下开身后两千五百年的文化新风。在中华传统文化五千多年的文明发展历程中，孔子刚巧是一个承上启下的无可替代的人物。研究春秋史，甚至可以说整部中国史、世界史，不能不研究孔夫子。

大国争霸中的是是非非

昏庸无度的周幽王，把周王朝推向了崩溃的边缘。最后，镐京（今陕西西安）沦陷，幽王被杀，赶到京郊的幽王的儿子太子宜臼在纷飞的战火中登上了王位，他就是周平王。在危急关头，郑、秦、晋、卫等国起兵，打出的旗帜是——

勤王救主

"勤王救主"，指的是当君王的统治受到某种威胁而动摇时，臣子或属下为救援主子而竭尽心力。这里的"勤"具有尽力之意，所谓"勤王"，就是尽力于救助君王，使之渡过难关。

春秋史开始时给人印象最为深刻的，就是诸侯勤王的一幕。而这个"王"不是别人，正是被幽王废弃了的太子宜臼，即日后的周平王。

上面说到，昏庸不堪的周幽王为了博取美人褒姒一笑，安排了一出"烽火戏诸侯"的丑剧。那些被"戏"的诸侯看到幽王和褒姒安坐在城楼上，在悠扬的乐曲声中饮酒作乐时，一个个垂头丧气而去。据史书记载，这样"戏诸侯"的丑剧出演了好几回，后来让各路诸侯对这个幽王彻底失去了信心。过了些时日，当缯国、犬戎和被废王后的父亲申侯的大军真的进军镐京的时候，幽王慌了，匆忙中又一次燃起了烽火。众诸侯看到烽火后都说："周王又在'戏'我们了，我们不用再理会他！"人们对周幽王完全失去了信任。幽王一旦失去了诸侯的支持，实在不堪一击。西戎和犬戎的大部队马上攻入了镐京，在骊山脚下杀死了幽王，并掳走了褒姒，西周王国灭亡了。

与申侯和太子宜臼一起率军进京的缯国和犬戎军队，他们名为支援太子宜臼复国，实际上是另有所图。进京以后，他们把京城的金银财宝抢劫一空，杀害了不少平民百姓。当时在城外驻兵的幽王之子原太子宜臼，已经在幽王死后被申侯和其他一些诸侯拥立为新主，称周平王。可是，这时缯国和犬戎的首领变脸了，反而不让新立的周平王入城。这时，幽王的叔父郑伯友挺身而出，明确打出了"勤王救主"的旗号，与烧杀抢掠的犬戎军大战于京城，不幸死于乱军之中。

郑伯友战死京城的消息传到郑国，整个郑国都沉浸在悲痛之中。立为新君的郑伯友之子郑武公马上统领郑军西进，打出的旗号就是"勤王救主"。郑国出动三百辆战车杀奔镐京而来。在镐京城下，郑军与犬戎军打得难分难解。正在此时，同样打着"勤王救主"旗号的秦、卫、晋三国军队也及时赶到了，几路夹攻，把犬戎军赶出了镐京城。众诸侯一合计，决定马上迎平王入城。

救主成功，接下来该怎么办？

"镐京差不多已经被犬戎夷为平地了，要不要或者说能不能马上重建京都呢？"晋文侯向大家发出这样的疑问。

"重建？"卫武公沉思了一阵说，"要重建镐京，那可不是一件容易的事，非得有三五年的时间不可，还得有相应的人力物力。"

"如果三五年真能平平稳稳地重建，那倒是件大好事了。而现在的情况是缯国人和犬戎虽被赶出了镐京，但仍近在咫尺，他们随时可能卷土重来。我们辛辛苦苦地建设了三五年，他们可以把这些毁于一旦，那可怎么办？"深受各少数民族侵害的郑武公显得十分深谋远虑。

众人犹豫了，一时竟然好像没了办法。气氛显得有点凝重。晋文侯和卫武公焦虑地在议事厅里打起转来。

"办法应该说还是有的。"年岁较大也显得老成持重的秦襄公扬起右手，颇为自信地说："我以为，办法就两个字——迁都！"

"迁都？"晋文侯、郑武公、卫武公三人几乎是同时发问。

"是的，是迁都，迁到新都洛邑去！"秦襄公看来早已胸有成竹，"镐京离强敌戎军太近，而且已被破坏得不成样子，必须迁都，迁到新都洛邑（今河南洛阳）去。洛邑为天下之中，又远离戎人，比较安全。同时，那里早在我周初建国时就由周、召二公着力经营过，宫廷房舍都是现成的，只要稍加整饬，就可以使用了。"

秦襄公这一说法，受到了晋、郑、卫三诸侯的一致赞同。最后报告了周平王，处于风雨飘摇中的这位新王还有什么新的选择呢？四位诸侯站立在平王的面前，恭顺地说："请王上放心吧，一路上都由我们护卫着呢！"平王当然是一口同意，决定迁都洛邑。

选定一个吉日就起程。由秦、卫军开道，晋、郑军护卫，一路护送周平王去洛邑。一路上虽有少量戎军干扰，但在四支诸侯部队的重兵保护下，周平王一行基本上还是顺畅的。一路辛苦，终于到达新都洛邑，安顿了下来。

至此，西周灭亡，迁都洛邑的新王朝被史家称为"东周"。

各路诸侯护送周平王到了洛邑，很快一切都安排妥帖了。周平王以天下共主的身份对四诸侯说："你们也辛苦了。现在大事已毕，都可以回你们的领地去了。"卫、郑两公领命而去，各自回自己的诸侯国去了，可秦襄公和晋文侯却迟迟不肯离去。周平王究竟还年轻，不知其中的奥妙，而平王身边的一些老臣早已看出了其中的缘由，对平王说："护送君王，秦、晋两国是立下了大功的，怎么能轻易叫他们走就走呢？君王不可不重赏啊！"

这时，周平王才感悟到，周王室的权威已经是今非昔比，不重赏他们，看来是不肯走人的了。在老臣们的建议下，平王就将岐山以西的一大片土地赐予了秦襄公，这可是当年周先人的发家之地啊！同时，又将秦襄公列为诸侯（秦国国君第一次正式当上诸侯）。平王又将河西之地赠予给了晋侯，晋国由此而强大。有了如此的重赏，秦、晋两家才心满意足地率部离去。

到得此时，所谓的"勤王救主"是否就可以说是终结了呢？没有。原来在差不多宜臼登极为王的同时，很有实力的诸侯虢公翰却悄悄地又在攜地（今陕西境内）拥立幽王的另一个儿子余臣为天子，称攜王，亦称其为"周天子"。这样就出现了二王并立、两周并存的局面。一定说谁更正宗也很难，因为他们都是幽王的儿子，都享有一定的声望和实力。当然，宜臼平王会更占一点优势，因他曾被幽王定为太子，后来是硬被褒姒做小动作排挤掉的。这种二王并立、两周并存的局面一直维持了十余年。后来支持宜臼的晋文侯联合秦襄公以突然袭击的方式攻杀了攜王，周王朝才得以重归于一。为了表示感激，平王作《文侯之命》，并将河西地赐给晋文侯，而将西土尽赐于秦。

勤王救主是西周向东周转换期间的一件大事。从郑伯友的舍身救主，到秦襄公的倡言迁都，再到晋文侯的击杀攜王，历时十余年，行程数百里，最后东周政权能稳定下来，也是实属不易的事。

平王东迁，使周王朝得以延续。但真正得利最大的当是地处西陲的秦族。秦的先祖虽说也是黄帝子孙，但长期来生活在荒僻的西部贫苦之地，是个挂不上号的弹丸小族。夏时依附于夏，商时依附于商，周时依附于周。到周宣王时才封了个"西垂大夫"。这次秦襄公护送周平王有功，于是被封为"诸侯"，史家称为——

开国承家

在我国古代，帝王对下属有功成员，实行包括封土在内的重大封赏，被称为"开国承家"。被封诸侯一级的，称"开国"；封为卿大夫一级的，称"承家"。该语首见于《易·师卦·上六》："大君有命，开国承家，小人勿用。"意思是说，天子颁布命令，封功劳最大的那些人为诸侯，使这些人开始有了自己的国；封次一等的有功人员为卿大夫，使这些人开始有了自己的家业；而那些没有业绩的小人，则不予重用。"开国承家"一语成语化以后，一般泛指功垂千秋的杰出人物开创的非凡业绩。

秦人从西周末到东周初的勃兴历程，正好用得上"开国承家"一语。秦人的庄公昆弟五人因"使伐西戎"（《史记·秦本纪》）有大功，而被周宣王破例封为"西垂大夫"，此为"承家"。只过了二十来年，庄公的儿子襄公，因以兵送周平王有功，"平王封襄公为诸侯"，此为"开国"，或称为"始国"。看，"开国承家"这样一句成语用在秦人身上多么妥帖。

长年地处荒蛮苍凉西陲之地的秦人，其发展历程是够艰辛的。这里不妨说一说。

说起来，秦的先祖也该是黄帝子孙。"秦之先，帝颛顼之苗裔"，这是《史记·秦本纪》上说的。司马迁这样说，必有所据。帝颛顼是五帝中的第二帝，离黄帝的族脉还是很亲很近的，只是秦这一脉长期生活在西陲之地，因此在经济上、政治上、文化上都显得比较落后了。

秦这一支脉中第一个出人头地的是大费，后世有人考证，他实际上就是助大禹治水的伯益。"女华生大费，与禹平水土"（《史记·秦本纪》），大禹治水从西到东，从东到南，从南再到西，兜了一大圈。在西部时，最得力的助手当是秦的大费了。有这样一则故事：治水成功后，帝舜赐予大禹一根象征荣誉和功绩的玄圭，大禹却说："不是我有多大的能耐，西部地区治水的成功，全靠着大费的辅助。"听了这个话，帝舜接见了大费，还"乃妻之姚姓之玉女"，就是由帝舜作主，将一位姚姓的美女许配给大费，成为他的正妻。大费拜谢了，后来一段时间大费还在帝舜身边帮助他"调训鸟兽"，成绩很是不错。

秦历史上另一个有名的先祖是周穆王时期的造父。《史记·秦本纪》上说："造父以善御幸于周穆王。"其意谓造父因为善于驾车而被周穆王所宠幸。这是很有名的一个大事件。周穆王是个很放荡的国君，据《穆天子传》里说，他曾经上了传说中的中华文化发祥地昆仑山，在山上见了长生不老的西王母。两人一见如故，情投意合，简直是乐而忘归了。正在高兴之时，国内传来徐偃王作乱的坏消息，周穆王急着回去，可国家远在数万里之外，怎么回得了？正在急得不得了的时候，处于西陲的秦先祖造父不知怎么得到了消息，他很快找来八匹千里马，亲自驾车送穆王回国。史书上这样写着："造父为穆王御，长驱归周，一日千里以救乱。"（《史记·秦本纪》）为了报答造父在周王朝平乱中的不朽之功，"穆王以赵城封造父"。这可是件大事，因为封于"赵"，因此秦人中又分化出了"赵"一支。秦、赵同族，又同祖，他们的共祖就是那位可以说是功垂史册的造父。

秦历史上还有一名叫非子的先祖，他是以善于养马而出名的。史载"好马及畜，善养息之"（《史记·秦本纪》），名闻远近。后来，西周历史上的第八代君王周孝王听说有这样个奇人，就让他为宫廷养马，结果的确不错。因为非子马养得好，"畜多息"，因此就赐他一个"嬴"姓，含有能繁殖的意思。又特别把秦地"分土"给他，"邑之秦"，这是特例中的特例，把什么身份都没有的一个叫非子的人给予了"分土"的待遇。应该说，非子其人，才是秦族的真正祖先。

到非子时，王家赐的姓有了，那就是"嬴"姓。封地虽然是很小很小的一块，但也有了，那就是"秦邑"。当然，那时的秦还只是个不起眼的小村邑吧！因此，非子后人又称之为"秦嬴"。

从非子传下去的第四代，是很著名的勇士秦仲。那时到了周厉王时代，天下大乱。"西戎反王室"，秦仲是站在维护王室、维护统一的一边的。到了周宣王时代，宣王"以秦仲为大夫"，要他去与反叛的犬戎势力作斗争。在与犬戎的不倦斗争中，秦仲献出了自己宝贵的生命。

再接下去的事就是前面所讲的，周宣王时"为西垂大夫"，不多久，到平王时"封襄公为诸侯"，实现了荣耀异常的"开国承家"的伟业。秦人的一部千年发展史，告诉了我们什么叫作"厚积薄发"。

历史给人以挑战，历史又给人以机会。假若没有平王东迁一事，秦在天下还什么都不是。有了护送一事，平王将岐西之地赠予了秦，并将秦襄公列为诸侯，史书上称为"秦族始国"。其后秦能统一中国，这是关键一步。

地处西陲的秦人也是炎黄子孙，发展到其族主嬴非子的时候，"居犬丘"，地盘虽说不大，但欣欣向荣，发展的势头很好。可这时称为"天下共主"的周王朝已到了立国第八代的周孝王时代，原先行之久远和维系天下统一的那套礼仪文化制度已经渐渐走向衰微，许多具体的礼乐条款更是被人一点点淡忘了。再往下推五代，到了周平王时代，包括秦在内的地方诸侯的实力大增，根本不把周王放在眼里。此时天下大乱，作为周统治象征和权威的礼乐制度受到极大冲击，甚至不复存在，这种现象被世人称之为——

礼坏乐崩

西周初年，以礼为社会道德的总纲，以乐为社会教化的规范，这样至少坚持了半个世纪。西周中晚期到东周时期的"礼坏乐崩"，是指整个社会纲纪的失范，以至不可收拾。

西周时的礼乐文化是与全国的统一和中央对地方的绝对权威紧紧联系在一起的。西周灭亡后，虽然有个名义上的周王，但其权威已荡然无存，周王成了作为摆设的空架子。这样，谁还去行那周礼？"君子三年不为礼，礼必坏。君子三年不为乐，乐必崩。"（《论语·阳货》）连君子都不为礼、不为乐了，更何论平民百姓？孔子首先明确地提出了"礼坏乐崩"这一概念。

周王朝建立之初，周王为了巩固自己的政治统治，大规模地"封建亲戚以蕃屏周"（《左传·僖公二十四年》），使那些战略要地都由周王的亲信统治、管理，周王成为了全部统治区的最高主宰。可是，到了西周后期，建立在统一和分封制基础上的"礼"制就靠不住了。《汉书·匈奴传》上说："至穆王之孙懿王时，王室遂衰，戎狄交侵，……中国被其苦，诗人始作，疾而歌之。"王权一弱，首先起来闹事的是当年长期被歧视的戎狄之邦。《诗经》中的不少诗都是批评当时社会秩序乱成一团糟的实景。

再说，分封之初，周王与所分封的诸侯之间的血缘关系十分的亲近。可是，十代十几代以后，这种血缘关系也就大为疏远了，诸侯也就自然而然地起不到"蕃屏周"的作用了。晋国始封之君是周成王的弟弟唐叔虞。到周王室东迁以后，晋国国君根本不念同属之谊，相反大片大片地蚕食王土，还一再与王室讨价还价。公元前 635 年，王室发生内乱，王子带为首的一些人图谋不轨，想夺周襄王的王位。这时晋文公出兵平乱。平乱成功后，晋文公竟然向周襄王"请隧"，也就是在他死后要以天子之礼下葬。这种十分僭越的行为，理所当然地受到了周襄王的斥责。但是，晋文公还是不让步，说："我保住了你的王位，你总不能让我空手而归吧！"在晋文公咄咄逼人的气势下，周襄王只得让步，把黄河北岸南阳地区阳樊、温、原、攒茅等邑"赏"给了晋文公。晋文公"于是始启南阳"（《左传·僖公二十五年》），这里的

"启"是开发的意思。这一"启"可不要紧,把南阳周边的一大片土地又划进了自己的势力范围。事到此时,还有什么"礼"可言?

有这样一个故事:依周初的"礼"而言,立谁为诸侯,该由谁来继位,这些的决定权都在周天子,地方无权自决。可是,到了西周末年,情况完全变了。周宣王即位后,他强行立鲁武公的小儿子戏为鲁国君,就是鲁懿公。道理何在呢?就因为鲁懿公此人听周王的话。这样做,当然既不符合嫡长继承制的原则,又不得民心。鲁国人根本不买宣王的账,群起而攻之,杀了鲁懿公而另立其兄伯御。这下周宣王就发怒了,以不听王命擅自立君的罪名,派兵征鲁国,同时另立伯御的弟弟孝公为鲁君,使鲁国一段时间里有了两个国君,也造成了鲁国内乱不已的局面。"诸侯从是而不睦"(《国语·穆仲论鲁侯孝》),意思是说,从这件事以后,各诸侯国就与周天子愈加离心离德了。

还有一件事,周宣王与诸侯杜伯之间为了点小事闹起了矛盾,小心眼的周宣王就想杀掉杜伯,不知怎么的,事情被泄露了出去,结果非但没有杀成,相反结下了很大很深的怨仇。发生此事三年后的一天,宣王会诸侯于田猎地,中午的时候,杜伯突然出现了,他"衣朱衣,冠朱冠,操朱弓朱矢射宣王,中心折脊而死也"(《国语·周语上》韦昭注引《周春秋》)。这就结束了周宣王的性命,也终结了他们两人之间的恩怨。有人一定会想,这个杜伯为何要穿上红色(朱者红也)衣服、戴上红色帽子、搭上红色弓箭来杀害周宣王?原来,三代中的夏尚黑,商尚白,周尚红,红色是周代的主色,也是周代王家之色,诸侯杜伯的一身皆红,大有蔑视周天子、欲自身取而代之的意思。周初的那个"礼"被视若儿戏了。

周王室东迁之后,由于西部王畿的全部丧失,王室直接管辖的土地还不及西周时的三分之一。再一层,原先各地的诸侯都要按时按量地向周王室呈上贡献,现在不只不愿再交贡献,还抢掠王室土地上的粮食呢！平王东迁后的第三年，麦收时节，发觉京百多亩王田中的麦子被偷割了，王家没力量去追究，也不敢张声。东周王室经济上难以维持，不得不厚着脸皮去向各诸侯国借贷。这方面的记录可以说是比比皆是。有下面几件事实可以说明。《左传·隐公三年》："武氏子来求赙。"何为"赙"？即丧仪也。真是可怜，周王室要办丧事，没钱，怎么办？就派了个叫武氏子的使者到诸侯那里去借。《左传·桓公十五年》："天王使家父来求车。"周王坐的马车坏了，也要叫一个叫家父的使者向诸侯求要。《左传·文公九年》："毛伯来求金。"这次是派出一名叫毛伯的使者向诸侯借钱。上述种种，可见当时周天子境况是何等的窘迫了。

东周时的"礼坏"是实实在在的，看得见摸得着的。天子管不了天下，而横行天下的却是那些兵精粮足的诸侯国。王室东迁以后，"王纲解纽"，地在东方的齐国不失时机地做大做强。《韩非子·有度》说："齐桓公并国三十，启地三千里。"中原的晋国在平王东迁时得了大利，乘机对周边的同姬姓小国如虞、虢、焦、滑、霍、杨、武等实行兼并，《韩非子·难二》："先君献公并国十七，服国三十八。"南方本身是周中央政权势力难以达到的地方，到东周时，楚乘势而自强自大。《吕氏春秋·直谏》："荆（楚）国兼国三十九。"《韩非子·有度》："楚庄王并国二十六，开地三千里。"原先周初建立起来的礼仪秩序彻底被破坏了。

原先中央政府网罗了一大批大师级的礼乐人才，以供教育培养礼乐人才，推广礼乐文化。这时，设在天子之下的礼乐学校和相关其他机构大多解散了，原先网罗的礼乐大师也纷纷私自出走，《论语·微子》载："大师挚适齐，亚饭干适楚，三饭缭适蔡，四饭缺适秦，鼓方叔入于河，播鼗（鼓）武入于汉，少师阳、击磬襄入于海。"这里的"亚饭""三饭""四饭"，都是乐官的食爵等级。这段话是说，总管礼乐的大师挚自说自话地去了齐国，第一把手一走，下面的也纷纷出走，第二把手叫干的那个人到了楚国，第三把手叫缭的那个人到了蔡国，第四把手叫缺的那个人去了秦国。还有击大鼓的方叔先生去了黄河河滨一带，击小鼓的武先生去了汉水流域，乐官助理（少师）阳先生和琴师襄先生去了渤海一带。这是礼坏乐崩的一种最明确不过的表现！

乐师礼师都跑掉了，那些本来就心怀不轨的诸侯、卿大夫就更加乱来。在《论语·八佾》中，留下了这样一段有意思的文字："三家者以雍彻。子曰：'相维辟公，天子穆穆。奚取于三家之堂？'"说的是，鲁国的孟孙、叔孙、季孙三家在举行家祭，祭毕撤馔之时，特地命乐工唱起了《雍》之诗。孔子听到这事后说："《雍》诗中说'四方诸侯都来助祭，天子的仪容庄穆而美好'。这在三家的堂上唱来，难道是适合的吗？"可是，自从平王东迁以来，这样不合"礼"的乐曲响起在不该响起的地方的现象，实在是司空见惯了。

在历史发展流程中，周王室在变，变得一点点缺乏统治力和号召力，直至成为只是名义上的"王者"和"共主"；各地的地方势力也在变，变得十分的强势，变得敢于卑视甚至无视周王室的存在，以至各行其是。在东周初期，变化最大、最早的当数起而"小霸"的郑国了。郑武公的父亲郑伯友是"勤王救主"的第一人，并为此而献出了生命。之后，郑武公又是帮助平王东迁的主角之一，立下了不朽之功。当上周天子的卿士之后，郑武公就大力经营中原，使郑国一度成为华夏之霸。可是，武公一死，郑国国中就产生了很大的矛盾。其子庄公继位，小儿子共叔段多行不义，庄公忍无可忍，严肃指出——

多行不义必自毙

"多行不义必自毙"这句成语现在被广泛地使用，是说作恶多端的人及其利益集团，到最后必然是搬起石头砸自己的脚，自绝于民众，自取灭亡。此言最初出自郑庄公之口，被指为"多行不义"的人，就是他的亲弟弟共叔段。此中缘由，很值得人们体味和深思。

应该说，在西周晚期，郑国是同姓诸侯中与周王室关系最亲密的。郑国的始祖郑桓公是周厉王的少子，周宣王的庶弟，被周宣王封于郑（今陕西渭南市华州区东），是西周最晚受封的一个诸侯国。而且，郑桓公、郑武公、郑庄公三世以诸侯身份为王朝卿士，其地位仅次于周天子，是西周晚期执掌朝政的实权派。平王东迁，郑武公有护驾之大功，这样郑国与王室的关系就绝非其他诸侯可比的了。

周、郑之间，在一段时间里，既是周天子与地方诸侯的关系，又是命运休戚相关的共同体关系。郑武公护驾成功之后，于武公十年娶了申国的美女武姜为妻。武姜是申侯之女，被申侯视为掌上明珠，从小娇生惯养，自以为是。武姜嫁到郑国之后，连丈夫郑武公也惧怕她三分。

武姜嫁入郑国的第二年就生下了太子寤生，也就是日后的庄公。过了三年又生了小儿子共叔段。生寤生时是难产，差一点要了武姜的命，因此武姜就产生了一种偏见，对大儿子寤生很不喜欢。而小儿子共叔段却得到了武姜过分的宠爱，从小骄横，长大以后更是任性，蛮不讲理，经常会干出一些不仁不义的事来。母亲武姜也不去管束他，任其胡闹乱来。

郑武公二十七年（前744），郑武公病重。武姜在武公的病床前提出这样的请求："立共叔段为太子，以后好接您的诸侯之位。"武公断然地拒绝了这一请求，说："共叔段这孩子游手好闲，不务正业，将来怕成不了气候，还是大儿子寤生正气，按常理也该让寤生接班。"当着两个孩子的面前，武公把这事定了下来。这年的秋天，武公去世了，寤生接替了诸侯位，他就是郑庄公。

郑庄公元年（前743），寤生即位还不到一年，在武姜氏的唆使下，共叔段就吵着闹着要京（今河南荥阳东南）这块地方，作为自己的封地。负责礼仪的臣子祭仲站出来说："京这座城市比我们的国都郑还大，还雄伟，怎么可以封给你的弟弟呢？再说京这个地方离郑地太近，那样做不得体，恐怕日后会出乱子的。"庄公说："母亲武姜要弟弟这样干的，我当儿子的怎么敢违抗母命呢？"庄公虽然觉得不妥当，而且也料到日后会出事，但碍于母亲的脸面最后还是同意了，还给了弟弟一个封号：太叔。

共叔段是个贪得无厌的人，他要了京这座城市以后，把京周围的地方都吞并进去了，地盘一下扩大了将近一倍。还改建了城墙，建设得比庄公所在的郑国首都还要豪华。祭仲赶忙又对庄公说："这可不对啊！先祖有一个规定，一个诸侯国的都城内的城墙最多不能超过三百丈的，不然就是失礼，就会酿成大的祸害。如今京这座城市是大大超过了，他想干什么呢？"庄公回答说："母亲姜氏支持他那样干，共叔段又是个十分自傲的人，只能看一看再说了。"祭仲说："不能让祸害滋生开来，要早作打算。蔓生的野草尚且难以除尽，更何况你那个弟弟，他是什么坏事都做得出来的呢！"庄公沉思了一下，说："多行不义必自毙，子姑待之。"（《左传·隐公元年》）

郑庄公在悲愤中道出了一句千古名言："多行不义必自毙。"说得多好啊！那种一意孤行干坏事的人，最后必然自作自受、自取灭亡。

庄公的那个弟弟共叔段也一样。共叔段的私欲是没有止境的。他不只把京地西边和北边的百姓召来，自说自话地宣称由他管辖，还把大片土地划入他的势力范围。他还扩编了军队，锻造了武器，准备与母亲武姜一起进攻新郑，共段叔从京地攻来，而武姜从内部策应。至此，共叔段的野心已经完全显现，郑庄公二十二年（前722），庄公就派出两百乘精锐部队主动出击，去攻打京地。京地的百姓受够了共叔段的盘剥，苦不堪言，庄公带领的大军一到，京地的百姓马上反戈。仓皇中，这个不可一世的共叔段出逃了，先是出逃到鄢，在鄢地被击溃后，后来又逃往共地，死在了境外，正应了"多行不义必自毙"一语。

在共叔段的反叛过程中，其母亲武姜一直是出演了一个不光彩的角色。要郑庄公把京地送给共叔段的是她的主意，要共叔段无理由地扩大京地也是她的主意，要共叔段结集力量进行武装暴乱还是她的主意。郑庄公当然对他的这位生身母亲是痛恨的。处理完叛逆的弟弟以后，马上就再来处理母亲。庄公把母亲武姜迁居到了僻远的一个叫城颍的地方，并且发誓说："再也不愿见到你这样的母亲了，除非是在黄泉路上相见吧！"过了一年多以后，经一些人的劝导，郑庄公的怒火平息了不少，又很不情愿地把母亲接了回来。可是，此时的武姜已无颜见人，不久也就在郁郁中去世了，这也正好应了"多行不义必自毙"这一千古名言。

反对"多行不义"的郑庄公，在周王室权威减弱的情况下，自己也干了不少不"义"之事。西周灭亡后，王室的权威和实力迅速下滑。公元前720年，当了五十一年天子的周平王在郁闷中离世，继位的是他的儿子周桓王。当时正是郑庄公"小霸"时期，他不可一世，根本不把新立的周王放在眼里，这样作为宗主的周与作为诸侯的郑之间的关系急剧恶化。周桓王十三年（前707），终于发生了王权严重衰落的重大标志性事件——

祝聘射王

"祝聘射王"这一典故，反映的是中国春秋时期历史上惊天动地的大事变。周王历来被认为是天下共主，是神圣不可侵犯的，按照《礼记》上说的"比年一小聘，三年一大聘，五年一朝"的规矩，诸侯及其下属年年都得对周王送上贡品，诸侯还得带上聘礼亲自朝见天子呢！可是，到了春秋时期，王权急剧衰落，地方诸侯势力日益强大，第一个被称为"小霸"的是郑国，第一个敢于在交战中拉弓射周王的是郑将军祝聘。

到了周平王末年，由于郑庄公的强势领导和对周王权越来越严重的不尊，周、郑关系一点点恶化起来，直至兵戎相见。总而言之，郑庄公小霸期间，郑国成了冲击王权权威的"领头羊"。郑庄公对周王权的冲击可以说是一波紧接着一波。

第一波：公元前 722 年甩开周王室征讨卫国。

郑庄公即位后，他与同母兄弟共叔段之间的矛盾激化。共叔段依仗母亲武姜的权势和宠信，频频向兄长发起挑战。共叔段先是要兄长封他到制邑（今河南荥阳汜水镇）去，郑庄公因那是个险要之处而不予同意，后封到了京地。共叔段到任后，忽然通令郑西部和北部边境地区要听命于他，野心已昭然若揭。不少人主张马上除掉共叔段，可郑庄公仍旧坚持认为"多行不义必自毙"。直到公元前 722 年武姜与叔段联手作乱时，郑庄公才决心平乱。当共叔段的儿子出奔卫国时，郑庄公不通过周平王径自出兵伐卫。这是春秋时期不经周王授权，一个诸侯国自行征伐另一个诸侯国的开始。周平王的颜面扫地了。当时平王的势力已十分衰弱，面对强势的郑庄公，只得忍气吞声、默不作声。那是发生在周平王去世前三年的事（前 722）。

第二波：公元前721年的"周郑交质"。

周平王此时已当了五十年周王了。这整整半个世纪的周王虽然当得不舒畅，但绝大多数的诸侯至少还对他保持一个表面的尊重，过去一年郑庄公不经过周王室同意擅自出兵攻卫，使他颜面失尽。他虽不敢说什么，但心里总感到不是滋味。有个大臣看出了周平王在想什么，就给他出了个主意："郑庄公之所以敢如此胆大妄为，那是大王给他的权太大了，如果分掉他一大半的权，那事情会好办得多了。"周平王一想，觉得所言甚是。于是立即把西虢公召来，好言抚慰，封其为右卿士，这样一来，一卿士变成了两卿士，西虢公与郑庄公平起平坐了。不过，周平王还是持谨慎态度，他没有公布这个消息。可是，天底下没有不透风的墙，郑庄公很快得到了这一信息。此时的郑庄公已是无所顾忌，他怒气冲冲地入宫责问周平王为何封西虢公为卿士。年老的周平王在凶相毕露的郑庄公面前像一个犯了错误的小孩似的，他竭力地抵赖，说："那……那是误传，根本就……就没那回事……"郑庄公发了一肚子的气后便转身就走了。为了安慰郑，也为了平息这场风波，周平王让王室特使去郑国和谈，提出为了增进周郑互信，实施"周郑互交质"——让王子狐作为人质到郑国去，让郑公子忽作为人质到周都来。

有学者把"周郑交质"作为春秋时期王权凋零、诸侯专权的一个重大标志，这是很有道理的。特别值得注意的是，这一"交质"是周平王自己提出来的，这更能说明当时局面的真实情况。

第三波：公元前719年周桓王即位后郑国对其经济上的挤压。

公元前720年，当了五十一年国王的周平王在郁闷中离开了人世。第二年，周桓王即位。他即位后的第一件"大事"就是企图削弱郑庄公的权力，明确分权给虢公。郑庄公得知此事后，马上做出了反应。这次不再是一味地政治上施压，而是从经济上去挤压周王朝。四月，郑庄公派出大夫祭足带兵把周温地的麦子全割去了。秋天，又把成周一地的稻谷抢先收割掉了。

这对周王朝来说无疑是雪上加霜。周王朝东迁后，大片土地已经失去，经济来源十分匮乏，连支撑朝廷成员的日常生活都极为困难。许多诸侯都不来朝觐了，贡献物也越来越少。按照当时的礼仪，天子丧后半年是要下葬入土的，可是下葬要有一大笔钱，朝廷的国库里又拿不出，于是只得到诸侯国去借贷。周桓王派成氏子到了鲁国求助，要求鲁国以丧礼的名义出一笔钱，鲁国也不肯爽快地从钱包里掏出钱来。从办丧事的钱都拿不出可以看出，周王朝经济上的难处可见一斑。春秋两季的收成被郑庄公掠去后，周王室的困境是可想而知的。

第四波：公元前707年的"繻葛之战"。

周桓王多少有点初生牛犊不怕虎，他对郑庄公傲视王权的行径还是心有不服。周桓王二年（前718），郑庄公还是装模作样地去朝见天子，桓王不理不睬，"不礼焉"，就是故意冷淡他。周公提醒桓王："周的东迁，主要靠的还是晋国和郑国，现在虽然出了许多不愉快的事，为了大局，看来还是得尊重这位郑庄公。"周桓王没说什么，转身走了。桓王五年（前715），周桓王任命虢公忌父为卿士，与郑伯同为卿士。桓王八年（前712年）周王夺去了原属郑的邬、刘、蒍、邘四邑的田地。这样，周与郑之间长期积累下来的矛盾处于一触即发的危境了。

周桓王十三年（前707），周桓王完全剥夺了郑在王朝中的权力，郑也宣布不再朝觐。双方经长期斗争终于"摊牌"。这年秋天，周桓王想先发制人，结集了虢、蔡、卫、陈等国军队伐郑。王率中军，虢公林父率蔡、卫军为右军，周公黑肩率陈人为左军，向郑大举进攻，双方战于繻葛（今河南长葛北）。战争一开始，郑的左右军挥动大旗鸣鼓前进，蔡、卫、陈的军队迅速溃败，于是，郑军集中力量合击周王师。周军大败，周桓王被郑将军祝聃的箭射中肩膀。桓王受伤后，奋力指挥军队突出重围。郑将军要挥师乘胜追击，郑庄公却假惺惺地说："君子是不应该欺人太甚的，何况我们面对的是天子，更不能侵侮于他。如果能使我得到应得的地位，使国家免于灭亡，就什么都足够了。"那天晚上，郑庄公派出使者祭足到周营去，慰问受伤的周桓王，并问候天子的群臣。

通过上面这样四次大的"冲击波"，尤其是在"繻葛之战"中郑国轻而易举地击败王师，射伤周桓王，使周天子的威信一落千丈。原先尚能维持的所谓"王命"现在完全失去了作用。在人们的心目中，周天子再也不是天下共主了。

而这四次大的"冲击波"让郑在人们的心目中的地位迅速飙升。"繻葛之战"的当年，周天子恢复了郑在王朝中的最崇高的地位。第二年，大国齐国被北戎侵扰，不得不向郑国求救。郑国派郑公子忽率军救齐，结果是大获全胜。当时的齐僖公为了示好于郑，刻意想把女儿下嫁给郑公子忽，公子忽以"小国不取大国女为妻"的理由拒绝了这门婚事呢！过去宋、卫等国长期是郑的敌国，现在却纷纷向郑靠拢。公元前701年，齐、卫、宋和郑在"恶曹会盟"，与盟的各国表示愿唯郑之命是从。这说明郑的势力一度已极强，实际上成了春秋初年的天下霸主。

经此繻葛一役，周天子最后的一块遮羞布被扯开，"礼乐征伐自天子出"的传统从此消亡，标志着春秋诸侯争霸的时代真正到来。后世常以"祝聃射王"来形容尊者失尽了威严和人心。

"春秋无义战"，当时战乱频仍，有些战事也很难说孰是孰非。在战乱中最倒霉和最为难的是像陈这样的中小国家，稍不谨慎，就有亡国灭种的危险。于是，就有一些清醒的政治家主张，在"春秋"这样的大乱世中，不管大国还是小国，都要坚守"和为贵"的大原则，主张推行——

亲仁善邻

春秋时期在中国历史上实在是一个极为特殊的历史时期。在这之前，大一统的西周王国覆灭，社会出现大分裂的现象。春秋初有诸侯国一百四十余，你打我，我打你，甚至说不出个孰是孰非来。后来经过战争和兼并，出现了影响较大的齐、晋、秦、楚、宋、卫、陈、蔡、曹、郑、燕、吴、越等十四国，还是你争我斗个不断。最后是形成了春秋五霸。在漫长的三百一十七年期间，最痛苦和难以自处的是广大中小国家，它们甚至有时处于无所适从的境地。在困顿中，中小国家陈国的一位称为"五父"的官员，提出了"亲仁善邻"的立国处世方略，使人眼前为之一亮。

陈是西周初最早分封的诸侯国之一，地域当在当年帝舜的故国，分封时定都在宛丘（今河南周口淮阳区），也称陈县。这个国家的第一任君主是虞舜的后裔胡公。在春秋时期，它只能算是中等偏小的国家，国力也不太强，地理范围也很小，经历了一系列的兼并战争后，地盘是越来越小。

到春秋时期陈国的第三君陈桓公时期，陈国到了生死存亡的关键时刻。陈桓公主持国政三十八年，本来，他在这么长的时间内是在陈国可以干出一番事业来的。但是，他没有正确估价自己的国力，更主要的是他没有正确的立国方略，因此国家处于四面受敌的危急之中，他又不自量力。他自以为国力不错，一味地实行与晋、蔡结盟而与周边他国交恶的国策，这样必然就危机四伏了。陈桓公想跟晋、蔡结盟，但晋、蔡实际上对陈并不真心。陈又与宋、卫交恶，但实际与这两国并没多大的利害冲突，只是关系没真正处理好罢了。

正在此时，当时实力还不太强、又真心想跟陈交好的郑国上门交善来了。郑国的使者说："我们是真正的兄弟之邦，我们可以结盟，以共同抗击来犯之敌。"陈桓公只是敷衍地接见了一下郑国的来使，拒绝了联盟的要求。这时，大臣五父站出来谏议道："亲仁善邻，国之宝也，君其许郑。"（《左传·隐公六年》）"君其许郑"之说就是要陈桓公答应郑国结盟通好的请求。可是，糊涂的陈桓公听不进去这样的忠言，他还是固执地说："我们面对的可怕敌人是宋、卫，与郑结盟有用吗？"

其实，当政的陈桓公根本没有听懂五父提出的"亲仁善邻，国之宝也"一语的实质。五父的意思是说，在国际交往中，要坚持仁道原则，尽量多的与同样坚持仁道原则的国家相亲相爱，携手前进，而对待邻国则要多在一个"善"字上做文章——改善政治经济的交往条件，善处邻国之间的矛盾，善于在邻国间架起友谊之桥，在大目标一致的前提下建立和平友善的邻国关系。既"亲仁"，又"善邻"，这正是立国之宝。可以说，五父说的是真理，在任何历史条件下都如此。

可是，陈桓公不懂得这一切，因此对郑国伸出的橄榄枝取"陈侯不许"的僵硬态度，将朋友拒之门外，认为郑国这样一个不起眼的国家，何必与之结好。这样一来，陈国不仅没有结交到盟友，相反又得罪友邦，多了个敌人。殊不知，郑国实际上实力并不差。郑国国君记住了陈国不愿交好的羞辱，后来起兵攻陈，"郑伯侵陈，大获"（《左传·隐公六年》）。陈国被打得落花流水。陈桓侯吃了个不搞"亲仁善邻"的大苦头。史家评判道："善不可失，恶不可长，其陈桓公之谓乎！"（《左传·隐公六年》）陈桓公在国际事务中做了件"失善长恶"的大蠢事。

在被狠狠地凑了一拳之后，陈桓公有点清醒了。"陈及郑平"

（《左传·隐公六年》）。陈国与郑国进入了修好的和平发展时期。"十二月，陈五父如郑莅盟。壬申，及郑伯盟，歃如忘。泄伯曰：'五父必不免，不赖盟矣。'郑良佐如陈莅盟。辛巳，及陈侯盟，亦知陈之将乱也。"（《左传·隐公七年》）这是当时陈郑结盟时的实录。结盟仪式在双方的首都分两次举行。第一次是陈国的五父代表陈国去郑国签约，当陈五父与郑庄公盟誓时，发觉原本老成的陈五父漫不经心，慌慌张张，郑国的泄伯料定陈国要出事。第二次是郑国的良佐代表郑国去陈国签盟约，看到陈桓公张皇不安的样子，也说陈国肯定要出事。

果然不出人们所料，陈桓公一死，陈国果真大乱。桓公的弟弟佗发动政变，杀死了桓公太子免，自立为陈公，他就是陈国历史上最腐败无能且专横独断的陈厉公。为了能独断独行，把才华出众的五父也杀了。五父死前，唯一视为可叹的是"亲仁善邻"国策的未能在陈国实现。但是，他坚信着这一国策是一定能实现的，即使不在陈国实现，也会在讲信义的国家和国家之间实现。

陈厉公实在是个不称职的国君，他娶了个蔡国女子，这个蔡国女子嫁给厉公后还是与一些蔡人男子乱搞，厉公也不管蔡女的乱来，自己与蔡国的其他女子乱搞，国家的政事一点也不管理。后来这个厉公被桓公的儿子杀了。之后陈国形势就一路的下滑，十年间经历了厉公、庄公、宜公、宣公四朝。

话要说回来，陈厉公虽说是一无可取，他却生了个好儿子，那就是中国古代历史上享有盛名的敬仲完。当年周太史过陈，厉公要他为儿子"以周易筮之"。在"观卦"中有这样的说法："是为观国之光，利用宾于王。"但是"此其代陈有国乎？不在此而在异国。"（《史记·田敬仲完世家》）意思是说，从他身上，可以观察到大国王朝的光辉景象。利于朝见天子，为天子之宾。大概他会代替陈国做天子的诸侯，不过不在陈国，在他国，不在当朝，在后世。这里又引出了一句成语"观国之光"，也就是我们平常一直说的"观光"。

这倒是实在的。在陈国的大乱局中，陈敬仲完（简称陈完）离开了母国陈国，来到东方的齐国。齐桓公早已听说陈完的贤能，就要封他为卿士，敬仲完坚决地辞让了，这是为什么？他做了这样的回答："我是逃难到这里来的，能免于劳役之苦已是很大的恩惠了，哪敢登此高位。"于是，齐桓公就任命他担任做实际工作的工正一职。齐国的臣子有意想把自己的女儿嫁给陈完，就给陈完占了一卦，兆辞上说："凤皇于蜚，和鸣锵锵。有妫之后，将育于姜。五世其昌，并于正卿。八世之后，莫之与京。"（《史记·田敬仲完世家》）其意思是说，凤凰鸟双双在天上飞，鸣叫声和谐又清脆。妫姓的后代，将要在姜姓的地方成长。五代之后会发达，地位与卿士一样高。八代之后无人可与他相比了，可说是诸侯之王。这里又引出了两句成语：形容夫妻情深的"凤凰于飞"和形容世代昌盛的"五世其昌"。

不能忘记陈国五父提出的国际交往的最可宝贵的原则——"亲仁善邻"。亲仁，是说要亲近仁义之国，善邻，是说要友善四近邻邦。五父提出的亲仁善邻这一"国之宝也"，一直为我们民族所珍视和传承。

这是记述在《左传·桓公十年》的一则颇具深意的故事。故事说的不是大国间的争斗，而是小国虞国的国君与他的弟弟间的内斗。虞公看到弟弟虞叔有块珍贵的宝玉，心生爱意，就向他要，虞叔很看重这块宝玉，不肯给。但冷静下来一想，虞叔觉得还是给他吧，不然……为何一下思想转过弯来了呢？因为他此时想起了一句周谚，匹夫无罪——

怀璧其罪

怀璧其罪，原指怀有"璧"这样世间少有的财宝，很可能由此招致祸害，后也比喻有才能而遭受嫉妒和迫害。此成语出自《左传·桓公十年》，也就是说，此事发生在公元前702年。

先说说这个虞国吧！"虞"可是个很古老很古老的地名，当年舜之先就封于虞，因此舜成为五帝中的第五帝之后，称"虞舜"，其故城当在今山西省平陆县东北。周武王克殷成功后，封古公亶父之子虞仲的后人于此。这是春秋初年一百多个诸侯国中最弱小而不起眼的国家，但由于其文化根脉的深远而引人关注，又因其国君的行为无状而让人感慨万千。

故事发生在虞国的国君虞公与他的亲弟弟虞叔之间。虞叔有一块非常珍贵的宝玉，被虞公发现了，虞公就要虞叔将这块宝玉送给他，颇有点夺人之爱的意思。虞叔深爱着这块宝玉，因此当时没有马上答应下来。过后思前想后，虞叔又感到了后怕，对家人说了一段掏心话："周谚有之，'匹夫无罪，怀璧其罪'。吾焉用此，其以贾害也。"（《左传·桓公十年》）意思是说，我想起了周人曾说过的两句俗语："普通的百姓本没有罪，就因为怀里藏着玉璧这样的宝物而获罪"，我何必贪留这块宝玉呢，留着这块宝玉恐怕是会招来祸害的啊！

虞叔想通了，于是就爽爽快快地将这块宝玉献给了虞公，虞公得到了宝玉以后，高兴了好大一阵子。

过了些时日，虞公又知道虞叔还有一口锋利无比的宝剑，心里又萌发了要这把宝剑的想法。于是虞公找到虞叔，直截了当地说："你的那柄宝剑好锋利，我喜欢，你不要留着了，还是送给我了吧！"要他献出宝剑，虞叔没有马上答应，也没有马上回绝，说回去查找一下看看。

虞叔在回家的路上，心里一直在想："虞公这样的所求不止，是心不餍足，心既不餍足，将来必会还要我别的东西，再发展下去……"虞叔一面走，一面想，最后简直不敢想下去了。

回到家里，虞叔把身边的几个心腹招来，一起商量此事。身边有人说："虞公要这要那的，太不像话了，全然不顾兄弟情面。"有人还说："虞公的本性是贪得无厌的。要去了宝玉，给了他，又要来索取宝剑，如果真的再给了他，他还会要别的。"这时有人还提醒说："如果一味满足他的贪得无厌，终将有一天要兄弟的头颅！"虞叔听了心腹的种种说辞，觉得言之有理，最后从心胸间发出这样一句愤言：

"是无厌也，无厌，将及我！"（《左传·桓公十年》）

其意思是说，这是十足的贪得无厌！既然是十足的贪得无厌，那么，到头来必然会危及我这个当兄弟的人的性命！话已经说到顶尖上了——"将及我"，我将来恐怕是生命都保不住了——唯一的出路就只能是起而反抗了。

经过虞叔与其心腹周密商量之后，就乘虞公不备之时，发兵攻打虞公。虞公毫无防备，只得出逃，奔到共池（今山西平陆西）那个地方去避难了，最后是死在了那里。虞叔继任，成了新一任虞公。

在这段故事中，虞叔最初因为拥有宝玉招来贪得无厌之兄长的觊觎，这也是后续一连串事端的根由。"匹夫无罪，怀璧其罪"，含义深刻，谓一个平民，本来没有罪过，因为自己藏有价值连城的宝璧，就会因璧而招来杀身之罪。后来引出"象以齿焚身，麝以香丧命"等周谚，谓象因身上的象牙，招来杀身之祸；麝鹿因身上的麝香，招来丧命之灾。居住在乱世之时，因怀有财富而遭受祸患的人，实在不可胜数。周代人所说的上述两句俗语，真是警世格言。然而贪得无厌的人，终将遭受祸害，虞公就是一个很明显的例证。

在上面引用的短短的一段文字中，出现了两个著名的成语："怀璧其罪""贪得无厌"。前者是说为掠人财物，随意加罪于人；后者是说多多益善，欲壑难填，在当时来说都是剑指那位虞公，是明确的对其铁板钉钉的负面评价。虞国的先世是圣人，是道德模范，在"礼崩乐坏"的大背景下，其国君沦丧到此等田地，实在令人感叹不已。

虞这个小国在春秋初时还存在着，和一个叫北虢的小国为邻，被称为"唇齿相依"之邦。不过这两小国一直处于无足轻重的位置。《左传·僖公五年》（前655年），晋献公向虞公借道攻虢，朝中文武都说不可，可当时的虞公偏偏准予借道。晋献公灭了虢国后，在返程途中轻而易举地把虞国消灭了。

齐襄公是齐国历史上少有的荒淫无道之君。他"淫于妇人，数欺大臣"（《史记·齐太公世家》），致使朝纲紊乱、朝臣畏惧。他还"醉杀鲁桓公"，把齐鲁关系推向恶化。他的两个弟弟于是出逃。大弟纠的母亲是鲁国人，就逃到了鲁国。二弟小白奔到了莒。襄公被杀后，两弟争着回国继位。公子纠在鲁国重兵保护下回国，争斗中差一点要了公子小白的命。但最终是小白成了齐国之主，他就是齐桓公。齐桓公为了报鲁国曾经帮助公子纠复国之仇，于齐桓公二年（前684）出兵伐鲁。鲁以曹刿为将，一度战胜了齐国，用的战术是——

一鼓作气

"一鼓作气"一语，首见于《左传·庄王十年》："夫战，勇气也。一鼓作气，再而衰，三而竭。"意思是说，打仗，靠的是一股勇气。冲锋时，擂第一通鼓的时候，士兵的勇气鼓得最足；擂第二通鼓的时候，士兵的勇气就差多了；擂第三通鼓的时候，士兵就没什么勇气了。后来此语成语化后，指的是办什么事都要鼓足勇气，乘势而为，不可中断泄气。

这"一鼓作气"一语，是春秋时期鲁国名将曹刿说的。

在齐襄公时期（前697—前686），相邻的齐鲁两国由原先的亲家转眼间成了仇家。当年，齐襄公娶鲁女为妻，两国的君主来往频频，关系密切。襄公四年，鲁桓公带着夫人来到齐国，好色的齐襄公竟与鲁夫人勾搭上了，而且偏偏又让鲁桓公发现了。这时，色胆包天的齐襄公竟玩起了"醉杀鲁桓公"的把戏。后来齐襄公是越来越不像话，至有大弟纠逃回母家鲁国、二弟小白投奔到了莒国之举。齐襄公被朝臣杀死后，纠和小白兄弟俩都抢着赶回去想坐君位，而鲁国为了帮助纠出动了军队，但小白凭借非凡的智慧夺得了君位，他就是齐桓公。

兄弟俩争君位中鲁君的介入，使齐鲁两国间的关系进一步恶化。争得君位的齐桓公（小白）除了无情地杀害了自己的兄长公子纠外，桓公二年（前684）即率大军伐鲁。

大军压境，史书上说："鲁急，杀子纠，召忽死。"（《史记·鲁周公世家》）比较起来，鲁国究竟是小国，屈服了，想通过杀死公子纠来平息齐桓公的怒气。可是，齐桓公还是不让步，大军还是不停步地向鲁地进发，鲁国也不得不迎战，于是就有了春秋时期著名的"长勺之战"。

两军对峙于长勺（今山东莱芜东北）。这时，鲁国的军门口来了个平民打扮的中年人，自己说叫曹刿。他请求面见鲁庄公。门口有人拦阻他，对他说："打仗是有地位的肉食者的事，你一个平民百姓懂什么？"他不高兴地辩白道："那些肉食者目光短浅，不懂得打仗，要打胜这一仗还得靠我们这些平民百姓。"这话恰好让鲁庄公听到了，就把他请进了专门会见贵宾的中堂。

曹刿面对鲁庄公，直截了当地发问："国君，你说说，你凭什么可以打胜这一仗？"鲁庄公是个直心人，说了一大堆的话。他说，衣服和食物是安身的东西，我能分给众人享用；我能用牺牲和玉帛等最好的祭品来祭祀祖先和上帝；大大小小的诉讼案件，我能按照实际情况加以处置……听了鲁庄公说的如此这般的一番话，曹刿说了这样几句贴心话："是则可矣！知夫苟中心图民，智虽弗及，必将至焉！"（《国语·鲁语上》）意思是说，你说的这些都是不错的，要知道，一个君王如果真心图求民利，办好民事，那么，即使才智上不及于人，那迟早能达到建国立业的目标的。

曹刿说的"中心图民"四字，深深地打动了鲁庄公的心。说罢，曹刿陪同鲁庄公来到了阵前。

双方的阵势都已摆好，战争一触即发。中国古代例行"击鼓进军，鸣金（打锣）收兵"。这时，齐军阵中击起了第一通鼓，鲁庄公准备也击鼓，曹刿忙止住了："不可！"紧接着齐军又击起了第二通鼓，鲁庄公又想击鼓，曹刿又忙止住了："不可！"当齐军懒洋洋地击了第三通鼓后，曹刿马上说："我们可以击鼓了，马上冲锋！"这时的鲁军像一把尖刀一样，直刺齐国军阵，"三鼓而竭"的齐军已斗志全无，一见鲁军如波涛般冲来，马上溃散了。齐军大败，鲁庄公准备驱车紧追时，曹刿说："慢着！"下车察看了齐车散乱的车辙后，才说："可以追击了！"

长勺之战，鲁国以弱势的兵力取得了全胜。鲁庄公取胜后还不知是怎么回事。曹刿告诉他："夫战，勇气也。一鼓作气，再而衰，三而竭。彼竭我盈，故克之。"（《左传·庄公十年》）在这里，一鼓作气的"作"，具有振作、激发的含义。意思是说，在战前，战斗动员也有了，宣言也发布，排兵布阵也就绪，正在蓄势待发之时，当战士听到第一通战鼓声时，是最能激发士兵的战斗勇气的。战争的指挥员要抓住战士勇气高涨的那片刻，挥师挺进。而齐军虽众，却丧失了激发勇气的大好时机，延误时日，士气衰竭，那么"彼竭我盈，故克之"，是必然之势了。

春秋时期的一大特色是大国争霸，郑国小霸的时日很短，接着是东方大国齐国的崛起。长勺之战发生在齐桓公登上君位的第二年。这一著名战役的败绩，更使齐桓公懂得了，一个国家的强盛，主要不在于兵强马壮，不在于对外征战，而在于坚定不移地实行富国强民的国策。之后，他把因地制宜地发展经济和切切实实地改善民生，放在了治国行政的首位，真所谓——

仓廪实而知礼节，衣食足而知荣辱

"仓廪实而知礼节，衣食足而知荣辱"，出自《管子》的首篇《牧民》。其意思是说，百姓的粮仓充足，丰衣足食，才能顾及礼仪，才会重视荣誉和耻辱。《管子》一书是我国古代一部名著，托名的作者是齐国改革者管仲，但它实际上是战国至秦汉之际的作品。该书内容十分丰富，既有管仲相齐的史实和事迹，又有管仲治国平天下的理论，可以说，这是齐国历史发展全部经验的结晶。尤其是"仓廪实而知礼节，衣食足而知荣辱"一语精彩之至，深刻之极。一个国家要做到"富国强兵"，前提条件就是要发展经济。老百姓"衣食足"了，才能安居乐业；国家"仓廪实"了，才能称霸诸侯。

齐地原先是一块贫瘠之地，种不好庄稼，因此人口稀少，也很少有人想到那里去发展。可是，齐太公姜尚到了那里，实行富民政策，后来齐桓公用管仲，继续发展经济，最后成就了霸业。

《史记·货殖列传》说到了齐国富强起来的这两个时间段。第一阶段是姜尚建国阶段。那时的齐国又穷又落后。姜尚到了那里，不是一切推倒重来，也不是因循这里的一切，而是"修政，因其俗，简其礼"（《史记·齐太公世家》），这里所言"因其俗"指的是，择取当地旧有风俗中的积极因素加以继承，并巧妙地与西周的政治文化制度结合在一起，形成一种全新的齐文化。它突出了"尊贤上功"，不拘于"亲亲上恩"的束缚，开创了大胆任用贤良和有功人员的新局面。在这个大前提下，推行新的经济改革。姜尚的经济变革是建立在因地制宜基础上的。

齐地当时的基本情况是"潟卤，人民寡"（《史记·货殖列传》），一是土地不好，都是低湿的盐碱地，二是人烟稀少，缺乏劳动力。土地和劳动力是农业生产最基本的要素，当时条件下这两大要素都不具备，就只能不把发展经济的重心放在农业上。

姜尚就采取了一系列新的经济政策——第一是"劝其女功"，把妇女动员起来，实施纺纱织布。从《诗经》可见，早在西周时人们就热衷于种桑养蚕，编织丝织品。到春秋时更加有所发展。在齐国，由于政府的大力提倡，丝织业制作和交易都走在了天下的前列。在齐襄公（前697—前686）时期，据说后宫嫔妃有几千人之多，但都"衣必锦绣"。当时为了交易的便利，丝织品也已进入规格化时期，每匹丝织品宽二尺二寸，长四十四尺，重二十五两。当时齐已成为天下丝织品的中心，号称"齐冠带衣被天下"（《史记·货殖列传》）。第二是"极技巧"，就是发展手工业和加工业生产。有资料表明，当时齐国的青铜冶炼、甚至铁的冶炼都是走在列国的前列的，骨、玉、石的作坊也比比皆是，史料中还有齐侯以精美的玉、石器作为礼品来打开外交之路的记录。第三是"通鱼盐"，农业一时发展不起来，可这里有"鱼""盐"两大宝啊，发展这两大优势产业，国家就可以大发展了。原先是不毛之地，一下子变成"冠带衣履天下"的富足之乡了。

齐国发展的第二阶段，是齐桓公用管仲为相的阶段，也就是春秋时齐鼎盛时期。从公元前11世纪齐建国，中经公元前770年的平王东迁，到公元前685年齐桓公在齐地确立统治地位，这个国家已立国四百余年。齐桓公用管仲，锐意变革，使这个国家面貌为之大变。

齐国在开国初期重在因地制宜，通过"劝其女功""极技巧""通鱼盐"，解决民生问题。而齐桓公则不一样，他是从"农为本"这个角度，彻底解决国富民强的问题。细细分析起来，他大约做了这样一些发展农耕的事。

一是实行土地制度改革。

可以说，齐桓公和管仲在土地制度上是做足了文章。管仲说："地者政之本也，是故地可以正政也。地不平均和调，则政不可正也。政不正，则事不可理也。"（《管子·乘马》）意思是说，土地制度是为政之根本，它可以匡正政事，从根本上解决民事。管仲提出了四个字的土地制度改革方略，叫做"均地分力"。

何谓"均地分力"？明确地讲，就是把土地均匀地分给农民，让农家实行分户经营，也就是分田到户。可是，各家各户分到的土地是不可能均匀的啊，国家就根据"均地"原则进行折算。比如，不长庄稼的田地，没有树木的荒山，百亩抵作一亩。芦荡泽地，九亩抵一亩。盘旋的山峦，十亩抵作一亩。河边的土地，五亩抵作一亩。"均地"以后，土地人口均登记在册，让一家一户在自己分到的土地上努力耕作，"相地而衰（税）征"（《国语·齐语》），收获物的一部分交税外，余下的都归属自己享用了。

管仲鼓励民众开荒，实行"耕者有其田"的政策。他还让那些占有大量土地的权贵交出土地，让农民去耕种。如果农民改良了土地，有了好收成，五年之内不调高赋税。与发展农业同时，管子在齐国设立了"工正""工师""铁官"，把手工业与商业生产发展起来。这样，经过二三十年的努力，国家走上了发展的快车道。

二是实行牛耕制，大大提高劳动生产力。

大约从商周开始，养牛业大为发展了。但是，在很长的一段时间里，养牛一是为食用，二是为祭祀，大约到了春秋时期，养牛业有了一个大转变，开始将饲养的牛用之于农耕，而这个过程又似乎是起始于齐国的。《国语·晋语》中有这样一段话："夫范氏、中行氏不恤庶难，欲擅晋国，今其子孙将耕于齐，宗庙之牲为畎亩之勤。"意思是说，当年的范吉射、中行寅这两位晋国的大臣，一点也不体恤民众的苦难，只想独霸晋国，结果在斗争中失败，其子孙流落在齐国，开始将"宗庙之牲为畎亩之勤"，这是可能的。

齐桓公殁于公元前 643 年，而孔子生于公元前 551 年，二人相去只有百年，而其活动的中心区域又都在齐鲁地区。史书上记载，孔门弟子中多有以"牛""耕"等字样命名的。如"冉耕，字伯牛""司马耕，字子牛"，等等，这正好说明春秋中晚期，尤其是齐鲁一带牛耕事业的发达。

三是实行因地制宜的多种经营。

《管子·立政》中说："相高下，视肥硗，观地宜，使五谷桑麻皆安其处。"这里说的多种经营大概有两层意思：一是根据不同的土壤质地，种植不同的作物，这样一来，到春秋时期恐怕种植的作物种类是更多更广了。《论语》中说到知识者的"四体不勤，五谷不分"问题，可见，当时对谷物的统称仍为"五谷"。但有一点是肯定的，春秋时不只种植粮食作物，还种植果树和蔬菜，更为有意思的是，园圃业已经从农业中分离了出来，在回答学生樊迟之问时，孔子不是将"吾不如老农"和"吾不如老圃"严格分开来了吗？

多种经营的第二义是农、林、牧、副、渔五业的共生共荣。粮食业、桑蚕业、瓜果业、狩猎业、捕鱼业……这种种行业都共生在农家之中，一般称之为农副业。农副业的共生现象，使农户的生存环境和生存条件得到了极大的改善，一直延续了千百年，成为中华传统产业的一大特色。

"仓廪实而知礼节，衣食足而知荣辱"一语，首见于以管仲名义发表的《管子》一书中，这是不奇怪的，也是为广大民众所认可的。后来司马迁写《史记》，分别在《管晏列传》和《货殖列传》中引用了这句话。在引述这句话的时候，冠之以"故其称曰"和"故曰"的饰词，可见到汉代时，此言已充分成语化，广泛流传于民众的口头了。

谁都承认，齐桓公是春秋时期的有为之君。他不仅实现了齐国的繁荣和强盛，而且懂得以结盟的形式团结华夏各族。尤其值得一书的是，在兵败于鲁国以后，在王权大幅度衰弱的情况下，他别出心裁地利用周王这面旗帜来维系天下统一的局面。齐桓公二十三年（前663），也就是发生极端挑战王权的"祝聃射王"事件的四十四年后，齐桓公大胆地提出了他极具号召力的口号——

尊王攘夷

"尊王攘夷"一词源自春秋时代，最早见于《春秋公羊传》，本意为"尊勤君王，攘斥外夷"，其指导方略是"尊崇周王室，诸侯不兼并，侵夺外夷地"。后来演化为具备复杂含义的政治术语。提出"尊王攘夷"这一政治口号的目的，一是在"春秋无义战"的大背景下尽可能地维系社会的平和与安定，二是赢得齐国的大国霸权地位。

齐桓公六年（前680），强大的齐国邀集陈、曹二国攻打宋国，罪名是宋国违背了先前的盟约。这时，管仲向齐桓公建言："应当让周天子出面参与攻打宋国其事。"齐桓公不理解为何要这样做，便发问："以齐国的实力，打垮宋国是轻而易举的事。把周天子拉进来，周王室又拿不出多少军队来，这样做有何好处呢？"管仲笑了笑，郑重其事地说："好处大得很，有了周天子这块金字招牌，战争性质就变了，那不再叫'征战',而叫'讨伐'。一旦用上'讨伐'这个名号,那一切就名正言顺,也就顺风顺水多了。"桓公一听,连声称妙。在齐桓公的好言"劝说"下,周王室只得派单伯率数百军加入了齐、陈、曹三国联军。宋国见周王室也加入了,没作多大反抗就屈服了。这是齐桓公第一次"挟天子以令诸侯"的举措。

齐桓公十九年(前667)时,鲁国已经成了齐国的附庸,陈国也亲附于齐,郑国势力大为削弱。这一年,齐、宋、陈、郑在幽地(今河北北部)盟会。齐桓公特邀周天子的代表参加了这次盟会。在盟会上,周天子的代表召伯宣布,周天子封齐桓公为"侯伯","伯"与"霸"通,"侯伯"也就是诸侯中的霸主之意。盟会上,周王命齐桓公以侯伯的身份率兵伐卫,因为卫曾在周私自另立王子颓为周王继承人。第二年,齐国就奉命伐卫,卫国很快就屈服了。在班师大典上,齐君威风凛凛地历数了卫国违抗王命之罪,俨然是一副"侯伯"的模样。

这里有必要说一下,"侯伯"之名是古已有之的。《尚书·周官》云:"内有百揆四岳,外有州牧、侯伯。"这是说周初天下一统情况下的设官状况。中央有两大类官员,一是"百揆",也就是总领朝中百事的首领;二是"四岳",就是总理四方诸侯的中央官员。地方也有两大类官员,一是"州牧",即各州的行政首长;二是"侯伯",即诸侯中的首席代表。但是很明确,地方要服从中央政权,"侯伯"要服从中央的四岳长官和天子的管理。但这时的"侯伯"已大不一样了。春秋这样的"侯伯",它是凭实力甚至暴力获取的。同时,它对中央是离心离德的,甚至是明目张胆的"挟天子以令诸侯"。

齐桓公在称霸过程中,十分高明的一招是"扶持弱小",凝聚天下中华各族,这是颇得民心的。

齐桓公二十三年(前663),山戎攻打燕国,燕国求救于齐国。齐国马上起兵打败了山戎,后又进攻直接威胁中原和东周王朝安全的狄人。桓公二十六年（前660）一个名叫邢（今河北邢台）的小国受到外来势力的攻袭。这时，管仲对齐桓公说："戎狄豺狼，不可厌也。诸夏亲昵，不可弃也。"（《左传·闵公元年》）这句话是提纲挈领的，意思是说，要桓公抓住两条：一条是打出抵制戎狄攻袭的旗号，另一条是不管是大国还是小邦，都是不可抛弃的，"诸夏"都应紧紧团结在周天子周围。后来宋代大学问家朱熹把齐桓公的政治路线归结为"攘夷狄以尊周室者也"（《论语集注·宪问第十四》），简言之就是"尊王攘夷"。齐桓公听管仲这么一说，心领神会，马上出兵救邢，使邢人免受灭国之难。为了保护邢人，齐桓公还将邢人全体远迁到夷仪（今山东聊城西南），并为之在那里建起了一座新城。第二年，北方来的外来势力一下灭了卫国，并且杀死了卫懿公。当时本土的卫人仅七百三十人，再加上其他两邑的卫人总共不足五千人。这时齐桓公伸出了援手，命自己的儿子公子无亏率三百乘兵车，三千名甲士，把所有卫人接到曹地（今河南滑县），并送去了牛、羊、鸡、狗等生活必需品，立新君戴公，这样卫才得以复国。戴公去世后，其弟文公立，齐又带领诸侯的军队为卫国修筑楚丘（今河南滑县东）新城，并把卫国整体迁到了那里。在一段时间里，齐国还帮助这样一个弹丸小国建立有效的防卫力量！

"邢迁如归，卫国忘亡。"（《左传·闵公二年》）救邢、存卫，对齐桓公来说，花费的力气并不怎么大，可收获的声誉却大大超过了事情的本身。经过邢国和卫国百姓的口口相传，大家都知道齐桓公是一个仁爱之君了，他的霸主地位也就越来越稳固了。

春秋时期诸侯争霸的行为，孟子统称之为"春秋无义战"。而大部分的先秦诸子，对"尊王攘夷"多为正面评价，尤其孔子如此。孔子说："桓公九合诸侯，不以兵车，管仲之力也。如其仁，如其仁。"（《论语·宪问》）其意是说，齐桓公多次召集各诸侯国，主持盟会，没用武力，而制止了战争，这都是管仲的力量啊！并反复指出这就是仁！这就是仁！这既是对桓公"九合诸侯"的肯定，又是对桓公"不以兵车"的赞许。孔子又说："管仲相桓公，播诸侯，一匡天下，民到于今受其赐。"（《论语·宪问》）这是孔子对桓公霸业的充分肯定。孔子称赞管仲"尊王攘夷"的功绩，谓："微管仲，吾其被发左衽矣。"（《论语·宪问》）其意是说，如果没有管仲，我们恐怕要披头散发穿左衽的衣服了！当时某些北方少数民族，被发左衽是他们的习俗。由于管仲辅佐齐桓公成功抵御了某些少数民族对中原地区的攻袭，保护了中原地区的周王室与诸侯国，所以孔子说这句话是在表扬他。后来朱熹亦称赞管仲："尊周室，攘夷狄，皆所以正天下也。"（《论语集注·宪问第十四》）

《史记·楚世家》中有一句话："齐桓公始霸，楚亦始大。"这是一句得体而符合史实的评述性语词。公元前7世纪中期，齐桓公管辖的齐国，开始走上"始霸"之路；而地处南蛮之地的楚文王统领下的楚国，差不多同时迈上了"始大"之途。"始霸"和"始大"，从经济、政治、军事、文化层面上讲，都不在一个档次上，但思想上的雄心勃勃是一样的。两个雄心勃勃的大国同处于同一天下的同一时间段，那将必有重大的碰撞。公元前656年，当两个大国碰撞在一起的时候，楚王使者却发出了这样的慨叹——

风马牛不相及

公元前7世纪中期的时候，东方大国齐国进入了长达四十年的齐桓公时代。齐国从开国之君吕尚起，齐国就重视发展经济，也关注民生。进入齐桓公时代以后，在发展传统的"鱼盐之利"外，又把民生之本农业抓了上去。几十年间，齐国一下成了志在"一匡天下"的头等强国，成了执天下牛耳的"侯伯"。

齐桓公元年是公元前 685 年，而楚国有为之君楚文王元年是公元前 689 年，两人并世为君，而楚文王略早些。

楚国长期以来一直被称为蛮夷之国，离开化较早的中原地带很遥远。还在其祖熊渠的时候，就说过："我蛮夷也，不与中国之号谥。"（《史记·楚世家》）意思是说，你们说我是蛮夷，我就是蛮夷吧，我根本就不要中央王朝的封号。这个熊渠倒痛快，自己封三个儿子为王：大儿称"句亶王"，二儿称"鄂王"，三儿称"越章王"。当时正是周夷王时期，他这样做，开了地方势力称王的先河。

周王朝建立以后，楚一直保持着与中央王朝若即若离的境况。到西、东周交替之时，地方势力作乱，楚也蠢蠢欲动。到楚熊通的时候，终于向中央王朝开了第一枪。他向北把矛头指向周的姬姓封国随国（今湖北随州随县），随国人说："我们没有得罪你，你为何要攻打我们？"楚王说："现在大家都在你争我夺的，为何我蛮夷就不能抢一点夺一点？"由是，抢走了随国不少财物，也抢走了不小的一块土地。后来他传话要周王封王，得不到满足，就自封为楚武王，说出的口号是："王不加位，我自尊耳。"（《史记·楚世家》）到他的儿子熊赀时，自称"楚文王"。

楚文王就是与齐桓公同时代的那位。当时是，齐桓公"始霸"，而楚文王"始大"。他北上的步子的确是很"大"——先是过道于姬姓的邓国，后又征伐姬姓的申国，再后就是攻伐姬姓的蔡，把蔡哀侯也抓起来了，事后怕把事情闹大，又把蔡哀侯放了。这样一来，江汉间小国"皆畏之"。当时齐桓公被周王封为侯伯时，就有一条说要保护华夏的小国弱国，楚文王那样的肆行无忌，是齐桓公所不能允许的。

楚文王死后，继位的楚成王步子更大。齐桓公二十七年（前659），楚成王起兵伐郑，直接向中原进军了。齐桓公就邀集宋、郑、曹、邾等国共谋救郑。周旋了几年后，到齐桓公三十年（前656）时，齐与鲁、宋、陈、卫、郑、许、曹等多国联合攻打楚的邦交国蔡，蔡国很快溃退，联军很快就打进了楚国境内。这时楚成王也紧张了，就派出使者与齐桓公谈判。

据《史记·楚世家》记载，"（楚成王）十六年，齐桓公以兵侵楚，至陉山"。以齐为首的联军部队打到了楚地的陉山，楚王就派出代表去谈判。谈判在楚王代表与齐桓公的代表管仲之间进行。楚王代表绝口不提楚军北侵中原的事，却责备起齐为首的联军的"入侵"来，他说得很有意思：

君处北海，寡人处南海，唯是风马牛不相及也，不虞君之涉吾地也，何故？（《左传·僖公四年》）

这段话的意思是，你齐人住在北海，我楚人住在南海，这真可以说是风马牛不相及的事。没料到你齐人会侵入我楚国人的家园，这是怎么回事啊？

这位楚王代表所说的其他话，都被人们忘却了，唯有"风马牛不相及"一语被人们记住了，永远地留存在人们的心头了，成了我们民族的传统共同语言。

关于"风马牛不相及"的原意，大致上有两种说法：一种说法是，孔颖达在注该文时说："牝牡相诱谓之风。"牝是雌性的动物，牡是雄性的动物，雌雄两性动物之间的相互吸引，就叫做"风"。可是，马和牛是不同类的动物，即使是雌雄之间也"风"不起来，因此称为"不相及"。另一种说法是，把"风"解释成是放逸、走失。因齐地和楚地远在千里之外，因此，即使马牛走失，也不会走到对方的地界去。此语成语化以后，用以喻两件事物之间相去甚远，可以说完全不搭界。

应该说，楚国使者说"风马牛不相及"的意思是明确的，意在说明两国地域相隔遥远，应相安无事，不应入侵对方。管仲听了对方的这一番妙论以后，怎么作答呢？他当然不承认这是入侵，而认为这是齐君的职责，他说："早在周开国之初，周王就命令先君太公说：'各级的诸侯，九州的州长，你都可以代表周王征伐他们，这是辅佐周王室者的权利和责任。东到大海，西到黄河，南到穆陵，北到无棣，都在我齐管束的范围。'"管仲义正词严地这样一说，楚国使者无言以对了。

管仲又说："有两笔账是要跟楚国算的。一是楚国既然作为周王国的属臣和部下，答应每年应进贡各类方物的，为何这一点没有做到？致使周王室在经济上蒙受到很大的损失。二是当年周昭王南征时死在你楚国，这究竟是怎么回事？"楚国使者自知理亏了，便战战兢兢地说："没有上交贡品是我楚人的罪，但昭王的死与我们无关，那是他自己掉在水里的。"

这场战争打打停停，时战时谈。到了这年夏天，和谈重开。

天气炎热，楚王的代表屈完冒着酷暑来到驻扎在召陵的以齐为首的诸侯军中。在屈完到来之前，齐桓公让诸侯联军列队以待，阵势宏大、庄严，气势万千。屈完来到的时候，齐桓公与屈完一起坐上战车，检阅了联军部队。一边检阅，齐桓公一边说："排出这样的军队阵势来，倒不是为了我，而是为了迎接你，迎接你这位和平使者。"屈完笑笑，并表示了感谢。

正式到了谈判桌上，齐桓公作为侯伯就显现出了自己特有的锋芒，说："你都看到了，我们有这样一支强大的军队，有谁能够抵挡？用这样的军队去攻城，怕是无城不摧的吧？你说呢？"到了这骨节眼上，作为楚王代表的屈完一点也不让步，他大义凛然地作答说："齐桓公作为侯伯如果是以恩德来安抚诸侯，那么天下的诸侯谁敢不服从？如果是凭借武力，那么我楚国会以方城山为城墙，以汉水为护城河，你们的军队再多，怕也无能为力吧！"屈完是战国时期伟大爱国诗人屈原的先祖，他一番柔中寓刚的言辞竟说得连管仲这样的大政治家也无言以对。齐桓公知道要消灭像楚这样正在强盛起来的大国，是不可能的，于是就宣布退兵了。

在这次齐、楚两个大国的正面冲突中，楚国使者说出的"风马牛不相及"一语，以其形象、生动、隽永的语言魅力被时人和后人记住了。

"尊王攘夷"的口号使齐桓公的威望大增，成为当时华夏大地上名副其实的霸主。连孔夫子也对他的"九合诸侯，不以兵车"（《论语·宪问》）的作为大加赞赏。齐桓公三十五年（前651），也就是提出"尊王攘夷"口号之后的十二年，他又在著名的"葵丘盟会"上当起了和事佬，要求参加盟会的人——

言归于好

言归于好，指彼此重新和好，虽然彼此之间曾经有过某种矛盾和斗争，但现在是雨过天晴，一切都重新和解了。此言出自《左传·僖公九年》记述的"葵丘会盟"的盟誓："凡我同盟之人，既盟之后，言归于好。"此语中的"言"字，是句首的虚词，没有实际意义，全句的意思就是抛弃旧嫌，归于和好。

春秋战国时期，诸侯争霸，战争连年不断。齐桓公建立霸业后，具有极大的号召力，为了重修诸侯之好，齐桓公三十五年（前651）约请诸侯在葵丘（今河南民权东北）召开结盟会议，史称"葵丘会盟"。

这样一次会盟实在是很不容易的，作为盟主的齐桓公是事先做足了功课的。齐桓公三十年，攻打南方大国楚国后，最后进行了和谈，还在楚国签下了互不侵犯的结盟和约。桓公三十一年召集首止（今河南睢县东南）诸侯会议，处置王室矛盾。桓公三十二年（前654）攻打不守信的郑国，迫使其就范。桓公三十四年周惠王去世，桓公联合诸侯奉太子郑即位，他就是周襄王。一系列的准备工作做好后，才于桓公三十五年召集诸侯国召开葵丘会盟。

参与会议的诸侯国有鲁、秦、卫、郑、许、曹等，应邀的似乎还有晋国。周襄王虽然因病没有亲自参加这次盛会，但派了大臣宰孔作为代表参加了会议，还专门为齐桓公带来了极为珍贵的礼品——祭肉，天子使用过红色的弓矢和天子乘坐的车舆（称"大路"）。在宰孔出发前一天，新登王位的周襄王祭祀了文王和武王，那祭祀用的肉称"胙肉"。这次带来的祭肉就是胙肉。那么贵重的礼品，当然要在盟会上举行一个仪式了。事先，大臣宰孔传下话来，说："天子说了，侯伯高龄了，接受礼品的时候可以不跪。"听了这话，"桓公欲许之，管仲曰不可，乃下拜受赐"（《史记·齐太公世家》）。可是，真的到了受赐的那一天，宰孔还是把天子要年老的桓公免跪礼的话说了一遍，这时齐桓公说了一段十分冠冕堂皇的话："接受天子如此贵重的礼品，怎么可以不跪拜呢？在我的心中，天子的形象一直近在咫尺，天子一直在我心中。在至高无上的天子面前，我不敢不跪，不敢不拜。"不容分说，齐桓公下阶、跪拜、登堂、受胙，接彤弓矢、大路。这是葵丘会盟过程中最出色的一幕。虽然有人还在那里说三道四，说桓公是在那里"作秀"，但事实胜于雄辩。他这着着实实的一跪，把人们心头的疑云都扫除了。

盟会最后发表了盟约："凡我同盟之人，既盟之后，言归于好！"

（《左传·僖公九年》）这当然只是一种号召，要真正做到，在当时四分五裂的情况下是很困难的。在《左传·僖公十年》的记述中，还有这样一个情节。说会盟还没有结束，周天子的代表宰孔就提前回国了。在回国途中，刚好遇上正准备赶去参加盟会的晋献公，宰孔对晋献公说："你也不必去参加盟会了，我看出来了，齐桓公并不真心于德行建树，而是忙着武力征战呢！"这段文字如果不是出于误植，就是说明当时情况的复杂性。作为周天子的代表，怎么一转身就说齐桓公的坏话呢？但是，在当时情况下，齐桓公等人作出的"言归于好"的努力还是值得肯定的，孔子依此而肯定齐桓公和管仲是大仁人，也是有道理的。

在结盟大会上，诸侯国各抒己见，经过激烈的争论，最终达成了如下各项决议：第一，河道是公共资源。不论是居于河道上游还是居于河道下游的国家，都不得阻塞水源；第二，不得阻挠粮食的流通，最好是能够建立粮食流通的公共机制，权在周天子；第三，各国都要尊贤育才，选拔贤士，不得世袭官职；第四，消除过去的隔阂，重新友好相处，尤其要允许人口的流动；第五，言而有信，不得违约。大家都要按盟约办事。盟会结束时，齐桓公最后要求："凡是参加同盟的各国，大家在订立了盟约之后，一定要遵照执行，和好相处，不得有违。"后来，人们用"言归于好"来表示重新和好。

盟约的结语虽说只有短短的十四个文字符号，但意义重大，影响深远。这十四个文字符号要在当时得到完整的实施，那简直是不可能的。但仅把"言归于好"用文字形式肯定下来，这就了不起，充分表达了广大民众要求过上和平安定美好生活的心愿。

这一盟约把与会者称为"同盟"者，事实上向大家发出了一个信号，与会者应同心同德，真诚实施，不可有违。"盟"是古代诸侯为释疑取信而面对神明立下的誓约。孔颖达疏（《左传·隐公元年》）："凡盟礼，杀牲歃血，告誓神明，若有背违，欲令神加殃咎，使如此牲也。"这在当时是最隆重的誓礼了。后来孙中山先生高举革命义旗时就借用了"同盟"一词。最重要的是,这次盟会提出了"言归于好"的社会价值走向。意思是说,不管以往国与国、人与人之间有何宿仇,在"同盟"的前提下都可以重建和谐友好的关系。

这次盟会还有诸多有趣的细节。由于历史上的种种纠结和错综复杂的矛盾,开始盟会没有邀请郑国参与,郑国也气馁而未派出正式代表,只派出了一名观察员性质的人员旁听。后来,郑国读到了盟约中"言归于好"这样的词语以后,坚定地要求参与其"同盟",最后大家也满足了其要求,成为最后的签字国之一。可见,即使在春秋乱世,人们盼望统一和和平的心还是十分急切的。

这是发生在鲁僖公二年(前658)以后的事。大国兼强国的晋国以威逼利诱的方法离间了小国虞与虢的关系,以达到各个击破的目的。晋国以骏马和名璧献给贪得无厌、目光短浅的虞君。目的达到后,又抢回了骏马和宝玉,其间只隔半年时间,故有如是一说——

马齿徒增

马齿徒增,指马年龄越大,牙齿越多。所以马的牙齿有多少,就可以知道其年龄有多大。此语最早出自《穀梁传·僖公二年》:"璧则犹是也,而马齿加长矣。"意思是说,马齿随着时间的推移而越长越多了,可晋国作为贿金用的那块璧还是依旧。后世作为成语比喻自己年岁增加了,学业或事业却没有什么大的成就。一般用作谦辞。

春秋时期,晋献公一心想吞并邻近的两个小国虞和虢,以扩大本国的地盘。虢是西周初的周宗室封国,姬姓,定都在上阳(今河南三门峡市陕州区李家窑村），是一个国力很弱的小国。与之相邻的也是小国的虞国。虞国也是姬姓国，西周初封的诸侯国。这个封国的第一任君主是古公之子虞仲的后裔，建国于虞（今山西平陆东北）。这两个毗邻小国，虽说都是姬姓国，但亲缘关系很远，亲情也已十分的淡薄。平时没多少往来，只有在大敌当前时，才能联手抗敌。

晋献公（前676—前651）是晋国历史上的一位有为之君，他执政晋国与齐桓公执政齐国基本同时。在他在位的二十六年间，基本上干了两件事：一是富国强兵，使国力强大起来，为继位的晋文公的霸业打下基础；二是兼并邻近小国，扩大晋国的领土。说到兼并邻近小国，首当其冲的当然是弱小的虞国和虢国了。这是两个弱小然而立国久远的国家，又同是周王室同族的姬姓国家，如果两国联手抗晋的话，不论从舆论上还是从实力上讲，都对晋国不太有利。因此，在是否开战、如何开战上，晋献公一直迟疑不决。

"分化，各个击破！"正在晋献公迟疑不决之时，大臣荀息向晋献公献上锦囊妙计。"如果让他们联起手来，再弱小的国家也难以对付。"

"你倒说说，该怎么个分化法？"晋献公此时显得还是不怎么有信心。

"依我看啊，当今虞国的国君是个很好的切入口。"荀息胸有成竹地说，"此人我十分了解，是个贪得无厌的国君，我们可以投其所好，用财物俘获他的心，让他与我晋国一起对付虢国，并借虞这条通道去消灭虢国。收拾完虢国之后，再转过头来收拾这个虞国。这样，花不了多大劲，两国的国土不都可以收入我晋国的囊中了吗？"

"好，好，就这样办，你说吧，国库中的哪一件宝贝，都可用作让虞国国君上钩的鱼饵！"晋献公兴奋起来了。

"如果真是这样，那就好办了！"荀息盯视着晋献公，认真地说："我要献出的是您晋公最心爱的两件宝物：屈地出产的骏马和垂棘出产的璧玉，这是天下人都知道的世间少有的珍宝，用它送给虞公，作为让他上钩的鱼饵，以获取他的充分信任，目的就是借道伐虢。不知国君是否赞同？"

"这，这……怕是不行。"晋献公舍不得此宝，显得很是尴尬，苦笑地说："那可是我的最爱啊！"

这时的大臣荀息却表现得十分的放松和镇静，他说出的一番话使晋献公心服口服。据《左传·僖公二年》记述，情形是这样的："晋荀息请以屈产之乘与垂棘之璧，假道于虞以伐虢。……若得道于虞，犹外府也。""璧则犹是也，而马齿加长矣。"（《穀梁传·僖公二年》）

荀息是说得再清楚不过了。要想攻占这两个国家，必须要离间他们，使他们互不支持而互相争斗。而要达到这个目的，就得用屈产之乘与垂棘产之璧作为诱饵，让虞国让出一条攻打虢国的通道来。虢国一旦消灭，虞国还能存活几天？这不就是"犹外府"（放在外面的府库中）吗？这只不过是让他代为暂时保管罢了，一旦灭了虞国，一切宝物不都又回到你的手中了吗？后面那句话就更有意思了，马齿虽然随着岁月而增长了，可是，"璧犹是也"——璧还是那块璧啊，只是由虞的君王暂为保管了几个月罢了。

荀息劝说晋献公说："请国君可以放心，一切会在我们的掌控之中的。"晋献公听了觉得言之有理，于是忍痛割爱拿出骏马和美玉，依计而行。

虞公得到了晋国献来的骏马和美璧，高兴得嘴都合不拢，于是一口允诺为晋国攻打虢国让出一条路。晋国故意在晋、虢边境制造事端，找到伐虢的借口，经过虞公提供的通道，轻而易举地把虢国灭亡了。

晋军班师回朝时，把劫夺来的财产分了许多送给虞公。虞公得到胜利品，更是大喜过望，感激不尽。晋军大将里克，这时装病，称不能带兵回国，于是把部队暂时驻扎在虞公的京城附近。大将里克不归，两件珍宝又在虞王处。晋献公一度有点郁郁寡欢。荀息猜出了他的疑虑，于是大胆地报告了自己的计谋："下臣曾经说过，骏马和美璧仅是在虞公那儿代为保管。里克率军驻守在虞国京城，现在虞国毫无戒备了。只要陛下一声令下，便可里应外合，来个一网打尽。不仅可以取回大王心爱的珍宝，还可把虞国吞并掉。"几天之后，晋献公亲率大军前去，虞公出城相迎。晋献公约虞公前去打猎。不一会儿，只见京城中起火。虞公赶到城外时，京城已被晋军里应外合强占了。就这样，晋国又轻而易举地灭了虞国。当荀息牵回骏马，手捧美玉去见晋献公时，说了这样一句话："璧则犹是也，而马齿加长矣！"其意谓美玉还是那块美玉，只是骏马的牙齿增长了。后人以此话引申"马齿徒增"为成语。

为了破坏虞、虢之间的团结和合作，晋国的谋臣荀息可谓是绞尽脑汁，做足了手脚，把虞国之君搞得团团转。有人会问，虞国国君既贪婪又昏庸，难道虞国的朝中无一人是清醒的吗？他们不应该站出来说上一句两句公道话吗？其实，虞国的确不是朝中无人，朝中的这位能人叫宫之奇，他在虞国生死存亡之秋，发出的警语是——

唇亡齿寒

与"马齿徒增"同出一典的是"唇亡齿寒"。

唇亡齿寒，指如果嘴唇没有了，牙齿就会觉得寒冷，用以比喻人与人之间或国与国之间利害关系十分密切。出自《左传·僖公五年》的一段论述中。

该成语首见于《左传·僖公五年》，这是历史上十分有名的一段话，它既讲了春秋历史上的一段历史，又讲了当时的小国应有的自处之道。

晋献公时期，晋国渐渐强大了起来。公元前658年，晋献公为灭虢国而借道于虞国，并为虞国的国君送去了良马和宝玉。在实施亡虞灭虢之谋略的时候，晋国君臣讨论过自己的谋略是否会被识破的问题。晋献公说："虞国不是有宫之奇吗？他可是个极其精明能干的人啊，他会不识破我们的计谋吗？"荀息回答说："宫之奇的确是个极其精明能干的人。但是，他虽能识破我们的计谋，但他性格懦弱，不会强谏，即使进谏了，虞国国君也不会听他的。因此，成功的还是我们。"

事情与荀息所预测的完全一致。晋一连两次要求假道征虢，宫之奇都表示了强烈的反对。但是，虞国的国君根本就不听他的，不仅愿意假道，而且主动出兵配合晋国征伐虢国。宫之奇很无奈，史书上有这样一段文字记载：

> 晋侯复假道於虞以伐虢。宫之奇谏曰："虢，虞之表也；虢亡，虞必从之……谚所谓'辅车相依，唇亡齿寒'者，其虞、虢之谓也。"（《左传·僖公五年》）

这短短的一段话，内涵却十分的丰富，它告诉人们三点：其一，把虞、虢两个小国的关系明确化了。"虢，虞之表也"，这里的"表"是外围、屏障的意思。两个国家是互为表里的。意思是，虢是虞的屏障，反过来又何尝不可以说虞是虢的屏障呢？两个小国，只有互相依存，互相帮衬，才是真正的生存之道。其二，点出了假道与晋的巨大的危害性，"虢亡，虞必从之"。假道攻虢，表面上看来是矛头指向虢国，实际上最后受到伤害的还是虞。宫之奇这里用了一个"必"字，说明其事有规律性因素存在，事在必然，要虞国的当政者不要心存侥幸。虢亡了，虞也时日无多了。其三，宫之奇最后用民众熟知的谚语来说服对方，语意直奔主题："唇亡齿寒。"作为屏障的"唇"不存在了，"齿"难道会不感到寒冷吗？

宫之奇情恳意切地说："国君啊，虢国是虞国的屏障，虢国灭亡，虞国必定跟着亡国。对于晋国绝不可以纵容其狼子野心，对于入侵之敌不可漫不经心。一次借路已经是过分了，岂能有第二次呢？俗话所说的'面颊和牙床骨是相互依存的，嘴唇丢了牙齿就受凉'，那就是说的虞、虢两国之间的密切关系啊！"

虞国的国君十分的贪婪，一见那么多宝物放在自己的面前，就心满意足了。虞国的国君也十分的短视，以为自己那样做伤害不了自己的国家。还悠然自得地说："晋国是我们同宗的国家，难道他们会伤害我们吗？我相信不会的。"

虞公没有听宫之奇的话，答应了晋国使者的一切请求。宫之奇长长地叹了口气，只好带领他的家族出走，说："虞国过不了年终大祭了，就在这一次借道之行，晋国不用再出兵就可以把虞国灭掉了。"这年冬天，晋国灭掉了虢国。军队返回时，住在虞国的馆舍不走了。虢国灭亡之后过不了一个月，虞国也被晋国灭了。虞国大夫宫之奇的话不幸而言中了，留给后人一丝历史的淡淡悲哀。

上面说到"唇亡齿寒"，其实当时在虞国反对借道于晋的，不只是宫之奇一人，还有一个叫百里奚的大夫也赞同此主张。公元前659年，秦穆公登上了秦国的君位，他立志要振兴秦国，成就霸业。他清楚得很，要振兴国家，关键是要大量网罗出色的人才。他用五头公羊换来了已经长期隐居在楚地的旷世奇才百里奚。于是，后世就有了对百里奚这样的戏称——

五羖大夫

"五羖大夫"，"羖"指的是公羊。"五羖大夫"就是用五头公羊换来的大夫。作为成语,是指地位低下深藏于民间但有着真才实学的治国干才。

故事还得从上面说到的虞国之亡说起。虞国国君是个糊涂人,在财物上还是个贪得无厌的人。可他手下有着两个能臣:一个叫做宫之奇,另一个叫做百里奚。百里奚很能干,也很有见解。他是虞国的一名卿大夫,在朝中也是个有头有脸的人物。在性格上他要比宫之奇强。正如晋国的荀息评说的,宫之奇偏于懦弱,而百里奚就比较的强悍。他与宫之奇一起早就劝说虞君不能借道于晋,可虞君就是不听。虞国将要被晋国所灭之时,宫之奇选择了出走,而百里奚选择了留下,选择了与虞国民众一起承受苦难。

虞国被晋国所灭之后,百里奚和虞君一起成了晋国的俘虏。虞君被杀后,百里奚一直关押在晋。公元前 659 年,秦穆公登上了君位,秦晋这两个长期征战不休的国家,开始走上联姻通好之路。晋献公的女儿嫁往秦,成了秦穆公的夫人,而百里奚就作为陪嫁的奴隶来到了秦穆公的身边,自由度要比在晋国狱中高得多了。当然,奴隶是没有名字的,谁都不知道这个陪嫁男奴的身份,更不知他的来龙去脉。

此时的百里奚知道自己的母国虞国是没有希望复国的了,他是个有理想的人,他在不断地寻找属于自身的希望。他早就听说秦穆公是个有作为的明君,也求贤若渴。可是,几个月过去了,秦穆公没有想用他的意思——道理很简单,因为他根本不知道这个貌不惊人的陪嫁男奴是何许人也。于是,"百里奚亡秦走宛,楚鄙人执之"(《史记·秦本纪》)。趁朝中人员不备,百里奚默默地从秦国的宫中出走了。其实,这时的百里奚心中乱得很,只是带着斗气的情绪想:"你秦穆公不用我,我就走!"走向何方?他自己也说不清楚。他一股劲往南走,进入了楚国地界,来到了一个叫宛(今河南南阳)的地方。他明白,这里原是申国的地盘,在列国相争中申国是被楚国吞并的。此时的百里奚已经年过花甲，但居无定所，在楚地过着流浪的凄苦生活。说来也巧，一个楚地的平民看他可怜，收留了他，这就是史书上说的"楚鄙人执之"。在鄙人家中，他除了干一点细碎活儿，就是闲聊，更多的是读书、写字，过着相当宽松的隐居生活。

不知过了几多时日，一天，秦穆公正和他的幕僚在家闲谈。幕僚问："君主，您知道虞国有个叫百里奚的人吗？"秦穆公仰天大笑，说："百里奚啊？虞国的大名人啊，曾经力主虞、虢联合，反对借道给晋去攻虢，这样的大名人怎么会不知道呢？"说罢这些，秦穆公突然发问："这个百里奚，还活着吗？如活着的话，现在在哪里？"幕僚中的一人答道："他曾经就在你的身边！"并将事情的原委说了一遍。听了这些，秦穆公疾首顿足，大为叹息说："这样的人杰，怎么可以让他走呢？唉！这是我的错啊？"接着，要人们立马去找到他。

大约经过相当一段时间的周折，秦穆公才知道百里奚隐居在楚地，在一位"鄙人"家中栖身。秦穆公决定"重赎之"。与楚人谈判，"请以五羖羊皮赎之，楚人遂许与之"（《史记·秦本纪》）。秦穆公是个重才的君主，痛下决心要重用他。史书记载："当是时，百里奚年已七十余。穆公释其囚，与语国事。谢曰：'臣亡国之臣，何足问？'穆公曰：'虞君不用子，故亡，非子罪也。'固问，语三日，穆公大悦，授之国政，号曰五羖大夫。"（《史记·秦本纪》）秦穆公是真心实意想重用百里奚这样的治国大才的。

由不被重用的虞大夫，到成为备受关注的秦国"五羖大夫"，百里奚的人生实现了巨大的转折。但他仍然以一颗平常心对待社会，对待世事。他恳切地对秦穆公说："臣不及臣友蹇叔，蹇叔贤而世莫知。"（《史记·秦本纪》）秦穆公说："你说说吧，蹇叔是怎样一个人，我听着呢！"百里奚告诉秦穆公：我年轻的时候，常常游困于齐地，甚至在齐地乞食于人，那时蹇叔已经很有名望也很有社会地位了，他肯帮助我这样一个小人物。后来我想到齐君无知那里去当官，蹇叔知道此人靠不住，"蹇叔止臣，臣得脱齐难"（《史记·秦本纪》）。再后来我到虞君那里当大夫，蹇叔给了我许多有益的赠言，要我既为虞国尽力效劳，又不能一味的为"私利禄爵"而追随国君办事。最后，百里奚真诚地说："君主连像我这样的亡国之臣都要用，那么就更应该用比我能力高百倍的蹇叔这样的治国大才和高手了。蹇叔现在流落在草野，如果他的才学不为圣明君主所用，实在太可惜太可惜了。"在百里奚的力荐下，"穆公使人厚币迎蹇叔，以为上大夫"（《史记·秦本纪》）。穆公以后秦国强大起来，很大程度上得力于百里奚和蹇叔两位大臣。

秦国崛起后的二十年，晋国也走上了繁荣富强之路。公元前676年，晋国历史上雄才大略的晋献公即位，在之后的四十余年间，晋的国力直线上升，只是晚年在处置继位人问题上失当，引起了国内不小的混乱。周游各国历尽艰难的晋公子重耳，于公元前636年回到了晋国，并取得了晋君的继承权，他就是把晋国推上繁荣昌盛峰巅的晋文公。晋文公当政以后，坚定地实行法治，他的严肃执法，使全国上下——

止如斩足，行如流水

"止如斩足，行如流水"，初意是形容军队的纪律高度严明，一切听从上级的指挥。得到停止前进的命令时，所有战士都像脚被砍去了一样，一动也不动；得到前行命令时，就像流水冲向前方一样，势不可当。此言出自战国时商鞅著的《商君书·赏刑》，而其内容指的就是晋文公的治军，乃至于他的治国理政方略。

话要从晋献公晚年在处置继位人上的不当说起。

晋国国势日强之后，主政的晋献公多少有点忘乎所以了。他一方面准备整顿军马问鼎中原，同时也考虑到了确立太子问题。而正是因为在确立太子问题上处置失当，使晋国内部发生了种种变故。原先晋献公娶贾国女子做夫人，因为没有生子，又纳齐姜为妻，生有一子一女，子就是申生，被立为太子，女儿嫁给了秦穆公。后来献公又娶戎国女子为妻，育有两子：一名重耳，一名夷吾。再后来献公征骊戎，又娶骊君女儿骊姬及其妹妹为妻，其深得献公的欢心。骊姬生子奚齐，其妹妹生子卓子。

这样，晋国内部的公族关系变得大为复杂，如不妥帖处置，必生变乱。由于晋献公的感情用事，局面一点点恶化了。深得献公宠信的骊姬想立自己的儿子为太子，献公当然不敢贸然答应，但答应把其他公子一个个从都城支走。于是，把太子申生派去守曲沃（今山西闻喜东北），让重耳去守蒲（今山西临汾隰县），让夷吾去守屈（今山西临汾吉县），如此等等。晋献公二十一年（前656），狠毒的骊姬姐妹准备谋害献公，事发后，又嫁祸于诸公子。献公一怒之下，逼诸公子自尽，重耳、夷吾两公子出逃国外。献公一去世，晋国马上发生政变。经过一段时间的动乱，重耳在国内外势力的助力下，公元前636年回国夺得了政权，他就是赫赫有名的晋文公。

从公元前655年出走，到公元前636年回到晋国，晋文公整整在外十九年，单是在狄国就是十二年，后又去了卫、齐、曹、宋、楚、秦等国。这些都丰富了他的治国理政经验。尤其是秦国的法治使他感触良多。晋文公当了国君之后，不少人不服他。甚至一些旧臣纠合在一起，准备暴动。当时已经被杀的晋怀公的同党郤芮，想焚烧宫殿以谋杀晋文公，被朝臣告发后抓捕了。这时，秦穆公为他送来了三千精壮的卫士，以稳住朝堂的秩序。晋文公面对严峻现状，该如何对付处置呢？他想，只有实行严厉的刑法来统一人们的行动，不然，就不能在晋国树立自己的威信，国家也稳定不下来。

在《商君书·赏刑》中，生动地记述了这样一则"晋文公将欲明刑，以亲百姓"的故事：

这也许是十分平常的一天，晋文公早早地贴出告示，命令大小臣子在规定时间到宫里集合待命，并申言，届时所有朝臣不分职位高低，一律必须如期出席，违者严肃处置。当天，集会的时间到了，绝大多数的官员都在时限之前到宫中待命，只有平时最为晋文公器重的老臣颠颉姗姗来迟，进入宫中后特意地对晋文公及众同僚欠身施礼道："依我了解，这次君主召集大臣前来，其实没有什么大事。我家中有点小事，耽搁了时间，所以我迟到了，抱歉，抱歉！"

这时，执事官走近晋文公的身边，轻轻问了一句："该如何处置？"

晋文公霍地一下站立了起来，眼中透出肃杀的凶光，毫不犹豫地回答："按法律规定办！"

执事官又一次低声地问："这是老臣颠颉，如何处置？"

晋文公用更加响亮的声音回答："我说了，按法律规定办！"

执事官心中明白，晋文公要他干什么。于是，就毫不含糊地宣告："老臣颠颉，故意违抗君令，依法处以腰斩大刑！"

颠颉平时是最得晋文公欢心的大臣之一，他根本想不到会因为一次会议的迟到而被处以极刑。一听执事官的宣判，马上昏死过去了。这时刀斧手马上利索地将他捆了，拖向刑场处以腰斩之刑。

被杀的是一权重位高的大臣，震慑了满朝文武，甚至是整个社会。

这种强大的震慑作用，被大法家商鞅毫不含糊地记录在《商君书·赏刑》一文中。

颠颉被腰斩以后，"晋国之士，稽焉皆惧"（《商君书·赏刑》），这里说的"晋国之士"，主要指朝臣，他们都怕得要命。不少人都在那里叨念着这样的一句话："颠颉之有宠也，断以殉，况于我乎?!"（《商君书·赏刑》）意思是说，老臣颠颉平时那样受文公的宠信，一旦犯事，文公就处以腰斩之极刑，那我们这些一般的臣僚，就更应小心谨慎了。

此事也震慑到了驻守疆场的官兵。商鞅记述说，从此之后，"三军之士，止之如斩足，行之如流水，三军之士无敢犯禁者"（《商君书·赏刑》）。晋文公只要下达命令，晋国人尤其是晋国的军人，没有一人不服从的。他率领晋国的军队攻打曹国和五鹿之地，简直是攻无不克；他率领晋军攻打郑国的都城，只花了两天的时间，为了防止郑人卷土重来，他下令拆除其城墙，也是顷刻间的事；他命令将卫国的田垄一律改成东西向，以便晋国的军队随时进攻，也是计日可待的事。晋军在城濮之战中完胜楚军，靠的也是军纪之严明。一系列胜利的取得，使晋文公在国内外树立起了极高的威信。

"止如斩足，行如流水"，既是一种铁的纪律，又是人们行动的准则。它不只贯彻在军队的行动中，而且进一步影响了晋国的朝政，影响了晋国的民风和民俗。而这一切，按照《商君书·赏刑》篇中的说法，"一假道重轻于颠颉之脊，而晋国治"，"假道重轻"，是说借轻罪重罚。全句的意思是说，自从晋文公将大臣颠颉轻罪重罚处以腰斩以后，晋国就走上大治之路了。

差不多在齐桓公称霸的同时，也就是平王东迁百年后，地处中西部的秦、晋两国悄然崛起。为了争夺地盘，它们之间长期互相制衡。为了某种共同的利益，两国之间又常常联姻通好，演绎出了许多可歌可泣的中国故事。秦国与晋国之间的姻亲情谊一时传为佳话。后世因以称两姓联姻、婚配为——

秦晋之好

在春秋时期，秦国与晋国互为邻国，都是春秋中期新发展起来的大国。两国相邻，免不了这样那样的矛盾，但同时互助互利的机缘也更多。在不断的矛盾斗争中，两国最终还是采取了结"秦晋之好"的基本国策。

公元前 659 年，富有远见卓识的秦穆公即位。在他即位前的几年间，秦晋间战事绵绵。秦穆公深知，秦晋两个国力相仿的国家要想谁吃掉谁都不可能，那样做只会两败俱伤。于是，他决定以联姻的方式改善两国间的关系，并立即派出了求婚使节。而此时的晋献公在连遭败绩后也正在考虑两国间的和解。当秦国的求婚使节到来的时候，晋献公热情接待，并当场决定将女儿许配给秦穆公当夫人。婚礼办得隆重而体面，晋国专门派出联姻大臣送献公女儿赴秦，陪嫁中就配有新从虞国俘获的大才子百里奚。秦穆公也十分看重这桩婚事，还亲自到国界边上迎亲呢！

晋献公死后，国内发生叛乱，公子夷吾向秦求援，希望秦护送其回国，如能当上国君，愿以河西、河南、河东的八座城市赠送。在秦的干预下，公元前 650 年，夷吾终于当上了国君，他就是晋惠公。当上国君后，晋惠公不想割让八城了，闹得秦晋矛盾又起。正在此时，晋国发生了饥荒，在要不要支援晋国问题上，秦国决策层发生了分歧，这时还是百里奚站出来讲了话。按照百里奚的建言，决定为晋国送去大量救急的粮食。史书上明确写着，为晋国送粮的又是船，又是车马，从秦都（雍）到晋都（绛）的水道和陆道上"相望"不绝，可见秦的救援是真心而实在的。

后来，两国之间又一度闹起来了，而且晋君成了秦国的俘虏。秦穆公的夫人是晋惠公的姐姐，她不能眼看小弟被杀。她带了儿女，一路哭哭啼啼地来找秦穆公，要他放了晋惠公。或许受了亲情的感召，秦穆公同意了，释放晋惠公回到国内，晋惠公则献给了秦国河西等地作为报答。

没过多久，晋太子圉被送到秦国学习，为了给晋国面子，秦国让他当了秦的大臣，还亲上加亲，秦穆公将自己宗室的女儿嫁给了晋太子圉，又将得到的晋河西地作为陪嫁厚礼回赠给晋国。这门"回头亲"进一步密切了两国关系，这样"秦晋之好"作为一种历史的典范流传开来了。娶秦女为妻的这个晋太子圉，在晋惠公去世后当了很短一段时间的晋君，他就是晋怀公。

晋惠公的时候，晋公子重耳正流亡在狄国十多年，而且在那里娶妻生子。惠公是重耳的异母同父兄弟，两人相比，当然重耳的气质才能要高得多。重耳的存在使惠公很不放心，惠公"欲使人杀重耳于狄，重耳闻之，如齐"（《史记·晋世家》）。重耳后又流落多国，最后到达了秦国。

秦穆公是个目光如炬的有大识见的国君，他知道晋惠公和晋怀公都是碌碌无为之辈；真正有大胆略也见过大世面的还是这个叫重耳的晋公子。重耳一到秦国，秦穆公以极大的场面欢迎这位贵宾，把秦晋凝聚起来的极为重大的手段仍然是联姻，"穆公以宗女五人妻重耳，故子圉妻与往"（《史记·晋世家》）。把五个秦宗室女子送给重耳为妻妾，其中还有一位是晋太子圉的夫人（她没有随夫回晋国），在秦国来说用心是十分良苦了。可是，这件事一时也难倒了重耳。晋太子圉是他的亲侄子，他怎么可以娶侄媳为妻呢？这时，一位名叫司空季子的随从站出来说话了，他批评重耳这是"拘小节，忘大仇耳"（《史记·晋世家》），是晋太子圉父子一再要追杀你重耳，你重耳对他们还有何礼义可言？听了这话，重耳就接受了这些秦国女子。"穆公大欢，与重耳饮。"(《史记·晋世家》)过不了多久，秦穆公发兵送重耳回国。重耳四十三岁离国避难，再回到祖国时已是六十二岁了。晋怀公不得人心，晋大臣都转而迎接重耳。重耳进入曲沃城，立为君，这就是晋文公。

在公元前 7 世纪中叶，秦晋两个相邻的大国国力都比较强大，国家的政治、经济都相对比较稳定。当时两国主持国政的都是有为之君。秦国的秦穆公雄才大略，主政秦国达四十年之久。与之相应的晋国主要国君是晋献公和晋文公，都是晋国历史上屈指可数的明君。当时秦晋两国的君主有着基本的共识：和平相处，通过联姻的手段强化两国的关系，促进两国的交往，增进两国公室和民众的情感。在约略半个世纪的时日里，有史迹可循的公室之间的联姻盛事就多达四五起，影响的久远就更不用说了，后人泛指联姻为"秦晋之好"，是很有道理的。

"秦晋之好"的亲情佳话，并没有在秦晋两国间延续久远。到了春秋后期，秦晋两国间撕破脸皮、兵戎相见的频率也就高了起来。公元前 6 世纪中叶，实力不大如前，但一心想称霸的晋悼公，联合十二诸侯国攻秦。为了统一步调、整齐军心，联军统帅荀偃向部属明确提出，作战时，全体将士都要看主将的马头，以决定行动的方向，这就是所谓的——

马首是瞻

马首是瞻，原指作战时士卒看主将的马头行事。后比喻服从指挥或依附某人。出自《左传·襄公十四年》："荀偃令曰：鸡鸣而驾，塞井夷灶，唯余马首是瞻。"其大意是说，当时联军的总司令荀偃下了这样一道命令——鸡鸣时套上战车，填塞掉水井，铲平了土灶，大家都顺着我马头的方向前进！成语化以后，"马首是瞻"意为要听从首领的指挥，追随其后前行。

这里说到了晋悼公。由晋文公往下传，历襄公、灵公、成公、景公、厉公五世，到公元前6世纪中叶时，晋国政权的接力棒传到了晋悼公手里。当时的晋国已经今非昔比，朝政也不平稳。可据史书上记载说，这位晋悼公实在是位奇才。他十四岁时登上君位，在登极仪式上就给群臣一个下马威："孤始愿不及此。虽及此，岂非天乎？……共而从君，神之所福也。"（《左传·成公十八年》）他的意思是说，当晋的国君不是我原先的心愿，现在我当上国君，大概这是天意吧！既是天意，大家就要齐心协力服从我，这是神的福分。一听这年轻之君出言不凡，群臣就表态说："敢不惟命是从！"（《左传·成公十八年》）这番君臣对话，为历史留存了"惟命是从"这样一句著名成语。

晋悼公当了十五年的晋君，越到后来，他的执政越趋成熟，且在救济贫困、减免税赋、提倡节俭、国富民强等方面有了实效。在《左传·成公十八年》的记述中，史家认为："（晋悼公）逮鳏、寡，振废滞，匡乏困，救灾患，禁淫慝，薄赋敛，宥罪戾，节器用，时用民，欲无犯时。"可以用来形容统治者治术高明、廉洁正气的用词差不多都用上了。值得注意的是，这种种赞词不是来自某位当时的名人，而是史学的本真表述，具有相当的客观性。说晋悼公之时"民无谤言，所以复霸也"，看来并非虚言。

当时秦国正在强势发展，而且是势不可当。晋悼公企图"复霸"，必然会与秦国发生矛盾，乃至兵戎相见。秦国强盛之后，经常欺负弱小的诸侯国，引起了诸侯们的强烈反感，同时这些诸侯小国也就有了与晋国结盟的要求。晋悼公也有牵头结盟的意愿。公元前568年，晋悼公邀集鲁、宋、卫、郑、曹、莒、邾、滕、薛、齐、郳等国在吴国的戚（今河南濮阳市北戚城）会盟。保证联合起来共同抵御外敌。公元前565年，晋悼公再次邀集郑、齐、宋、卫、邾等国在邢丘（今河南温县东）会盟，会上晋悼公提出了各国朝聘的财礼数字，让与会诸侯遵循，郑简公等在会上公开表示听命于晋悼公。这被史学家认定为是晋悼公复霸的全盛期。公元前562年，晋悼公会同十余诸侯国会盟于亳（今河南郑州）建立了具体的盟约：凡同盟之国，不得囤积粮食，不要独占山川之利，不要庇护他国罪人，要互相接济，共同辅佐王室。这些都引起了秦国的警觉，以至几年后以晋为首的联军与秦军之间暴发了面对面的冲突。

公元前559年夏天，晋悼公联合了鲁、莒、郑等十二个诸侯国组成联军去攻伐秦国，联军总指挥是晋国的大将荀偃。荀偃是晋悼公的亲信，他原先预计，秦军一旦知道那么多诸侯联军合力来进攻，一定会惊慌失措而溃败。不料，联军内部心不齐，力不协，士气低落。当联军到达泾水的时候，荀偃发布了渡水令，可是，只有晋军、鲁军、莒军爽快地接受命令渡过了泾水，其他国家的军队都不愿渡河作战。经过荀偃的一再催促，十二诸侯联军才全部渡过河去，驻扎在泾河的下游。而秦国得知十二诸侯国攻秦不力的军情后，就一点也不畏惧了，更没有求和的表示。秦军处在泾河的上游，他们向河水中放毒，毒死了不少联军的士兵，这给联军以极大的打击。联军本来军无斗志，秦的投毒更使联军人心动摇。

荀偃见此情况，急不可待，想早点发动总攻。于是，在晋悼公的授意下，向联军各诸侯及晋军本部将领发布总攻令说："明天早晨，鸡一叫就准备马上出发，各军都要拆掉土灶，填平水井，与秦军决一死战。"在总攻令的最后，荀偃特别强调：

"唯余马首是瞻！"（《左传·襄公十四年》）

意思是十分明确的，要求联军的全体将士一定要服从晋悼公和联军总指挥（即这里所谓的"余"）的统一领导，按联军总指挥马首指引的方向前行，不得有误。

应该说，命令是严肃的。但这支联军本身十分的涣散，"马首是瞻"的军令根本贯彻不下去。荀偃身边的将领听了他的命令后，觉得荀偃太专横了，很是反感。第一个站出来反对的恰恰是晋军的一位叫栾黡的大夫，他直截了当地说："晋国从来就没有给谁下过这样专断的命令。你要向西去打秦国，那你自己去打吧，我的马头可要向东，回到我们晋国去。"

晋军中的这位栾氏大夫起的作用是十分恶劣的。他瓦解军心的倡言，使一批晋军将领走上了反叛之路。其他诸侯国的将领看到晋国的一些将领带兵回国了，也就纷纷撤军回自己国家去了。这么一来，联军顷刻不战自乱，荀偃还想力争挽回败局，指挥残部向秦军冲锋，晋悼公知道败局已定，挥挥手，荀偃也只好狼狈地撤军了。

一生致力于"匡乏困，救灾患，禁淫慝，薄赋敛，宥罪戾，节器用"的晋悼公，被史家称为"民无谤言"的开明君主，不料在他统治的后期吃了这样一场使他再也爬不起来的大败仗，不只是"复霸"无成，连君位也难以坐下去了。到了第二年的初秋，他一病不起，到冬天就去世了。历史给这位办了不少实事的晋君开了个大玩笑，对他一直怀有好感的国人过意不去，因谥之为"悼公"，隐含有悼念他的亡灵之意。

春秋时期的争霸斗争，基本上是在当时的大国、强国之间展开，但也有一些不自量力的小国、弱国也莫名其妙地主动介入。宋国在当时的大乱局中无论如何只能算是个小国、弱国。就是这样可叹可悲的小国之君宋襄公却偏偏要站到历史的前台来表演一番，还野心勃勃地想称王称霸。周襄王十四年、宋襄公十三年（前638）冬天爆发了宋、楚之间的泓水之战，当时宋军士气很高，而楚军远道而来，战争就在宋国领域里展开了，战局对宋略为有利。可宋襄公坚持要当什么"不鼓不成列"的"君子"，结果大败，后人耻笑那种对敌的仁慈为——

宋襄公之仁

　　春秋时期的争霸斗争基本上在为数不多的几个大国间进行，而宋襄公硬生生挤入争霸行列一直在历史上引为笑谈，由此引发出来的"宋襄公之仁"一语，批评和讥刺的是不自量力、自以为是、蠢笨自负、曲解仁慈的那一号人物。

　　宋是一个很有历史渊源的国家。宋，子姓，它的远祖是被称为"祖上第一圣"的契，因契之母食玄鸟之蛋（雅称为"子"）而生，故有了"子"这个族姓。商王朝覆灭之后，商子姓的后裔被分封在商丘（今河南商丘南面），开国之君为"三仁"之一的微子启，国号为宋。因这个国家由商遗民组成，国家的地域不大，且长期处于周统治集团的监控之中，国力不强，内乱不已。从子姓中分化出来的孔子的四世祖孔父嘉，就是在内乱中被杀的。孔父嘉被杀后其族人中的一支逃到了鲁国的曲阜地区安家，后来就有了孔圣这一门。春秋时期，宋国历戴公、武公、宣公、穆公、殇公、庄公、湣公、桓公，到宋襄公时已是第九世，而前几世大多是在乱局中度过的。宋襄公即位时，正是齐桓公称霸之时。齐桓公的一位夫人是宋国人，这样齐、宋之间也算有了联姻关系，齐桓公还曾将齐公子托付给他呢。其间，宋追随齐桓公打了不少仗，国力也就逐渐强大起来了。齐桓公三十五年（前651），诸侯会于葵丘，宋襄公不仅参加了会议，而且还是齐桓公称霸的最积极倡导者和支持者。一系列的国际活动，使宋襄公想入非非了，甚至萌发了称霸的野心。

宋襄公即位后七年，盛极一时的霸主齐桓公死了。"桓公病，五公子各树党争立。及桓公卒，遂相攻"（《史记·齐太公世家》）。宋襄公以桓公遗嘱执行人的姿态，莫名其妙地率军打进齐国。这时齐国已大不如前，宋军一开进去，齐军根本无心恋战，结果宋军全胜。宋襄公马上以老前辈的身份宣布公子昭即位，这就是齐孝公。来得莫名其妙的大胜，让宋襄公一下子冲昏头脑，他竟异想天开地想像齐桓公那样当起霸主来了。

宋襄公妄想当什么霸主，国内舆论一片哗然，朝中也是一片反对声。宋襄公十二年（前639）春，宋襄公想建立"鹿上之盟"，也就是把各诸侯国请到宋国来结盟，由他来当盟主。对此没有什么人肯认同。宋公子目夷明确表态："小国争盟，祸也。"又进一步指出："祸其在此乎？君欲已甚，其何以堪之！"（《史记·宋微子世家》）谁都感到，宋将大祸临头了。

宋襄公要称霸，在他看来最大的阻力可能来自强大的楚国。于是，他首先通报楚王，要他承认自己的霸主地位。楚王十分狡猾，先是承认，说："放心好了，你要当盟主，我们楚人是不会反对的。"而当楚军进入宋国的盂地（在今河南睢县西北）时，出其不意地一下把宋襄公抓了起来，直到半年后的冬天时才又莫名其妙将他放了。这一"捉"一"放"，使宋襄公感到自己遭受了极大的人格侮辱，于是就向楚宣布交战。

最后两军对峙于泓水（河南柘城西北）。当时，整个战争形势实际上是对宋国十分有利的。因为前不久宋军大败齐军，士气正高昂；战争又在宋国的土地上进行，宋军对这里的风土人情十分了解，占有地利优势；楚军远道而来，疲于奔命，且对战地情况不明。战争还未打响，宋军已抢先来到泓水边上并布好了阵势，而楚军匆匆而来，急着渡河。只要正常发挥，宋军完全是有胜算的。

可是，宋襄公为其一套陈腐观念所误了。在楚军半渡时，宋军中的公子目夷就提醒他："敌人人多势众，只有趁敌军半渡时痛击他，才可以取胜。"他却认为："未可击，敌人还在渡河，击之不仁不义"。眼看着楚军全数渡过了河，但乱糟糟的没布好阵，公子目夷又提醒他，说："趁敌人还没有布好阵，乱成一团的时候进攻，一定可以取胜。"他还是说："不可，不可，敌方还没布好阵，就击打对方，成何体统？即使胜了，也还是不仁不义的！"说什么"君子不鼓不成列"，提倡对敌"仁慈"。宋襄公一定要等双方都布好阵再打，在敌强我弱的形势下，结果宋军当然一败涂地了。宋襄公还在这场实力根本不对称的战斗中被击伤了大腿，要不是几个士兵全力保护着他，他这条命是否能保住还是个问题呢。

战后，"国人皆怨公"，全国一片批评声。可他却拿出他那一套自以为是的所谓"仁学"来作为挡箭牌："君子是不杀已经受伤的敌人的，也是不擒捉头发花白的敌人的，更是不凭险去打击敌人的。我虽说是战败了，可是我是维护了仁的原则呀！"事已至此，他还在推销他那迂腐不堪的"宋襄公之仁"呢！

对此，宋大臣子鱼忍无可忍，当面批评宋襄公说："兵以胜为功，何常言与！必如公言，即奴事之耳，又何战为？"（《史记·宋微子世家》）这是一套既精彩又精当的战争论。这位子鱼先生怒斥宋襄公说，你根本不懂得战争是怎么回事，战争就是要消灭敌人，保存自己。要抓紧一切时机消灭敌人，对敌人还讲什么仁慈，最后的结果只能是去当敌人的奴隶！

"宋襄公之仁"给世人留下了笑谈，也留下了深深的思索。宋襄公其人其事虽说已经远去两千六百多年，但谬种流传，仍不绝于世。只要这种现象还未绝迹，这句成语就有它存在的价值和理由。

这是发生在晋公子重耳身上的故事。晋献公晚年，因偏爱骊姬及其所生子奚齐，晋国内乱不已，重耳被迫流亡国外。过楚，楚成王"以适诸侯礼待之"（《史记·晋世家》），这是他国所未有的。临别，楚王问重耳，如果有一天您能回国为君，那将何以报答我？重耳的回答是——

退避三舍

退避三舍，意思是指一定范围内的退让和回避。表示礼让和报恩。出自《左传·僖公二十三年》："若以君之灵，得返晋国，晋、楚治兵，遇于中原，其辟君三舍。"春秋时行军三十里称为一"舍"，三舍，为九十里。《左传》中的原话是"辟君三舍"，这是对话用语，指的是退让九十里的意思。后世此语成语化后，就变成现今通用的"退避三舍"了，意为尽力退让，避免激化矛盾。

春秋中期，晋国发生内乱。晋公子重耳为了避免公室内斗中的杀身之祸，只得流亡国外。在国外的十九年间，在狄国十二年，之后的七年间分别到达卫、齐、曹、宋、郑、楚、秦等七国。所到之国，对待这位不速之客的态度是不同的。大致上可以分为两大类：一类是"弗礼"之国，大体上是不予接待，甚至连饭食也不给，这样的国家有卫、曹、郑等国。另一类是"礼遇"之国，生活上的关照不用说了，有的还优礼相待，这样的国家有狄、齐、楚、秦等国。在给予礼遇的国家中，规格最高且具有浓重政治色彩的是楚国。

楚国是重耳流亡生涯途经的第五站。在楚国，具有远见卓识的楚成王隆重地接待了重耳，让他生活优渥地过了一段时日。这里特别值得一提的是，史书上说，"楚成王以适诸侯礼待之"，这是一种特别的高规格。按常理说，晋公只是一方诸侯，作为晋公子的重耳正式的待遇说白了也只是卿大夫，更何况他是一个出逃在外的落难公子。这就可见，楚成王"以诸侯礼"待重耳，不是说重耳就是诸侯，而是看好重耳日后必成诸侯。据说当时重耳是诚惶诚恐，连连"谢不敢当"。此时，富于识见和政治经验的谋士赵衰站出来说话了，说："子其毋让，此天开子也。"（《史记·晋世家》）意思是说，重耳你不必谦让，这是上天赐予你的恩惠啊！这样一说，不只高抬了重耳的身份，也解释了楚成王为何以诸侯礼待重耳，这是应天而为啊！重耳是个聪明人，听赵衰这么一说，马上心领神会，"遂以客礼见之"（《史记·晋世家》）。

在楚国滞留了近一年，晋公子重耳决定离楚继续远行。在楚成王送别重耳的酒会上，楚成王与重耳之间有过一段历史性的对话。在《左传·僖公二十三年》上是这样说的：

> 及楚，楚子飨之，曰："公子若反晋国，则何以报不谷？"对曰："子女玉帛，则君有之；羽毛齿革，则君地生焉。其波及晋国者，君之余也。其何以报君？"曰："虽然，何以报我？"对曰："若以君之灵，得返晋国，晋、楚治兵，遇于中原，其辟君三舍。若不获命，则左执鞭弭，右属橐鞬，以与君周旋。"

可以说，这是一段不温不火的答语，也是一段既有灵活性、又具原则性的妙文，把晋文公重耳的精神气质写活了。

翻译成白话文大致上是这样的——楚成王说："公子如果能回到晋国去（为国君），您将用什么来报答在下呢？"重耳回答："美女、奴隶以及宝玉、丝绸是君王所拥有的，鸟羽、兽毛、象牙、牛皮是君王土地上出产的，那些流及晋国的，可以说是君王的剩余物，我能用什么来报答君王呢？"楚成王说："虽说如此，您还得回答说该怎么报答我啊？"重耳回答说："如果托君王的福，果真能回国当国君的话，我当然会好好感恩于君的。日后如果晋楚之间发生军事冲突，那我会'避君三舍'——也就是退让九十里。如果再不能得到君王的谅解，那就只好与君王一起手握武器认认真真地较量一番了。"

听了重耳的一番义正词严而又不失分寸的话语，楚国的重臣子玉气呼呼地对楚成王说："你对晋公子极为厚道了，可是，他今天却出言不逊，还是杀了他吧，免留后患！"楚成王摇了摇头，说："不可以的。看这位晋公子落难外逃那么多年，可追随他的那些兴国之大器都还是围绕在他身边，这是天助，也是天意，我们岂可逆天行事呢？"正在此时，"秦晋接壤"的西方大国秦国向重耳发出了邀请函，楚成王顺水推舟，"厚送重耳"。

居住在楚国的几个月，给重耳留下了温馨和永远挥之不去的一丝暖意。

公元前636年，在秦穆公的三千卫士的护送下，年过花甲的晋公子重耳回到了自己的母国。当政的晋怀公不得人心，群臣纷纷倒向重耳一边。重耳杀晋怀公，被拥立为君，他就是晋文公。他登上君位后的第一件事就是"勤王"，帮助摇摇欲坠的周襄王站住了脚跟。接着是朝见周襄王，并从周襄王那里获取了黄河以北南阳（今河南新乡一带）的大片土地。接着，又向周边地区扩张。这样必然与同样正在强大起来的楚国发生冲突。公元前633年，晋建立三军，在强军路上又迈出了一大步，而与楚的冲突处于一触即发的状态。公元前632年，在重耳在楚申言"退避三舍"的五年后，晋文公重耳率领的晋军和由子玉率领的楚军对峙于城濮（今山东鄄城西南），进行楚晋之间的一场大决战。

晋楚之间的交战不幸而被当年的重耳言中了，他当年就说了，"若不获命，则左执鞭弭，右属櫜鞬，以与君周旋"。公元前632年，晋楚两军"周旋"于城濮地区。楚令尹子玉带领的楚军与晋文公带领的晋军对垒而战。还没交上火，晋军突然后撤了九十里，将士都不理解是怎么回事，当时的晋主将子犯回答了这么一段很有意思的话："微楚之惠不及此，退三舍而辟之，所以报也。"（《左传·僖公二十八年》）意思是说，如果没有当年楚国的恩惠，我们到不了今天。当年我们就许下了"辟君三舍"的诺言。现在我们退九十里就是为了实现诺言，为了报恩。子犯还说，我们是避退了，楚军如也能就此罢战，那就可以和平相处，如还要进攻，我们就要反击了。

楚的主帅子玉以为晋军的退避是软弱，头脑发热，非得与晋军决一雌雄。再加上当时形势对楚比较有利。楚军背靠着山陵险阻扎营，而晋军背后是一马平川。但晋军主帅子犯很有信心，他说："对战争的胜负来说，归根结底靠的是人心归向。现在各诸侯国支持我们，各国的民众都支持我们，我们相信一定能取胜！"事实证明，虚张声势的楚军根本没有什么战斗力。战端一开，楚国的盟军陈、蔡二军就逃散了，自乱了阵脚。盟军指挥又不得当，结果必然是大败而归。

晋军大胜，参与反击楚军的诸侯军也越来越多。晋军一直追击到属于郑国的践土（今河南原阳西南）一带。在践土，晋文公为周天子作王宫于该地，以为纪念，并仿齐桓公当年的葵丘之会，订立盟约。《春秋·僖公二十八年》："五月癸丑，公会晋侯、齐侯、宋公、蔡侯、郑伯、卫子、莒子，盟于践土。"天子周襄王也参与了这次规模宏大的盟会。周襄王给予晋文公特殊的礼遇，特别设享礼用甜酒招待晋文公，还命晋文公向自己东边而坐，实际上承认晋文公是这次盟会的"东家"。周襄王还签发策书授予晋文公为侯伯，赐给他大路和相应的礼服，以及彤弓彤箭，命晋文侯安抚四方诸侯，纠察惩治朝内奸雄。

在践土盟会上，还签订了盟约，其大意是："皆奖王室，无相害也！有渝此盟，明神殛之。"（《左传·僖公二十八年》）意思是说，与会诸侯都要以辅佐王室为己任，各诸侯国之间要互助互利。谁违背盟约，大家可以共同讨灭他。这一和平共处之盟约对当时社会起了一定的稳定作用。

这是发生在鲁宣公二年（前607）的故事，也就是孔子出生前半个世纪的事。上文的"退避三舍"是中华传统道德，本文的"知恩图报"也是中华传统道德，可见当时虽是乱世，但中华传统的道德文化并未泯灭。晋大夫赵盾在打猎时，给予偶遇的穷苦人灵辄两份饭食，一是救了他的命，一是满足了他的孝子之心。过了些年，灵辄反过来救了赵盾的命，问他为何如此，回答是——

一饭之报

一饭之报，在历史上指的是作为"翳桑之饿人"的灵辄，因晋大夫赵盾在其危难时刻以饭食周济而得以存活，且得以用饭食供养老母，其感恩之情一直存于内心。后赵盾临难，灵辄挺身而出，以生死相报，即所谓的"知恩图报"。此故事出自《左传·宣公二年》。

当年晋文公重耳门下有著名的所谓"五贤人"，即赵衰、狐偃、贾佗、先轸、魏犨，而赵衰为五贤之首。晋文公及其后的襄公时期，赵衰一直是掌实权并决定晋政权走向的执政卿大夫。晋襄公末年，赵衰亡故，史书上说"赵盾代赵衰执政"（《史记·晋世家》）。赵盾继承父亲的遗风，一如既往地清正廉洁为政，而他面临的却是"厚敛以雕墙"的昏君晋灵公，为此他所花出的代价要比一般情况下大得多。赵盾艰难前行，他就是被孔子称为"古之良大夫也"的那个了不起的人。

这里要说的就是发生在这位"良大夫"赵盾身上的一串故事。

据鲁宣公二年（公元前607）的记载，赵盾的政治生涯大部分是在那个腐败无能的晋灵公统治时期度过的。一次，赵盾带着一些人去首阳山（今山西永济东南）打猎，住在翳桑。在当时，所谓天子、诸侯、卿大夫的行猎，既是一种官场的游乐，还具有体察民情的意味。在山脚下，赵盾看见一叫灵辄的穷人，被饥饿折磨得骨瘦如柴，快要支撑不下去了。就前去询问他的病情。那人断断续续地说："我……我……已经三天没……没进食了，怕是不行了。"赵盾忙将身边带着的食物分送给他吃，安慰他，要他好好休息。可灵辄舍不得全吃掉而是留下了一半。赵盾惊异地问他，为什么还要留一半？他说："我已经离开家里三年了，现在不知道家中老母是否还活着。这里离家不是很远，让我把留下的食物送给她老人家吃吧。"赵盾听了很感动，让他把手里的食物吃完，另外又为他准备了一篮饭和一些肉，由他送回家去孝敬那可怜的老母亲。

这个叫灵辄的人，经过一番打听，知道给予他"一饭之恩"的，就是朝中有名的忠臣赵盾。这给他一份感动，更给他一份信心。从此，他刻苦自励，积极上进。他由一个普普通通的农家子，变成了一个专职的军人，他尽心尽职，很快就成为了晋灵公宫廷中的一名威武能干的禁卫武士。对于这些详情，与灵辄只有一面之缘的大夫赵盾都是全然不知的。

同时，由于晋灵公急速向"不君"的道路上下滑，赵盾的为臣之道走得越来越艰难。"不君"云云，是史家为晋灵公所定下的性质，就是说他越来越不像个君主。史书上说："晋灵公不君，厚敛以雕墙，从台上弹人而观其辟丸也。宰夫胹熊蹯不熟，杀之，置诸畚，使妇人载以过朝。"（《左传·宣公二年》）这里讲"晋灵公不君"是用事实说话的。讲了三件荒唐事：第一件事是，搜括大量钱财，只顾修饰宫廷的墙壁。第二件事是，站在台上用弹弓射人，以看人躲闪弹丸为乐。第三件事是，一次厨师没把熊掌煮烂，晋灵公就把厨师杀了，放在畚箕里，派宫女抬出去，经过朝堂一点也不回避。

赵盾是亲眼看到了被晋灵公杀害的厨师的尸首的，他联络了同样是忠臣的士季一起向晋灵公进谏。士季接连向晋灵公进谏了三次，没有什么效果。赵盾据理强谏，明确指出晋灵公的所作所为，必导致亡国灭种之灾。晋灵公不仅听不进这些话，还讨厌他，后来干脆要杀害他。

晋灵公第一次派出的杀手叫鉏麑，是个武艺高强且富有正义感的人。那天清晨，鉏麑来到赵盾住处，只见住处的门虚掩着，他就推门直入。进门之后，只见赵盾已经穿好了朝服，端坐在那里养神。鉏麑忙退了出来，心想：赵盾是世间少有的大忠臣，是当今国家的好当家，我为什么要杀害他呢？但转而一想，如果不执行暗杀，不是违背君命吗？在极为矛盾的心态中，鉏麑一头撞在了一棵大槐树上，自杀身亡了。

到那年秋九月的时候，晋灵公想借请赵盾饮酒的机会，埋伏甲士将赵盾杀死。酒过数巡，一名叫做提弥明的卫士似乎看出了什么，快步登上殿堂，说："臣子侍奉君王宴饮，喝酒超过三巡，就不合礼仪了。"于是，就搀扶起赵盾离席。这时，晋灵公放出一群恶犬向赵盾扑来。正在危急之际，提弥明挺身而出，勇敢地杀死了恶犬，保全了赵盾。这时，埋伏在堂间的杀手又蜂拥而出，武艺高强的提弥明挡住了杀手的通道，使之不能接近赵盾。史书上记载道："提弥明反击灵公之伏士，伏士不能进，而竟脱盾。"（《史记·晋世家》）

事后，赵盾问提弥明："你为何要如此拼力地救我？"他坦然回答说："我就是当年在翳桑的那个饿汉，我的原名叫灵辄，现在更名叫提弥明了。我一直不能忘记当年你那一饭之恩，一直图恩思报，今天上天给了我这样一个报恩的机会。"赵盾再问他的生活状况和家居何处时，他不告而退了，从此再也找不到他的踪迹了。

赵盾觉得在都城生活太不安全了，于是暂时逃离了都城，但没有走出晋国的国境。之后，晋灵公治政之策也越来越不得人心。赵盾的族弟赵穿是位将军，在桃园中杀死了这个罪恶滔天的晋灵公，并迎赵盾回来当政。晋太史董狐在史书上写道："赵盾弑其君。"赵盾辩白道："杀死暴君的不是我，而是我的弟弟赵穿，我无罪。"董狐说："你是国家的正卿，而且虽离开京都但还在国内，杀君王的又是你弟弟，怎可说无罪呢?"后来，孔子读到了这段不寻常的历史，既赞叹董狐是"良史"，又肯定赵盾是"良大夫也"。

其实，赵盾值得得赞叹，奋不顾身报"一饭之恩"的灵辄更值得赞叹。后人以此来形容人际的知恩图报，温情相待，互补互助。杜甫在《奉赠韦左丞丈二十二韵》诗中，就引用了"一饭之报"这一成语。

楚国地处南国，屈原在《离骚》中有"帝高阳之苗裔"的说法，可见楚族本是五帝之一的颛顼氏（号"高阳"）的后代。经过长期的发展，到春秋中期政权的接力棒传到了雄心勃勃的楚庄王手里。他为了测试朝臣的忠奸，表面上日夜享乐，不理政事，实则雄图在胸，所谓——

不鸣则已，一鸣惊人

"不鸣则已，一鸣惊人"，一般认为出于楚国的兴国之主楚庄王之口，成语化以后指平时深藏不露、关键时刻能作出惊人之举的人。

楚地相对来说，比起中原来经济、政治、文化上是晚起的，因被称为"楚蛮"，甚至楚的当政者也以"蛮夷"自谓。正因为如此，他们对中原流行的公、侯、伯、子、男这样的政治阶梯制度不太在意。早在公元前的8世纪的熊徇时代，楚人就自个儿称王称霸了，也不要周朝中央政府的封赏。

楚强盛的起步始于楚穆王时代（前625—前614）。当时楚大夫范山曾对楚穆王有这样的进言："晋君少，不在诸侯，北方可图也。"（《左传·文公九年》）穆王听从了这位大臣的话，开始向北发展。先是起兵灭掉江（今河南息县西南）、蓼（今河南固始东北）这样一些小国，然后进一步向中原一些重要国家宣战。与郑国战，一下生俘了郑大夫公子坚、公子龙。后来楚又伐陈，攻占了壶丘（今河南新蔡东南）。伐宋的战争还没有打响，宋君主动迎接楚王，还引导楚王到本国的孟诸（今河南商丘附近）去田猎。楚穆王的扩张可谓咄咄逼人。

公元前614年，执政十二年、也征战了十二年的楚穆王病死了。第二年，其子侣即楚王位，他就是楚国历史上著名的楚庄王。

当时，楚国面临着十分复杂严峻的形势。穆王刚去世，人心浮动。穆王最信得过的令尹子孔和掌国事的太师潘崇刚巧带兵在外。这时守国的公子燮和子仪乘机作乱，并把刚立不久的庄王劫持出都城，要不是忠于新君的庐邑大夫将其诱杀，事情还不知会如何发展呢！表面上这次政治风波是平定下去了，但篡权夺政的潜流还在，尤其是楚国朝中忠奸、善恶一时还很是难分。于是，楚庄王决定以"不鸣则已，一鸣惊人"的异乎寻常的态度来测定忠奸和善恶。

真是祸不单行，楚庄王上台时又遇上了大饥荒。看到有机可乘，戎人从楚的西南境、东南境大规模进犯，夺取了一些地盘。同时，原属于楚附属国的庸国（今湖北竹山一带）也叛反。好在当时被委以重任的潘崇是一个经验丰富的政治家和军事家，他以剿、抚并行的手法，花了大约一年的时间，基本上解决了地方势力的叛乱问题。

楚庄王虽然很年轻，但很有心计。他很想任用贤能之才，以辅佐自己成就一番事业。但是，当时的状况很不明朗——谁忠？谁奸？谁是治国的干才？一时他还心中无数。怎样才能真正分出周围那些人的忠奸智愚来呢？他苦苦地思索着。终于有一天他想出了绝妙的方法：他要用相当长的一段时间来乔装自己，假装沉湎于酒色，假装是个不思进取的糊涂君王，这样可以使周围的那些大臣现出那本真的面貌来。一旦时机成熟，就快刀斩乱麻地来一个"大收网"，也许这就叫作"一鸣惊人"吧！

这着实是一步妙棋，但也是一步险棋，弄不好会全盘皆输。他的计谋没有告诉任何人，想定了，就照此办理了。

在楚庄王即位后的差不多三年时间内，这位年轻的君王表面上一直不理政事，只是日夜享乐。"不出号令，日夜为乐。"（《史记·楚世家》）能推卸的事，都推给下属去办了，后来连每天的早朝也废了。还发出这样严厉的警示："有谁敢来进谏的，我将判他死罪，决不赦免！"

这时，大臣伍举（伍子胥之祖）实在忍不住了，冲破重重阻力，来到庄王居处的内宫，只见庄王左手怀抱着从郑国招来的郑姬，右手怀抱着越国娶来的美女，坐在钟鼓乐队的中间，正在寻欢作乐。庄王见伍举来到自己的跟前，一点也不收敛，视若无睹地还在那里玩。

伍举一脸严肃地说："大王，我有话说。"

庄王嬉皮笑脸地说："有话就说吧！今天我高兴，准你说！"

伍举意有所指地说："有一个故事说，有一只鸟停在高岗（阜）上，三年不飞动，也不鸣叫，你能告诉我这是为什么吗？"

庄王把身边的郑姬和越女推开，让乐队停奏，两眼放出熠熠的光芒来，说出一段这样的警世名言来："三年不蜚（飞），蜚（飞）将冲天；三年不鸣，鸣将惊人。"（《史记·楚世家》）

这就是"不鸣则已，一鸣惊人"成语的出典。

说完这段至理名言，庄王还特意加上那么一句："举退矣，吾知之矣！"（《史记·楚世家》）这句话直接作解的话，就是说：伍举爱卿你可以退下去了，我已经知道了你的用意。问题的关键在于，所谓的"知之矣"，是"知"这句隐语的真意了呢，还是"知"伍举这个大忠臣的心了呢？对于这些，楚庄王都没有说，留给人们极其宽广的想象空间。

此后数月间，楚庄王照样是"日夜为乐"，其奢侈生活有过之无不及，一点也看不出有什么"一鸣惊人"的态势。这让忠臣心焦，奸人得意。各式人等都在那里尽情地表现自己。

大夫苏从实在看不下去了，冒死进谏。楚庄王大声问："难道你没有看到'有敢谏者，死无赦'的禁令吗？"苏从抗声回答："如果我能牺牲自己而使国君清醒的话，我死而无憾！"楚庄王挥挥手，说："你下去吧！我明白你的心，接下去就看我的吧！"

经过三个年头的认真观察，朝中哪个忠、哪个奸，哪个有谋、哪个无略，楚庄王的心中一清二楚了。楚庄王锐意实行变革。他诛杀了一百多个图谋不轨的奸臣，重用伍举、苏从等敢于直谏的忠臣一百多人，"一鸣惊人"地实行了大刀阔斧的政治、经济、文化方面的全方位改革。这样，在中原的晋、东方的齐两个老牌霸主中落的形势下，楚国一枝独秀了。此后，"国人大悦"（《史记·楚世家》），全国的老百姓都为楚庄王的"一鸣惊人"拍手叫好。由是，"不鸣则已，一鸣惊人"成为民众乐用的热词，以鼓舞自己积极前行。

楚庄王使楚国强大起来以后，不安于偏居南国。他起兵击败了晋国之后，又迫使郑国臣服。周定王元年（公元前606），楚兵直指中原的洛水边。周定王慌了手脚，派出大夫王孙满对其实施安抚。楚庄王并不满足于这些，出人意料地作出了这样的惊人之举——

问鼎中原

不能否认，楚庄王在楚国历史上是最有为之君。他整顿了楚国的吏治，改善了民生，使楚国走上了繁荣昌盛之路。他在改革内政的同时，积极对外扩张，图霸称雄。他带兵一举击败了曾经不可一世的晋国三军，又使郑国臣服于己。公元前 606 年，楚军又打败了陆浑之戎（今河南洛水一带），楚军的前锋已到达了洛水边上，在周天子领地的边境陈兵示威。

此时，刚刚登极的周定王可真是慌了手脚，派出大夫王孙满带了许多礼品来"劳师"。这就发生了中国历史上有名的"问鼎中原"事件。史载："（楚庄王）八年，伐陆浑戎，遂至洛，观兵于周郊。周定王使王孙满劳楚军。楚王问鼎小大轻重，对曰：在德不在鼎。"（《史记·楚世家》）这一年，是楚庄王即位的第八个年头，而对于周王朝来说是新王周定王登上王位的第一年。事实上，此时的楚庄王已经根本不把周王室放在眼里，一个南国的诸侯竟敢"观兵于周郊"，这是其他诸侯都不敢为的事。何为"观兵"？观兵就是我们通常讲的阅兵。一个臣属于周天子的诸侯国楚王，在周天子的领地里搞大阅兵，这不就是明目张胆地在向周天子示威和施压吗？

作为周王室特使的王孙满，是个绵里藏针的人物，他知道当时已经很强大的楚国是得罪不起的，武力抗争或弹压更不是应有的选项，唯一可行的就是跟庄王讲一点道理，也讲一点相关的历史，那样也许能"感动"这个强势的楚庄王。

整个"问鼎"事件的过程颇具喜剧性。

当作为王室代表的王孙满把丰厚的礼品送到楚庄王面前的时候，他本应感谢周天子的恩典，可他没有，他把礼物让手下人收起来，然后却突如其来地发问："我现在最感兴趣的是，在你那里有只传世的国之宝鼎，我想问一下，宝鼎有多大，又有多重？"

王孙满显得很镇定，也很自信和自负，说道："楚王你可能不懂得这样一个道理，鼎有多大，鼎有多重，这些都不重要，重要的是，鼎代表了一种德性，一种崇高无比的天子特有的德性。"

楚庄王听不进这些，满不在乎地说道："不就是铸个鼎吗？有什么了不得的。我楚国有的是兵器，就是把我楚军的戈戟的尖端折下来，也足可以铸造九鼎了，有什么难的？"

王孙满长长地叹了一口气，说道："你还是没有听懂，我说的是'在德不在鼎'，铸鼎也好，得鼎也罢，离开了那德性，还有什么可说的呢？"

楚庄王被这有点玄乎的大道理说得有点晕乎了，用一种惊异的目光盯视着王孙满。此时的王孙满却显得不慌不忙，微笑着说："还是让我给你讲点历史吧！"

王孙满告诉楚庄王：当年夏禹利用"贡金九牧，铸鼎象物"，把各种各样的物类铸在鼎上，目的就是为了"使民知神奸"。民众看到了鼎上的"百物"，就明白了什么是神圣的，什么是奸邪的，什么是正义的，什么邪恶的，就会坚持德性，力斥邪恶。鼎是德性的象征，而不在于它的大小轻重。

后来夏桀失德，也就失去了鼎，"鼎迁于殷"。六百年后，"殷纣暴虐，鼎迁于周"。鼎的归于周，那是天命所至，不是哪个人想要就要得了的。

王孙满还告诉楚庄王："昔成王定鼎于郏鄏，卜世三十，卜年七百，天所命也。周德虽衰，天命未改。鼎之轻重，未可问也。"（《史记·楚世家》）这是说，周成王在周公扶持下曾定鼎于郏鄏。郏鄏在今河南洛阳市王城公园一带。成王曾在郏鄏占卜周王朝的命运，占卜的结果是周可存在三十世，王朝的寿命约为七百年，这是天定之数。平王东迁之前只传了十四世，平王到现今的定王也只传了九世，离三十世还远着呢，谁想在此时赶周王下台，就是逆天行事。王孙满冲着楚庄王，严肃地问："这些道理，你可该懂得啊！"

王孙满给楚庄王大讲历史，大讲天命（所谓"卜世""卜年"）之道，这些说辞竟然把楚庄王吓唬住了，"楚王乃归"（《史记·楚世家》），问鼎事件就这样告终了。

自从楚庄王率军进军中原，并于中原"问鼎小大轻重"以后，人们便将中原之外的政治和军事势力觊觎中原的疆土财物，统称为"问鼎中原"。

楚庄王的归楚，并不等于说他的扩张和称霸之心从此收敛起来了。"鼎之轻重"可以不问，但行动上的"问鼎中原"还在继续，甚至是愈演愈烈。

楚庄王十三年（前601），楚与吴、越结盟。当时的吴、越两国还比较弱小，这种结盟意味着两国对楚的臣服，意味着楚稳固的后方基地的建立。

楚庄王十六年，陈国的夏征舒杀死了陈灵公，陈国由此大乱。楚国打着帮助陈国平乱的旗帜，轻而易举地进入了陈国。楚庄王宣告："陈将成为楚国的一个县属，从此再也不会有陈国这样一个国家了！"这时，出使齐国的楚名大夫申叔时刚好回到了楚国。当时楚的臣子都很兴奋，纷纷向庄王祝贺，唯独申叔时不贺，庄王惊问其故。申叔时说："夏征舒弑陈君固然有罪，而你莫名其妙地率军把陈国灭掉了，不是更有罪吗？可以打这样一个比喻，有人牵着牛践踏了别人家的农田，这当然是错的，但是，你借故把牛夺为己有，不是更大的错吗？以更大的错去纠别人的错的人，怎么能称霸天下呢？"楚庄王听了申叔时的这一番至理名言，低头想了一阵子，说："申叔时说得是对的。"马上宣布陈国复国，此后陈国就成了楚国最可靠的同盟国。

这就是"申叔时一言兴邦"这一典故的由来，孔子后来也十分赞赏如此的"一言兴邦"。

在公元前606年到公元前598年之间，楚庄王连续七次进攻战略地位十分重要的郑国。当时一度作为华夏霸主的晋国已大为衰弱，保护不了像郑这样的中原中小国。这样，郑国只能在晋楚两个大国间摇摆。公元前598年夏，楚与陈、郑等国刚会盟，到冬天时又偷偷对晋表示友好。楚出兵包围郑都十七天，城里人都在太庙中抱头痛哭。楚庄王命令退兵三十里，郑人马上组织力量修理城墙，准备抵抗到底。楚又包围郑都三个月，郑国实在支撑不下去了。这也是一个故事："郑伯肉袒牵羊以逆，曰：'孤不天，不能事君，君用怀怒，以及敝邑，孤之罪也！'"（《史记·楚世家》）意思是说，郑国的国君郑襄公知道再也不能抵抗下去了，就自动打开城门，穿着破旧的奴仆穿的衣衫，袒露着前胸，牵着一头羊去向楚庄王求和，楚国的臣僚都说："王不要答应他，杀了他，杀了他算了。"楚庄王说："不可杀，他这样自比为奴仆牵着羊来见我，可以相信他是真诚的，说明他是个'能信用其民'的君主，我还是可以与他结盟的。"后来楚军大败晋师，很大程度上得益于郑的助力。

公元前597年，正当楚郑两国已经讲和，且结了盟约的时候，晋国救援郑国的军队赶到了。这时晋军在是退还是战的方略上，发生了不小的分歧。有的不想打而准备拉着自己的队伍回师，此时主战的一位叫先縠的主将却相当冲动，还说："由我失霸，不如死！"（《左传·宣公十二年》）并且率军渡过黄河，与楚军对垒。而楚庄王却显得相当镇静。他两次派使者到晋军中，请求议和，实际上是为了麻痹晋军。其实，先縠带领的这支晋军也不是铁板一块，其中魏锜、赵旃二人就因求高官不得而心怀不满，战争还没打响，他们就主动与楚军暗通关节。这时，楚军对晋军发动了突然袭击，晋军乱作一团。这时，晋军将领竟击鼓宣布：先渡过河去的有赏。这样，晋军在没有统一指挥的情况下争着上船。先上船的人用刀砍后来人攀船的手指，出现了一场惨景：船中断指多得可以用手捧。这时楚军发起了冲锋，晋军死伤无数，大败而归。这场战争是在邲（今河南郑州西北）这座小城打开的，因此史称邲之战。

邲之战标志着楚庄王的霸业已经达到了顶峰。中原地区的陈、蔡、郑、宋以及淮泗地区的一些小国都已经降服于楚国，并建立了一定的联盟关系，除了军事层面的互助外，文化上的交流也增强了。

从公元前606年的楚庄王问鼎中原，到公元前528年的楚平王即位，中经共王、康王、郏敖、灵王四朝，过了七十八年，楚国的衰落已成定势。楚平王是个十足的昏君，他借故杀忠臣伍奢父子，伍奢小儿子伍子胥外逃，十年后归报父兄仇，世称——

报仇雪耻，十年未晚

"报仇雪恨，十年未晚"这句成语是说，只要把仇恨牢记心头，不断积聚力量，不倦寻找机会，就是到十年后得以报仇雪耻，也不算是晚的事。而这句成语的原典是春秋历史上真实的"伍子胥十年归报楚王仇"的故事。

楚平王是个比他的前任君王更加荒淫无度的国君，他把全部朝政都交给了奸臣费无忌，自己只管尽情享乐。而这个奸臣费无忌与伍家有世仇，一旦大权在握以后，为了打击伍家就乘机放出话，说大臣伍奢正与太子建联手图谋叛变国家，推翻楚平王的统治。楚平王对这样毫无根据的鬼话竟信以为真，把伍奢囚禁了起来。这时，费无忌又使出了狠毒的一招，他对平王说："伍奢有两个儿子，都在外边，这可是楚国的大患啊！不如以'能致汝二子，则生，不能则死'为诱饵，把他的两个儿子骗到京城，一并杀了，以绝后患。"平王听到此言，连口称"妙"。

楚平王的信使来到了伍奢两儿子的身边。此时，兄弟俩进行了周密的商量。兄长伍尚说道："平王的鬼把戏明眼人都是清楚的，就是妄想把我伍家一门忠良斩尽杀绝。但是，我要说的是：使者说了儿子去了，父亲可以免死，显然是诱敌的鬼话，如果我不奔去冒险救父的话那是不孝；同时，眼看父亲被诬而被处死，如果不去报复那些恶魔的话，那也是无谋之人，当然也是无智慧的人。"弟弟伍子胥急问："那我们该怎么办？"兄长伍尚说："我们得有个分工：我到父亲那里去，无非就是一死。你马上逃走，日后可以归来报这杀父兄之仇！"就这样，一心尽孝的伍尚一回到郢都就与其父一起被楚平王杀害了，而拒不从令的伍子胥逃亡国外，求得了一条生路，并得以日后归报楚王仇。

　　伍子胥走的是一条漫长的复仇之路，也是艰辛的跋涉之路。

　　伍子胥先流亡到了宋国，当时太子建也流亡在那里。可是，宋国发生了"华氏之乱"，也就是华氏兄弟与宋君争位，国内乱成一团糟，于是，伍子胥与太子建离宋去郑，不料太子建在郑被诛杀，伍子胥于是奔吴国而去。

　　伍子胥过昭关（在今安徽含山北小岘山），那是吴楚交界处的一个关隘，关吏那里有追捕伍子胥的文书和画像，伍子胥一看情势不妙，拔腿就跑。关吏却紧追不舍。伍子胥逃到江边，眼看马上要被关吏追上了。正在此时，江上一渔父驾一叶小舟驶来，命他马上上船，当关吏赶到时，小船早已远去。伍子胥渡河后，解下身上佩剑，赠予渔父说："此剑值百金，以谢救命之恩。"渔父不受，说："楚国法律说，谁抓获了伍子胥的人，赐予粟五万石，还赐予高爵。我是同情你，不是为了多少钱。"伍子胥把这位仗义的渔父牢牢地记在心里。

　　到了吴国，伍子胥一度行乞于街头，差点饿死，传说好心的浣纱女以一饭患难相助，使其得以不死。

　　到得吴都，吴王僚这个胸无大志的君主根本不想进攻楚国，倒是公子光胸怀大志。他们合力除掉了吴王僚后，公子光继位，这就是吴王阖闾。阖闾委任伍子胥为"行人"（国家级的外事负责人），且集外事与军事于一身。伍子胥日夜操练士兵，又引进孙武为大将，准备与楚决一死战。

这时，杀害伍子胥一家的楚平王已经死去，继位的是不中用的楚昭王。公元前506年，吴国以孙武为大将，以伍子胥为军师，率大军攻楚。于是大举攻楚，大军一直打到楚国建都两百年的郢都，攻克之。伍子胥入郢后，"乃掘楚平王墓，出其尸，鞭之三百，然后已"（《史记·伍子胥列传》）。从伍奢和伍尚父子被杀，到伍子胥入郢城报仇雪恨，时间刚好过去了十个年头，他圆满地实现了"十年归报楚王仇"的夙愿。

与楚国同样地处南方的还有吴越两国。究其血脉，吴越两国都还与黄帝家族有着十分密切的关系。吴太伯仲雍奔荆蛮，"自号句吴"，成了吴国的始祖。"越王勾践，其先禹之苗裔。"但由于历史上的种种缘由，两国曾战事绵绵。公元前496年，吴伐越，越大败。越王勾践折节事敌，振贫救难，与民同甘苦，终于重振家国，这靠的是一种精神，叫作——

卧薪尝胆

卧薪尝胆，"卧薪"指睡在柴草上，"尝胆"指品尝苦胆。其意是形容一个人忍辱负重，发愤图强，最终苦尽甘来，大功告成。后人常以此语表示为了实现某一理想，刻苦自励，奋发自强。其语说的是越王勾践复国图强的故事。

在春秋时期，吴越两国可算是世仇。这与祖国东南地区的地域狭小，而人口相对众多有关，为了生存族群与族群之间常闹出种种矛盾来。同时，在吴、越的南边有一个强大的楚国，楚国一会儿联吴攻越，一会儿又联越攻吴，这样就人为地造成了吴、越之间的所谓"世仇"。

吴、越、楚三国的关系真可谓是奥妙无穷，既有相互攻击，又有相互支援和利用。上面一讲讲到公元前506年，伍子胥率吴军攻入楚国郢都。吴国的精锐部队都在千里之外的楚地，一时回不来，这样一来国内必定空虚。这时越王允常坐不住了，乘"（吴）国空，乃伐吴"。越王允常乘人之危，的确大伤了吴、越两国的感情。当时吴王阖闾正与伍子胥一起在郢，回不来。吴王阖闾回不来，又受到越军的打击，这时本来有野心的吴王阖闾的一位弟弟夫㮣自立为吴王。这使吴王阖闾很被动，日夜兼程赶回国，镇压了自立为王的分裂势力。这件事也伤了吴、越间的感情，正如《史记·越王勾践世家》说的："允常之时，与吴王阖庐战而相怨伐。"这就开了两国交往史上不太好的先例。

公元前496年，越王允常去世，子勾践即位。旧王刚死，新王刚立，越国显现出种种不稳定因素，于是吴国乘机伐越，越军奋起反击。双方大战于檇李（今浙江嘉兴市西南），结果吴军大败。吴王阖闾的一个脚趾被砍去，伤势日重，最后不治身亡。儿子夫差继任，决心报仇。

越王勾践三年（前494），继吴王位不到二年的夫差"日夜勒兵，且以报越"。越王勾践想先发制人，谋臣范蠡劝导他说："无缘无故地开战是不好的，邻国间还是和平相处的好。如果真的要打，也得做好充分准备啊！"要他去与吴国沟通。可是，年少气盛的勾践不认同，说："吴国在磨刀霍霍了，我们怎能坐以待毙呢！"也没做多少军事上的准备，贸然地向吴国宣战了，而吴国却是认认真真地做了备战的。一听说越军来犯，吴王夫差马上发出训练有素的精兵迎战。双方大战于夫椒山（今江苏无锡市西南太湖中马迹山），吴军大败越军，长驱直人，最后越军退守会稽，越王勾践龟缩在会稽山区，且被吴军层层包围，麾下的越国士兵也只存队伍不整的五千人。这就是中国历史上著名的所谓的"会稽耻"。

这时越王勾践的情绪跌落到了低谷。勾践对范蠡说："我是错了，后悔当初没有听你劝导的话，故有今天这样的惨败。你说说看，我该怎么办？"范蠡回答道："一个聪明的人，他必须效法天道的盈而不溢，效法地道的因时制宜，懂得人道的谦卑受益。现在，你只有用谦卑的言辞、厚重的礼物打动你的敌手。如果对方还是不允诺，就连你自己也得赔给对方，当他的随从，一切从头做起。"

在这生死存亡关头，大臣文种以商汤、周文王为例，要勾践在逆境中奋起，不因一时的败局而失去了建国立业的勇气。

勾践沉痛地说："这苦果是我一手造成的，事已至此，我除了吞下这苦果外，别无选择。"

不多久，越国派出了以文种为首的求和使者团。文种用膝盖跪着走路，低头向吴王行礼说："我国的越王勾践愿为您吴王的臣仆，他的妻子愿为您的侍妾。越国的一切珍宝都是您吴王的家产。我是越王的臣仆，是您的臣仆的臣仆。"同时，文种又设法买通了吴国贪得无厌的太宰嚭，送给他无数的美女和宝器。经过一番周折，协议终于达成了。越国成了吴国的附属国，越王勾践在吴国干苦活，成为名副其实的臣仆。

越王在吴国干了两年苦役，放回了越国。回国后，勾践时时不忘复国雪耻的大志。史书上这样写来："越王勾践反国，乃苦身焦思，置胆于坐，坐卧即仰胆，饮食亦尝胆也。曰：'女忘会稽之耻邪？'身自耕作，夫人自织，食不加肉，衣不重采，折节下贤人，厚遇宾客，振贫吊死，与百姓同其劳。"（《史记·越王勾践世家》）

成语"卧薪尝胆"的出典就在于此。《史记·越王勾践世家》中记载勾践，床前悬挂苦胆，坐卧都看得到，吃饭时尝尝苦胆的滋味。司马迁认定勾践有尝胆之事，但没提卧薪之事。有学者认为有"尝胆"一节，而并无"卧薪"之说，这也许是后人敷衍出来的。其实不然。从勾践复兴越国的过程及经验来看，"卧薪尝胆"这个基本事实是存在的。上面这段话中其实至少讲了四条：一是不忘初心，用"尝胆"的方法时时警示自己；二是艰苦奋斗，"身自耕作，夫人自织"之类皆是，睡柴草当不可免；三是"折节下贤人，厚遇宾客"，团结贤人一起干；四是最重要的，就是"与百姓同其劳"，心中一直想着老百姓，并站在老百姓一边。这样做，当然无往而不胜了。

"轴心时代"的中华圣人

公元前500年前后，世界进入了一个被称为"轴心时代"的大时代，整个世界都是一个大分化大变革的伟大时代。人类经历了数千年的文化积累，开始进入一个"奠定人性基础"的新时代，不管是东方还是西方，都涌现出了一大批圣哲类的大人物，带领广大民众冲破旧时代的迷雾，向外宣布自己的学说，一大批思想、文化、科技、宗教的大师级人物在东方与西方同时涌现。这并非是一种偶然现象，这与当时信息不通、信息封闭局面的开始被打破有着深层次的关系。这些都为"轴心时代"的到来做了社会生活上的铺垫，并走上了历史的新征程。这一历史新时代的特征是——

继往开来

德国当代哲学家雅斯贝斯在《历史的起源与目标》一书中提出了一个新概念，认为公元前500年前后，世界"不约而同"地进入了一个可以称之为"轴心时代"的新时代。据一些研究考证，早在公元前1110年就有埃及使者到达中国的记录。早在公元前776年，希腊举办了第一届奥林匹亚竞技会，参会者有来自世界各地的选手。公元前600年有关于中国与印度、西亚各国进行丝绸贸易的记录。公元前595年，一些腓尼基人受埃及国王之托从红海出发，历时三年作绕非洲航行，其中一些人还到了亚洲大陆。

这是一个"奠定人性精神基础"的时代，也就是人类大觉醒、大踏步向文明进发的时代，当然它也是一个"继往开来"的时代。这个时代，东西方涌现出了一大批大师级的人物，在东方有中国的孔子、老子、孙子、墨子，有印度的释迦牟尼，在西方有苏格拉底、柏拉图、亚里士多德，柏拉图书写的《理想国》后来在中国影响很大。

我们可以接着雅斯贝斯这位大哲学家的话往下讲。在这世界的"轴心时代"中，真正处于中轴地位的不是别国，而是中国。从中国五千年文明发展的维度看，发展到公元前五世纪时，刚巧是走了两千五百年，钱穆先生称为"中华文明发展的半程期"。钱穆先生在《孔子传》开头有一段话："孔子为中国历史上第一大圣人。在孔子以前，中国历史文化当已有两千五百年以上之积累，而孔子集其大成。在孔子以后，中国历史文化又复有两千五百年以上之演进，而孔子开其新统。"这话不只是针对孔子说的，用在中国这一时期的哪位圣人身上都适用，含有继承前人的事业，开辟未来的道路之意。简言之，即继往开来。

肩负有继往开来的历史性职责，这一点连孔夫子自身也感受到了。孔子曾经说过，"殷因于夏礼，所损益可知也。周因于殷礼，所损益可知也。其或继周者，虽百世可知也"（《论语·为政》）。这里所谓的"因"，就是沿袭，就是继承，就是继承基础上的发展。孔子这段话的意思是说，殷代继承了夏代的文化，周代继承了殷代的文化。只要我们把这种文化传承的精神发扬光大，形成我们的民族传统，那么，"虽百世可知也"。

中国的古典文化，习惯上将三十年称为一世，百世则为三千年。孔子这里是在说，只要我们不断发扬后世继承前世文化的精神，那么，就是三千年后的历史也是可想而知的。孔子的话说对了，现在离孔子说上述话语已大致上是三千来年了，我们现代的中国不正是继承和发展了孔子当年的中华文化吗？可以说，孔子所述那段话，完整地提出了历史发展中承前启后的原理。

记得在 1988 年，世界各国诸多诺贝尔奖奖金获得者，齐集法国首都巴黎，共商共议人类发展前景，在之后发表的《巴黎宣言》中，他们郑重宣言，"为了人类的共存共荣，我们必须学会回到二千五百年前，去孔子那里寻找智慧"。这既是孔子的光荣，也是中华民族的光荣，更是整个人类的光荣。

孔子所处的那个时代，在中国历史上被称为春秋时代。春秋时代是一个大战乱的时代，也是一个大师辈出的时代、思想解放的时代。概而言之，则应称之为承前启后的时代。春秋时代的大师们——当然不仅是孔子一人——在总结中华二千五百多年文化成果的基础上，提出了一系列新思想、新观念，而正是这些新思想、新观念，导引了此后二千五百年中华文化发展的行程。

二千五百年前的春秋时期留给后人的文化遗产弥足珍贵，它至少有如下两大方面。

一是生死观念。

汤一介先生说过："中国人把生和死都看成是一种责任。"孔子说"未知生，焉知死"，他的学生曾子说"士不可以不弘毅，任重而道远"。墨子主张"赴汤蹈火，死不旋踵"，这些话都意在强调人生的责任意识。这种人生的责任意识千百年来不断强化，成为了真正意义上的民族意识。我们大致上可以理出一条这样的人生责任主线来：从孔子的"任重道远"和墨子的"赴汤蹈火，死不旋踵"——到易经的"君子以自强不息"——到司马迁的"人固有一死，或重于泰山，或轻于鸿毛"——到诸葛亮的"鞠躬尽瘁，死而后已"——到范仲淹的"先天下之忧而忧，后天下之乐而乐"——到文天祥的"人生自古谁无死，留取丹心照汗青"——到毛泽东的"生的伟大，死的光荣"。这是一条多么明晰的中国式的生死观念发展之路啊！

把研究人生放在第一位，同时也理所当然地把民生放在第一位，这正是古典的中华文化特点之所在。

二是忧乐观念。

德国大学者黑格尔说过："在四大文明古国中，中国是灾难最深重的国家。"大灾大难考验了国人，也砥砺了国人，从而形成了"生于忧患、死于安乐"的观念，进而形成了中国人独有的那种苦乐观——以苦为乐的观念，以艰苦奋斗为荣耀的观念。而这种民族意识，有学者明确指出："忧患大成于孔孟。"也就是说，到孔孟时这种观念已相当成熟了。

好古的孔子对大禹以来的历史清清楚楚，明白生在多灾多难的中国除了直面灾难勇往直前地奋斗外，没有第二条路可走。孔子说："君子忧道不忧贫"，说自己是"其为人也，发愤忘食，乐以忘忧，不知老之将至"。称赞弟子颜回是"一箪食，一瓢饮，在陋巷，人不堪其忧，回也不改其乐"。颜回即颜渊，名回，字子渊，鲁国人。孔子的后学孟子说"君子有终身之忧"。墨子则明确提倡"俭以养德"，认为"俭节则昌，淫佚则亡"。这些经典的说法为国人的忧乐观奠下了不可动摇的坚实的基石。

庞朴先生认为："忧患意识是中国社会的文化动力，而乐感文化则是审美的人生态度。"忧患而不悲观，面对种种灾异而不沉沦，以苦斗为乐，以顽强拼搏为荣，这是中国人的民族性格，而这一性格的完美形成，是起于春秋时代的"四圣"的。

上述两端可谓是中华民族性格的主体内涵，而这些都是成就于被称为"春秋"的那个历史时期的。

西周王朝的覆灭，意味着封建王权的一落千丈，表现在文化领域内，则是"学在官府"局面被打破。从一定意义上说，这也是件大好事。一大批原先隶属于官府的士人流落到了民间，再加上大量本身就根植于民间的草根知识者，他们借助民间这个大舞台开展起丰富多彩、别开生面的学术活动来，这种现象在中国历史上被称为——

学术下移

在西周时期，所有的文化学术都是由官府管着的，名之为"学在官府"。当时很明确，设立种种教育机构，就是为了"帅其属而掌邦教，以佐王安扰邦国"（《周礼·地官司徒》）。为了"安扰邦国"而设教，从一定意义上说，教育机构名为"学府"，而究其本质实为"官府"。从教育目标，到管理流程，到师资的配置，都是官僚化的。

以前我们有一种误会，以为"以吏为师"起始于秦代，是秦始皇的发明。事实上并非这样的。学者以为："以吏为师，三代之旧法也，秦人之悖于古者，禁《诗》《书》而仅以法律为师耳。三代盛时，天下之学无不以吏为师。"（章学诚：《文史通义·史释》）《周礼》中所谓的师氏、保氏这样一些教育工作者，无不都是直接受命于国君、受俸受禄的官吏。

在《周礼·地官司徒》中称管理学术文化的官吏为"邦教之官"或"教民之官"，简称"教官"。这些教官有多少人呢？按着《周礼》上说的数一数，不得了，共有四万一千六百九十五人，分属七十八种职官。西周王朝重教，作为教民之官，他们的政治地位和享用都是很高的。

而作为教学对象的学生呢？也是有严格限定的。《周礼》上说，当时教育的对象是"国子""国子弟""国之贵游子弟"按照郑玄的注释："国子，公卿大夫之子弟，师氏教之……学君臣父子长幼之道。"又说："贵游子弟，王公之子弟。"可以断言，在当时，受教育者就是贵族官僚子弟，无官无职的平民百姓的子弟是没有权利上学的。

到了春秋时，尤其是到了春秋中晚期，王权威风扫地，从"礼乐征伐自天子出"，转而降为"礼乐征伐自诸侯出"，再转而降为"礼乐征伐自大夫出"。多元政治格局的形成，为多元文化的形成创造了绝好的条件。再说，文化的滋生需要经济土壤的栽培。到了东周时期，周天子只是名义上的"富有天下"，实际上只拥有京都及郊外的一小块土地，天子死了连丧事都办不起，要向诸侯借贷才能渡过难关，哪里拿得出那么多钱来养活多达数万人的所谓"教民之官"？

春秋时天下大乱，这些国家级的文化机构既无钱供养，又无人管理，这些教官也就从中央流散到民间去了。比如，世代掌握周史的司马氏（也就是司马迁的先祖），先是流落到晋国，后又流散到卫、赵、秦诸国，再进一步则在民间扎根，等于是自找出路了。他们把鲁国的史书《春秋》、郑国的史书《志》、晋国的史书《乘》、楚国的史书《梼杌》，都带出了宫廷，传之于民间。大量的典籍、文档、礼器、乐器，都在民间流传了开来。这是一股势不可当的"学术下移"的大潮。

站在学术下移潮流最前沿的，是一大批文士。"士"们都受过良好的教育。春秋时期文士阶层的形成主要来自三个方面：其一，是原先周王朝任命的那一大批所谓的"教民之官"。当时虽说是"以吏为师"，但不是所有的官吏都可以成为"师"的。能成为"师"的，文化教养都比较高。这批原先的宫廷教官一旦走出宫廷，走上和融入社会，他们往往成为推进"学术下移"的活跃分子。其二，周王朝称宫廷教学为"造士"，也就是造就有学识的士人，即《礼记·王制》上说的"立四教，顺先王，诗、书、礼、乐以造士"。这批宫廷官学"造"出来的"士"，人数应该很多，在春秋时期"礼坏乐崩"和"学术下移"以后，他们来到了民间，从事"藏书策、习谈论、聚徒役、服文学而议说"的事务。其三，春秋时期是长达三百多年的一个历史时期，宫廷文士进入民间后，又影响了民间人士对文化的追求，出现了"弃田圃而随文学者邑之半"（《韩非子·外储说左上》），这是一种民风的极大变化，有些种田人把田产卖掉了，干起"文学"这行当来了。他们是草根的新士。久而久之，就开创出一片文化的新天地——面向民众的私学。

这样一来，周王室垄断学术的状况就很难维持了。最初各国诸侯向周天子强索土地民众者有之，但对王室保留的文化、典籍，尚不敢问津，偶尔由于王室贫弱，不能养活王官，一些有专门知识和技术的王官百工，相继分散至各诸侯国，但尚未形成学术下移的局面。学术真正下移，当在春秋中、后期，据考证，较大的学术下移潮流有两次，都是由王室内部争斗而引发的。

第一次发生在周惠王（前676—前652）、周襄王（前651—前619）期间，因先后发生了王子颓及叔带争夺王位的内讧，世代掌管周史的太史司马氏离开王室，投靠晋国，带去了大量的文化典籍。当时晋国是晋献公、晋文公时期，其称霸与文化的昌盛关系极大。

第二次发生在周景王（前544—前520）、周敬王（前519—前476）期间，周景王死，周敬王立，王子朝起兵争夺王位失败后，率召氏、毛氏、尹氏、南宫氏等旧贵族和百工，携带王室所藏大量文献典籍，逃奔楚国。这是东周文化最大的一次迁移。这不仅影响了楚文化的发展，而且实际上影响了整个春秋学术下移的进程。孔夫子生于公元前551年，死于公元前479年，简直是横穿了景王、敬王两朝。可以这样说，景王、敬王两朝的学术下移大潮，造就了孔子，也造就了孔子同时代的许多文化大师。

春秋时期的"学术下移"为史家所称道。学术下移又带来了私学的发展。在那个时代，私学的活力远超于官学，那是一片极为广阔的领地，代表人物众多，诸如老子、孔子、墨子、叔向、史墨、关尹、孙武等，而最杰出、最有代表意义的人物无疑当是孔夫子。

在学术下移进而创办私学的众多人物中，孔子无疑是最杰出的。这样一位大师级哲人的出现，绝不是偶然的，它是一种世界性群体现象。公元前551年孔子诞生，在这一年前后数十年间，世界其他地方也诞生了许多重要人物。这样一些大人物争先恐后地涌现，预示着一个大时代的到来。维尔纳·施泰因在《人类文明编年纪事》中说："随着老子、孔子、释迦牟尼、犹太这样一些先知及希腊诗歌、哲学和科学的出现，人类思想达到了一个高峰。""孔子以诗、书、礼、乐教，弟子盖三千焉，身通六艺者七十有二人"（《史记·孔子世家》）。正因为如此，他被尊之为——

至圣先师

至圣，指道德水准和智慧水平极高的人。先师，指最早从事师事行业的人。合在一起，"至圣先师"这句成语一般是对孔子的专称。据考证他生于周灵王二十一年（公元前551），卒于周敬王四十一年（公元前479），刚巧与人们所说的"公元前500年前后"的轴心时代相吻合。

在学术下移的大潮中，私学的出现几乎是必然的。在夏、商、周三代，实行的是"学在官府"的文化垄断政策，教育大权在社会上层手里甚至周中央政府手里，为社会上层服务。春秋时期，这种局面在社会动乱中被打破了。有人做过统计，春秋三百年间，死抱着官学不放的，只有鲁僖公"立泮宫"和郑子产"不毁乡学"二例。"学术"势必流向社会"下层"，流向民众，"学术下移"势不可当。于是，一些头脑清醒、紧随时代潮流的士人办起了所谓的"私学"，以适应时代和民众的需求。

春秋时期私学的盛况，现在虽不可详知，但知道其大概，孔墨两家在当时是最得风气之先的，获得的成就也是最大最辉煌的。正如战国时代的大思想家韩非子说的："世之显学，儒、墨也。儒之所至，孔丘也。墨之所至，墨翟也。"（《韩非子·显学》）所谓"显学"，就是显赫之学，得到民众的广泛接受和拥护。在两大显学中，孔子领导的儒学要更"显"，社会影响更大。

孔子在世的时候，就有人称他为圣者，他带着三千弟子，周游列国，影响遍及天下。晚出孔子两百年的孟子，给予孔子以极高的评价，他赞道："自有生民以来，未有盛于孔子也。"又说："以予观于夫子，贤于尧、舜远矣！"（《孟子·公孙丑上》）孔子去世284年之后，汉高祖刘邦首次祭孔，从此开启了以国家名义祭孔的先声。董仲舒提倡"罢黜百家，独尊儒术"，使孔子的地位更加崇高。司马迁在《史记·孔子世家》明言："孔子布衣，传十余世，学者宗之。自天子王侯，中国言六艺者折中于夫子，可谓至圣矣！""至圣先师"由是成为世人对他的定评。唐代的唐玄宗，封孔子为"文宣王"。明代成化年间于孔庙立著名的"成化碑"，大书"天不生孔子，万古如长夜"十个字，这是对孔子的称赞：如果这个世界上没有孔子，那么中国社会将有一个很长的时间处于伦理不明的愚昧时段。到清康熙时，康熙皇帝在曲阜孔庙大书"万世师表"四字匾，已是水到渠成的事了。

孔子在创办私学上，有着别人难以企及的、影响极为深远的特殊贡献。

首先，孔子提出了"有教无类"的办学大原则。"自行束脩以上，吾未尝无诲焉。"（《论语·述而》）教育是一种文化，文化是要讲礼节的。这"束脩"，根据当时的规矩，指的是规格化的十条干肉。只要你拿着十条干肉上门去，说是要拜孔子为师，孔子都愿意收他为学生。在当时，十条干肉，是很微薄的礼品，只具有象征意义。你的"自行束脩以上"，说明你是诚心诚意要当孔门弟子的，孔子一概来者不拒。据《荀子·法行》记载，当时有一位南郭惠子问子贡："孔夫子的门下，怎么那样混杂呢？"（夫子之门，何其杂也?）子贡作了很精当的回答："君子端正自己的身心来等待求学的人，想来求学的一概不作拒绝，想走的也不去阻止。况且良医的门前多病人，整形器的旁边多弯木，所以夫子的门下也许会鱼龙混杂啊！"（君子正身以俟，欲来者不拒，欲去者不止。且夫良医之门多病人，檃栝之侧多枉木。是以杂也。）这是很有道理的。

正由于孔子实施"有教无类"的方针，不分阶层，不分地区，只要有心向学，都可以入学受教。孔子弟子三千来自鲁、齐、晋、宋、陈、蔡、秦、楚等不同地区，这不仅打破了当时的国界，也打破了当时的夷夏之分。孔子吸收了被中原人视为"蛮夷之邦"的楚国人公孙龙和秦商入学，还欲居"九夷"施教，这充分体现了孔子的教育主张。孔子弟子中有来自贵族阶层的，如南宫敬叔、司马牛、孟懿子；也有很多来自平民百姓，如颜回、曾参、闵子骞、仲弓、子路、子张、子夏、公冶长、子贡等。而平民教育更能体现孔子"有教无类"的精神实质。

此外，孔子是三代文化最好的继承者。他综合"王宫之学""六艺之学"，再加上自己的文化研究成果，编订了《诗》《书》《礼》《乐》《易》《春秋》六部经典。他边教边研究，边整理，直到晚年还编纂不止。他五十多岁带着弟子周游列国，回到鲁国时，已经是六十八岁高龄的老人了。鲁君给了他"国之大老"的崇高荣誉称号，本来他可以休息了，但他不停，他一定要把教科书编好。这可以说是孔子这位思想伟人留给后人的最丰厚的思想文化遗产。

可见，"至圣先师"这个至高无上的名号落在孔子的头上，是有其历史的必然性的。

如果有人要问：孔子对中华文化的最大贡献是什么？那么，可以毫不迟疑地回答，他给我们民族乃至于世界提供了学习的精神和学习的观念。可以说，"学习"这个词儿就是他发明的，"学习"是他创导的。在《论语》一书的首篇、首章、首节、首句，说的就是——

学而时习之

"学习"一词，大约是我们社会生活中运用得最广泛、使用频率最高的词汇，尤其在被称为"学习的世纪"的当今。可是，你是否知道，这个词在中国是怎么被发明出来的呢？

"学习"作为一个新词，首先见于《礼记》一书的《月令》篇。很明确，《月令》中说的"学习"，是一种相当普遍地存在于高等动物界的自然现象——就拿"鹰乃学习"来说吧，母鹰教雏鹰一个飞翔的新动作，这称之为"学"，雏鹰对这一新动作反复操练，称之为"习"。一对老鹰在生下新一代的雏鹰后，雏鹰原本不会飞翔，而作为鹰，又必须能飞翔，不然就失去了最基本的生存条件。怎么办呢？为了生存，也为了发展，在多少万年的践行过程中，形成了"鹰乃学习"的发展模式。

孔子的伟大之处在于，他把生物界的这种自然现象，采取"拿来主义"的手法，移植到人类社会，并将其升华为人类的一种最基本的文化现象。同样是"学"，同样是"习"，再加上人类所特有的思维功能、语言功能、交流功能、互动功能、践行功能，通过"学"与"思"、"学"与"问"、"学"与"用"，把学习生活充分人文化，形成一种源于生物界学习模式而又高于生物界学习模式的全新的人类学习模式。这就是孔子的了不起之处。经过千锤百炼，才有了这样的一种充分人文化的学习观念："学而时习之，不亦说乎！"

千万不要小看了这短短的九个字，其内涵可丰富着呢！细细分析起来，至少有那么几层意思：

其一，"鹰乃学习"中说的学习模式是粗线条的、简单化的、线性的，其模式就是老鹰"教"，雏鹰"学"，然后又是依样画葫芦式地照着"习"。而孔子所创导的学习模式就要丰富多了，繁复多了，也精彩多了。学习的对象可以是长者、师者，也可以是平辈人，甚至是年幼者。可以向尊者学、向智者学，也可以向愚者学、向卑者学。不只学技能，更多的是学人品、学做人。这些道理在《论语》中都有。"学习"精神，经孔子一提升，在本质上已在原生态的"鹰乃学习"上实现了飞跃式的升华。

其二，孔子有意在"学"与"习"之间镶嵌进了一个"时"字，这就有了"时习"的新观念。学者都认为，这是别具深意的。何为"时习"？学者说法诸多。著名学者钱穆先生有云："时习，此有三说。"一指年岁言，即年时，即不只孩子要学，成年人、老年人都要学习。学习是生命的常态。二指季节言，比如春夏学诗乐弦歌，秋冬学书礼射猎之类。三指晨夕言，温习、进修、游牧、休息，依次为之。钱先生的一二三说，失之刻板，但最后的结论是完全对的，钱先生说："人之为学，当日复日，时复时，年复年，反复不已，老而无倦。"如是解读，可见，孔子的"学而时习之"思想中，有着终身学习的观念。孔子本人就是终身学习的典范。

其三，"学而时习之，不亦说乎"，这是说，学习是一种人文的享受，是一种获取知识和养料的愉悦。人生的快乐不在于吃得有多么精细，穿得有多么华美，住得有多么舒适，而在于通过学习带来的人生的完美与和谐。在孔子看来，人之成为人，不是一个自然发展的过程，而是通过学习不断地修养自我、提升自我的过程。"学者，觉也"。通过学习，觉悟渐高，自觉性渐强，坚持日久，就能成为具有仁性的人。

学习可以真正让人心生愉悦，这是孔子自身的生活体验真实地告诉他的。孔子的学生子贡到南方的吴国去，吴国的官员饶有兴味地问他："你们的老师孔夫子，在当代可以算是大圣人了吧。他怎么会那样的多才多艺呢?"子贡灵机一动,随口说:"我们的老师的确是大圣人,也多才多艺,那是他天生的,我们都把他当成'天纵之圣'。"孔子知道了此事后,很生气,批评子贡说:"世界上也许有生而知之的人,但我不是。我是学而知之的人。"后来,他把弟子们都召集到身边,对他们说:"我要告诉你们九个字:'吾少也贱,故多能鄙事!'如果我少年时期家境不那么艰难,怕还学不了那么多才艺呢!对一个君子来说,才艺永远是不嫌多的,我常说的'多乎哉,不多也',要表达的就是这个意思。"

少年时的孔子,走一路,学一路,学习成了他生活中的常规。孔子到太庙去,"每事问",他是什么都想知道。孔子是鲁人,日常操的当然是鲁语,为了阅读和交流的方便,他就"向士人学雅语",所谓"雅语"云云,即当时的普通话。中国是个重礼的国家,诸礼之中,尤重婚丧之礼,称为"大礼"。春秋时期从事吹吹打打举办婚丧大礼的人称为"儒"。孔子为了生计,也为了学礼,竟去干起"儒"这行当来。因为他在这一行当中是出了名的,因此后来人们把孔子创的学派称为"儒家"。当时士大夫一族都是"有车族",有车就有驾车人,孔子还当过专业的驾车好把式呢!有一段时间孔子在季氏府上干活,他当仓库出纳,把账目做得清清楚楚,后来帮季氏家族养牲口,结果"畜蕃息",牲口的繁殖数量明显比以往高。孔子真是学一样,爱一样,成功一样。

从《礼记》说的"鹰乃学习",到孔子的"学而时习之",是一个极其伟大的人文升华。可以说,从孔子起,人类才真正掌握了学习的主动权。就这一点上,孔子亦堪称"至圣先师"。

孔子在教育上一个重大的突破就是"有教无类"(《论语·卫灵公》)。他的意思是,人都要接受教育,才能成人,在这点上,不分类别。不管你出身是高贵，还是低贱；也不管你是富有，还是贫困；在智力上，不管你是智慧，还是愚劣，一概都可以进入"夫子之门"。那么"杂"的各种学生进入孔门以后，如果用刻板的、划一的方法进行教育，其结果必定是失败的。孔子因人而异，实施——

因材施教

因材施教，指教师或家长要从学生的实际情况、个别差异出发，有的放矢地进行有差别的教学，使每个学生都能扬长避短，获得最佳发展的可能。也就是指针对学习的人的志趣、能力、性情等具体情况进行不同的教育。因材施教是教育的最重要原则之一。

孔子有没有说过"因材施教"这句话呢？应当说，依据现有的文献资料，还没有发现他直接说过这样的话。但是，教育重在实践，从孔子的教育实践看，他实施的确实是因材施教的方略。这一点，孔门后学都是这样看的，诸多的教育学家、历史学家也是这样看的。宋代大学问家朱熹在深研孔学的基础上，得出结论："孔子教人，各因其材。"（《论语集注》）宋代的二程也认为"因材施教"思想是属于孔子的，他是这一教育原理的首创者。

孔子从"性近习远"的人性差异观念出发，对学生的智力、能力、性格、志向、学习态度、专长特长作了相当仔细的分析比较，"闵子侍侧，訚訚如也。子路，行行如也。冉有、子贡，侃侃如也。子乐。"（《论语·先进》）这里讲了三种性格特征：闵子是"訚訚如"，中肯正直，有点一本正经。子路是"行行如"，显得刚强，自以为是，语不让人。冉有和子贡是"侃侃如"，和颜悦色，徐徐道来，引人入胜。有意思的是，面对众多学生，孔子认真观察他们的言行，对他们的性格特点做出了恰如其分的评论，但并没有简单化判断孰是孰非，而是"子乐"，即乐呵呵看待这一切。

孔子在实际的教学中贯彻因人而异、因材施教的方针。有一次，孔子讲完课，回到自己的书房，学生公西华给他端上一杯水。此时，子路匆匆走进来，大声向老师讨教："先生，如果我听到一种正确的主张，可以立刻去做吗？"孔子看了子路一眼，慢条斯理地说："总要问问父亲和兄长他们的意见吧，怎么可以听到就去做呢？"子路刚出去，另一个学生冉有悄悄走到孔子面前，恭敬地问："先生，我要是听到正确的主张可否立刻去做呢？"孔子马上回答："对，应该立刻实行。"冉有走后，公西华奇怪地问："先生，一样的问题你的回答为何这么相反呢？"孔子笑了笑说："冉有性格谦逊，办事犹豫不决，所以我鼓励他临事果断。但子路逞强好胜，办事不周全，所以我就劝他遇事多听取别人意见，三思而行。"这就是孔子对学生的差异化、甚至可以说是个体化的教育教学。用孔子的原话说，就是："求也退，故进之。由也兼人，故退之。"（《论语·先进》）其意是说，冉求做事畏缩不前，所以要鼓励他大胆进一步；仲由敢作敢为有时不够慎重，所以要抑制约束他慎重地退后一步。这就是因材施教的典范案例。

在孔门弟子中，个体色彩最浓郁的要数子路了。"子路性鄙，好勇力，志伉直，冠雄鸡，佩豭豚，陵暴孔子。孔子设礼稍诱子路，子路后儒服，委质，因门人请为弟子。"（《史记·仲尼弟子列传》）这是多么具有场景色彩的生动描述啊！大意是说：子路这个人很粗野，喜欢逞勇斗力，气性刚猛爽直。当年头上插戴着公鸡羽毛，身上佩挂着公猪的牙齿，完全是一副放荡公子的模样儿，还轻侮过孔子呢！孔子人高马大的，着实教训了他一番，然后以礼乐文化来诱导他。子路这才觉得孔子之道是正道，就自己穿上了儒服，备了礼品，凭借孔门其他弟子的引见，请求当孔子的学生，孔子也高兴地收下了这个调皮捣蛋的学生。

进门以后，孔子对他的"因材施教"一直没有停止过。针对子路不肯好好学习又不懂装懂的特性，孔子教导他说："由，诲女知之乎！知之为知之，不知为不知，是知也。"（《论语·为政》）要他当知识学习上的老实人。有一次，孔子试探性地对子路说："在中原大地这里，如果我的道行不能推行的话，我想乘着木筏，飘浮到海外去，看来只有子路会与我同行吧！"子路听了大为欣喜。孔子顺势诱导说："子路呀，你真是好勇过我呀，可惜我们没法去弄那么多木材造木筏啊！"（《论语·公冶长》）批评的还是子路的有勇无谋。还有一次，孔子与颜回在讨论"用之则行，舍之则藏"这样一个为政之道，子路突然插进来问了一句，"如果将来有一天先生当了三军首领，那选谁来辅佐其事？"孔子很严肃地回答："暴虎冯河，死而无悔者，吾不与也。必也临事而惧，好谋而成者也。"（《论语·述而》）这是极为严肃的批评，也是极为端庄的指引。孔子告诉子路，那种徒手搏虎、徒身涉河，死了也不后悔的人，我是不会同他共事的。一定要临事小心谨慎，好作谋略努力追求成功的人，我才能与他亲密共事！

什么叫"因材施教"？孔子在子路身上施行的教育体现得十分具体和鲜明。子路的问题集中在好勇，无谋，不爱学习，自以为是，孔子就把对子路"施教"的重点放在这些方面，反反复复地敲打他、提示他、教育他，务必使之有所醒悟。

因材施教是孔子教育教学的总体原则，而与之匹配的循循善诱则是更为具体的教育教学方法。在孔子那里，教育是一种引导，一种设计，一种诱发，一种启示，而不是为受教者包办代替。他最得意的门生颜渊，称老师的教育方法为——

循循善诱

循循善诱，意思是指善于引导别人进行学习。此语出自《论语·子罕》："夫子循循然善诱人。博我以文，约我以礼。欲罢不能。"这段话的意思是说，先生最善于循着次第一步步地诱导我，他让我打好广博的文化基础，又教会我学会用礼仪约束自己。这样，我要不按他指引的路走都不行了，我想停下来不前行也都不行了。这是孔子的学生颜渊赞扬老师教育方法极为得体的一段话。颜渊是孔子的得意门生之一，对孔子非常崇拜，他所称赞孔子的教育方法是极其正确的，也是相当科学的。

这里讲得很明确，孔子的循循善诱，不是就事论事，不是临时举措，而是要求学生从根本上打好基础，认认真真地修养自己。这种基础性的修养分为两个方面：一是文化、知识和能力的修养，即颜渊说的"博我以文"。孔子自身就是一个伟大的博学者，"多识于鸟兽鱼虫之名"，他似乎是无所不知、无所不通，他对自己的门生弟子也有这样的要求。近现代世界上有"知识就是力量"的格言，孔子没有完整地说出这样的话，但他有这样的思想，那是肯定无疑的。二是礼仪方面的修养，即颜渊说的"约我以礼"。"礼者，理也"，一个懂得以礼仪约束自己的人，也一定是个明理的人，那样的人能走正道也就是必然的了。没有这两大基础，任何的启发和诱导都不管用。同时，这种"善诱"，靠的还是学生的自觉。学生只有有了"欲罢不能"之感，才会顺利前行。

"循循善诱"是教育方法的总体提法，具体地说，它又可以因人而异地分出若干条来。从孔子的教育实践看，约略可分出如次三类方法来。

其一，分步走，一点点推进教育的深广度。

"循循善诱"的所谓"循循"，就是有步骤、有次序、一点一点地向前推进的意思。孔子对儿子孔鲤的教育就是这样的，采取教导、督促，步步推进的学习办法。《论语》上记述说，有一天，孔子把孔鲤叫到身边，问他说："《诗经》中的《周南》《召南》这两部分，那是很重要的，你学过了吗？如果不学这两部分，就如同面抵墙壁时走路，根本迈不开步子一样啊！"孔鲤连连称是。又有一天，孔子站在庭院之中，孔鲤从孔子旁边快步走过，孔子连忙叫住他问："你学了《诗》吗？"孔鲤回答说："没有。"孔子就教导他说："不学《诗》，你就无法正确表达自己的意思，别人就无法明白你的意思。"孔鲤退下去后就遵照父亲所说的话，开始专心学习《诗》了。过了不久，孔子又独自一人站在庭院中，孔鲤又快步从旁走过，孔子又问他说："伯里（孔鲤），你学《礼》吗？"孔鲤回答说："没有学。"孔子便对他说："不学习《礼》，你就无法在社会中站稳脚跟啊！"孔鲤退下去后又去认真学习《礼》。

其二，师生交流，在随意"闲聊"中施行教育。

这是孔子"循循善诱"教育的一大强项。孔子与学生之间的关系十分融洽，师生聚在一起闲聊是常有的事，在这样的闲聊中，孔子有意地渗进了教育的相关内容。《论语》中就记述有两次师生闲聊的实录。

一次是著名的"盍各言尔志"的那一回，写在《公冶长》篇中。那一次孔子与弟子们聊着，孔子出了一道题目：你们各自谈谈自己的志向吧！子路先说：我的志向是将自己的车、马、衣裘拿出来与朋友共享，用破了也没什么可遗憾的。接着颜渊说，我的心愿是做了好事，不张扬，默默无闻地享受做好事的乐趣。这时的气氛很活跃，子路突发奇想，说老师您谈谈自己的志向吧。孔子顺势说了那一番话："老者安之，朋友信之，少者怀之。"孔子是说，我的志向是要建立这样一个理想社会，老年人都得到安顿，朋友之间有诚信，孩子们得到应有的关怀。这样自由自在地闲聊中的教育看来是随意的，而收到的教育效果往往是深刻的。

另一次是常被选入教科书的"四子侍孔"的那一回，写在《先进》篇中。这里的"四子"指的是孔子的四位大弟子：子路、曾皙、冉有、公西华。座谈还没正式开始时，孔子说了一番开场白，他说：我是你们的先生，年长你们几岁，不要因为这些，而有所顾忌。畅所欲言吧，随意而放言吧！第一个抢着发言的是子路，他说："如果有一个处于内外交困中的千乘之国，让我去治理，只要三年，我可使民众有勇武精神，并懂得道义。"孔子微笑着，没说什么。接着是冉有发言，他说："一个几十里的小国，如果交到我手里，通过三年，我可使民众丰衣足食，至于礼乐教化，那要待君子来处置了。"接着是公西华发言，他说："我不敢逞能，但我善于学习。在诸侯相见时，我愿当一个小小的相礼者。"最后，孔子点名要年长的曾皙说："你说说自己的志向吧！"曾皙正坐在一旁弹奏乐器，听老师点了他名了，他马上放下乐器站起来，说了一段为后世传颂不已的话：

> 莫春者，春服既成，冠者五六人，童子六七人，浴乎沂，风乎舞雩，咏而归！

曾皙在这里说了些什么呢？他的意思是说：我没他们三人说的那么好。我想在暮春三月天，新缝的夹衣穿上身，约请五六个成年人，六七个小朋友，结队在沂水边游玩、盥洗，一路吟风披凉，直到舞雩台下，轻松自在地吟咏一番，然后取道回家。

前面三人的志向说的都是治国理政，而曾皙说的是本真的日常生活，是游乐，孔子会赞同谁呢？答案出人意料，孔子说："吾与点也！"意思是明确的，孔子赞同曾点（曾晳）。所谓"治国理政"，最终还不是为了让大家生活得更放逸更和谐吗，孔子是提醒大家要学会生活。孔子如此这般的教育，满涵着循循善诱的精神。

其三，"克己复礼"，自我约束。

孔子所说的"循循善诱"，最终极的目的，还是要把学生"诱"到自我约束、自我提升的道路上来。当颜渊"问仁"时，孔子简洁地回答说："克己复礼为仁。"意思是说，唯一的途径就是约束自我来践行礼。还说"为仁由己"，能不能具有仁德，能不能成为仁人，一切都在于自己。在具体实践时，孔子主张："非礼勿视，非礼勿听，非礼勿言，非礼勿动。"颜渊是尊重老师教导的，回答说："回虽不敏，请事斯语矣！"（《论语·颜渊》）他是愿意老老实实按老师说的去做的。

曾参是上面说到的曾晳的儿子，父子俩都是孔子的早期门生。他曾自我表白道："吾日三省吾身，为人谋而不忠乎？与朋远交而不信乎？传不习乎？"（《论语·学而》）这是自我反省的高级境界。他每天都要自我反省这样三件事：当我为人谋事的时候，我尽心尽力了吗？与朋友交往，守信用吗？经传这样的基础知识，反复学习了吗？正是如此的修行功夫，成就了曾参其人。"参也鲁"，这是孔子对这位弟子的评价。"鲁"者，鲁钝、迟钝也，可见他的天资并不聪慧，可是，他认真，他努力，他甚至"苦行"，最后他是成功了，成为公认的孔子学说的正宗继承人。

有人惊异于孔子的学识广博，多才多艺，以为他是天生圣人。对此，他予以彻底否定。孔子把人的智能水平分为四大类：第一类是"生而知之者，上也"，第二类是"学而知之者，次也"，第三类是"困而学之，又其次也"，第四类是"困而不学，民斯为下矣"（《论语·季氏》）。孔子坚决否认自己是生而知之者，而把自己实事求是地放在"学而知之"那一类中，认为自己最突出的品格是——

学而不厌

学而不厌，指学习没有满足的时候，比喻非常好学。出自《论语·述而》："默而识之，学而不厌，诲人不倦，何有于我哉！"孔子什么都谦虚，可是，在"好学"这一点上却从不"自谦"，他明确地说，在"学而不厌，诲人不倦"这点上，别人是比不上自己的。

对于"学而不厌"的学习精神，孔子自己就作出了最好最光辉的榜样。他在学习上永远不满足，永远保持勤奋好学、积极奋进的精神状态。不少人以为孔子是"天生之圣"，他很清醒，一再表示："默而识之，学而不厌，诲人不倦，何有于我哉！"（《论语·述而》）"十室之邑，必有忠信如丘者焉，不如丘之好学也。"（《论语·公冶长》）两句都是讲孔子的学习精神的。第一句是说，在学而不厌和认真思考问题这点上，是没有人比得上我的。第二句是说，在"好学"这一点上，人们都不如我孔丘。孔子这样说，绝不是他的自吹自擂，而是反映了他生活中的实际追求和实际状况。

孔子的一生是学习的一生。小的时候，他玩耍的是"俎豆之事"，也就是学习祭祀之类的礼节。稍大，以"太庙"中的"每事问"而惊动四邻。后来他向士人学"雅言"，"多识于鸟兽草木之名"。少年时代当起了婚丧的"儒"（吹鼓手），后又当驾车的"驭者"，当季氏仓库的出纳，"十五而志于学"，很早就把当时书库中的经典读遍了。"三十而立"，这个"立"字注家有种种说法，其实此立，是"立"于私学，现有史料可知，三十岁时他招收了第一批门生弟子，中国历史上首创私学的无疑是孔子。当了老师，他还是在学习。

他曾就学于小国之君郯子。那一年的秋天，小国之君郯子应邀来鲁国讲学，孔子刚巧有事，没机会前去听讲。这个郯子忙不堪言，来去匆匆，第二天就要离去。孔子怎么也不肯放过这个绝好的学习机会。深夜时分，敲开了郯子住处的门。郯子一听说来访的是好学闻名于世的孔子时，也就不顾劳累接待了他。他从郯子那里学懂了为何少昊氏以鸟的名称命名官职的道理，也懂得了黄帝为何用云纪事、炎帝为何以火纪事的道理，郯子还告诉他许多闻所未闻的夏商周三代的故事。两人一直聊到第二天天明。后来孔子回忆起这次与小国之君郯子的会见情景时，感慨地说："吾闻之，'天子失官，学在四夷'，犹信！"（《左传·昭公十七年》）一个小国之君郯子会有那么丰富的历史知识，真是"学在四夷"啊！

孔子曾西行求见当代名人老子，这就是所谓的"子见老子"。当时孔子招收的弟子还不多。他就带着弟子南宫敬叔千里西行，一个月后到了老子那里。老资格的学者老子并没有冷落了年轻的孔子，接待十分热情，介绍十分周详，带着孔子"历郊社之所，考明堂之则，察庙朝之度"（《孔子家语·观周》）。这里有三项活动：一是游览当年周王朝郊祭社祭的场所，郊祭是祭天，社祭是祭地，二者怎么区分，它们之间又有哪些联系，通过这次考察，孔子算是弄懂了。二是考察了明堂的一些规则。明堂，古代帝王宣明政教的地方。《孟子·梁惠王下》："夫明堂者，王者之堂也。"后来，明堂亦指学校，或称明伦堂，《孟子·滕文公上》："夏曰校，殷曰序，周曰庠，学则三代共之，皆所以明人伦也。"考察明堂，有利于孔子了解古代的政教制度和学校制度。三是察看了当年周先王的庙朝制度。

其实，孔子西行见老子，还见到了周守藏室的诸多图书。老子的祖上任天官之职，管天文，管占星，天人相通，当然也管人文。到老子时，当上了"守藏室之史"，相当于王家图书馆的馆长。老子很大方，让孔子阅尽了守藏室的图书。据说孔子在守藏室一待就是十多天，把那里的图书翻遍了。"郁郁乎文哉，吾从周"那话，很可能就是那时发出的感叹。后来回到鲁国，孔子激动地对弟子们说："这次西行最大的收获是，我见到'龙'了，老子就是一条乘风云而上青天的人中之龙。"

去了老子那里以后，孔子又打算去拜见周大夫苌弘。学生南宫叔敬离家那么久了，很想早点回家，孔子却说："到了周故都，苌弘一定是要拜访的，不然你会后悔一辈子，他可是个'天地之气、日月之行、风雨之变、律历之数无所不通的人物'，非得去请教不可。"到了那里，苌弘先要孔子讲一讲三代先王的史迹。孔子讲了黄帝的土德之瑞，讲了舜的大孝，讲了大禹治水，讲了夏、商、周三代的清明政治。苌弘听了很是高兴地说："你懂了这些，我就可以给你讲《大武》之乐了。"这是一首表现周武王征伐四方的乐曲，春秋时已失传，只有苌弘这样的大哲人那里还有留存。

苌弘讲了还不够，又亲自为孔子弹奏了一遍《大武》之乐，他问孔子："从这首乐曲中，你听到了什么？"孔子如实回答说："老师，我还没听懂，我还想听一遍。"这样一直反复听了五遍，孔子才兴奋地说："老师啊，我从《大武》乐曲中先是似乎看到了战车，看到了金戈铁马，看到了厮杀和鲜血。但是，听着听着，我仿佛又看到了武王时代一派天下一统后的和平景象。"苌弘很是高兴，说："行啊，你的理解是对的，中国文字中的'武'，就是由'止'和'戈'两个字合起来的。'大武'其目的就是为了'大和'啊！没有武王的武装征伐，哪来文、武、成、康四朝的太平盛世？"在苌弘处，孔子学得了《大武》之乐。

孔子的好学，不仅表现在向专业人员学习上，还表现在向身边的人、向路人、向自己的学生学习上。有这样一幅动人的生活图景：一位中年农民挑了一担木柴行进在大道上，一边前行，一边有节奏地唱着歌曲。那悠扬的歌声，那动人的旋律，那昂扬的激情，深深地打动了孔子。他拦住对方说："对不起，能不能停留一下？"对方被这突如其来的举动惊住了，问："你要干什么？"孔子和善地笑了笑说："你刚才那歌声实在太好听了，你能不能停下来，给我再唱唱。"那中年农民不好意思地说："我是随便哼哼，哪里说得上好听。"看孔子一脸恳切样，就又唱了一遍。中年农民唱罢，孔子要求他还唱，还跟着一起哼起来，直到学会了才放人家走。

有人也许会以为这是编造出来的故事。不是的，这完全是孔子生活的实际。《史记·孔子世家》中就记着这样的话："使人歌，善，则使复之，然后和之。"孔子的好学，由此可见一斑。

孔子是中国历史上"佑启我后人"的第一大圣人。两千五百年前，他打破了"学在官府"的陈腐格局，把人们带进了一个"私学"时代。他创导的"学而时习之，不亦说乎""学而不厌，诲人不倦"的民族精神，永远是后人最可珍视的精神食粮。

孔子那么多学问，是哪里来的？是"问"来的。我们平时常说的"学问"这一概念，就是孔子在生活实践中引申出来的。他年少时就以"入太庙，每事问"著称。他提倡向所有人请教，甚至向学问不及自己、辈分比自己低的人请教，这名之为——

不耻下问

不耻下问，意思是谦虚好学，不介意向地位、学问都不及自己的人请教。出自《论语·公冶长》："敏而好学，不耻下问，是以谓之文也。"

说到《公冶长》一文中的这段话，还有一则故事呢！孔子一生出入列国无数，唯走向卫国的次数最多，原因是"卫国多君子"，可以在那里学得其他地方难以学到的许多好东西。孔子晚年又一次来到卫国，师生间有这样一段有意思的对话："子贡问曰：'孔文子何以谓之文也？'子曰：'敏而好学，不耻下问，是以谓之文也。'"（《论语·公冶长》）这段对话很简约，实际的思想内容却很丰富。子贡问话的意思是，孔圉这个人，可算是卫国的名大夫了，名气大，也有才华，但"其人私德有秽"，有不足的地方，为何死后被谥之为"文"，被给予那么高的评价呢？孔子回答也是话中有话，含义深刻。其意思是说：谁没有不足之处啊？孔圉这个人也一样，有人说他私德有点问题。但他这个人有长处啊，第一，他做事勤勉、认真，有实际效果，又好学，即"敏而好学"，这就了不起。第二，他能老老实实地向不如自己的人请教，而且不以为耻，即"不耻下问"，这就更了不起。这样的人死后人们谥之为"文"，有何不可呢？孔子这样一分析，包括子贡在内的人们也就心服口服了。

孔子的这一番话，造就了一句千古传颂的成语"不耻下问"。这里所谓的"下问"，就是指真心诚意地向学识、地位、年岁都在自己之"下"的人求教，而且不以为耻。这实在是难能可贵啊！

孔子本身就是个不耻下问的人。

其一，孔子善于向总体上学识在自己之"下"的人请教。

孔子三十五岁那年，来到了齐国。到了齐国，好朋友晏子是不能不见的。两人一见面，就谈到了乐曲。孔子说："我最心仪的乐曲是韶乐，那是舜帝亲自制作的伟大乐曲，它应该现在还流行于舜帝的故地陈国，可惜我现在去不了陈。"晏子笑了，说："现在不同了，自从百年前陈公子敬仲奔齐以来，正宗的韶乐就在齐国了。如果你想听，我请一些人来为你演奏就是。"孔子喜出望外，大声叫好。

演出的那天，孔子真诚地向每一位韶乐演奏者认认真真地施礼。韶乐有六律、五声、八音，极为丰富，以表达天下大治的景象。乐曲是在旷野中演出的，音乐声起，那悠扬的乐声传播到四荒八野，在河山间流荡、回旋。演奏到第九章时，"凤凰来仪"，就是连凤凰也飞来与乐曲配合。虽然这些演奏人员都是从陈国来的普通的演员，但孔子十分敬重他们，演奏完又一一向他们施礼。孔子最后赞该乐曲："尽美矣，又尽善矣！"（《论语·八佾》）这也是"尽善尽美"这一成语的出典。他是完全心悦诚服了，以至于"三月不知肉味"（《论语·述而》）。

"以能问于不能，以多问于寡，有若无，实若虚，犯而不校。"（《论语·泰伯》）这话虽然出自孔子的弟子曾参之口，实际上也代表了孔子的观念和思想。孔子毕恭毕敬地向韶乐演奏者请教的过程，不正好体现了"以能问于不能，以多问于寡"的思想观念吗？

其二，孔子善于向社会地位在自己之"下"的人请教。

鲁哀公四年（前 491）出游时打先锋的子路与孔子的大部队走散了，便走到田埂小道上去向一位正在除草的老者打听，问道："老伯，看到我们的先生了吗？"老者盯视着子路："哪位先生？"子路回答："就是我们的孔丘先生啊！"老人猛然省悟，显得很不以为然地说："你说的是那位孔丘啊，'四体不勤，五谷不分'的，够得上称先生吗？"说罢，自顾自干活了。子路好大劲才找到孔子一行，并将刚才遇到除草老人批评先生"四体不勤，五谷不分"的话复述了一遍。孔子听了，一点也不生气，说："他说得对啊，'四体不勤，五谷不分'正是我的弱项啊，这一定是一位有学问的隐士，子路，你跑得快些，找到他，我一定要向他请教，我会马上赶到的。"可当大部队赶到那里时，老者已不见影踪了。这样看来是位声名不彰的大隐士。

孔子怅然若失，自个儿叨念着："我早就说过，在农业知识方面，我不如老农。在种植菜蔬上，我不如老圃。说我'四体不勤，五谷不分'正好点中了我的软肋。可惜他走了，我失去了那么好的一次学习机会。"

其三，孔子善于向年龄在自己之"下"的年轻人请教。

孔子有句名言："后生可畏，焉知来者之不如今也。四十五十而无闻焉，斯亦不足畏也已。"（《论语·子罕》）意思是说，后生小子是最可敬畏的，他们很有可能会超越前辈。如果到四十五十还无所作为，那就无所谓敬畏了。

孔子敬畏后生，集中体现在敬畏自己的学生上，面对自己的学生，仍然坚持"不耻下问"的态度。

《孔子家语·六本第十五》中有一段"子夏问于孔子"的文字，很有意思，兹录于此——

　　子夏问于孔子。
　　曰：颜回之为人奚若？子曰：回之信贤于丘。
　　曰：子贡之为人奚若？子曰："赐之敏贤于丘。"
　　曰："子路之为人奚若？"子曰："由之勇贤于丘。"
　　曰："子张之为人奚若？"子曰："师之庄贤于丘。"
　　子夏避席而问曰："然则四子何为事先生？"
　　子曰："居，吾语汝。夫回能信而不能反，赐能敏而不能诎，由能勇而不能怯，师能庄而不能同。兼四子者之有以易吾，弗与也。此其所以事吾而弗贰也。"

这是一段很有意思的对话，孔子明确讲了，要向颜回学诚信，向子贡学聪敏，向子路学勇敢，向子张学庄重。子夏有点糊涂了，既然老师说要向学生学这学那，那四子为何要拜你为师呢？孔子的回答很有哲理，说："颜回有诚信但不懂得变通，子贡有聪敏而欠老成，子路有勇力而不懂得避退，子张端庄有余而合群不足。我向他们学了以后，什么都有了，当然他们一定会忠诚无贰地师事我了。"

这就是孔子。一面是"不耻下问"，从"下"人身上学得不少好东西。将这些好东西融会贯通、升华改造以后，又反过来成为教育人的一种精神力量。这可能正是一切大师级人物的共性。孔子问礼于太庙，问事于大道，求教于田夫，听命于野老，还每每向自己的弟子学习。他是"不耻下问"的典范。

孔子的教育教学是有特色的，他不只传授知识和技能，更是重在培养学生的独立思考能力，注重于启发学生的积极思维。孔子并不要其学生简单地复制教师所教的一切，而是要求学生有所发明，有所创新。如果说他对学生讲的只是"一"的话，而要学生以此类推而收获的则是"三"，这就是我们常说的——

举一反三

举一反三，"反"为类推、推及、推论。意指教师在教学中列举出一件事情，进而则要求学生通过以此类推，从而知道其他更多的事情。这种触类旁通、由此及彼的学习方法，称为"举一反三"。此语出自《论语·述而》："不愤不启，不悱不发。举一隅不以三隅反，则不复也。"

《论语·述而》这段话的意思是说：当学生没有认真思考之时，老师不随意告诉他答案。当学生思考后觉得难以用言词来表达时，老师也不要随意代他发表看法。正像一只桌子有四只角一样，事物都有多个方面的。老师讲解不必面面俱到，你只讲"一隅"，其余的"三隅"让学生自己去类推、去想象，不必面面俱到地去讲解。后来就把孔子说的这段话简约地表述成了"举一反三"这句成语。

宋代大儒朱熹在《答胡伯逢书》一文中，将"举一反三"与"闻一知十"并论。"闻一知十"一语见之于《论语·公冶长》："子谓子贡曰：'女与回也孰愈？'对曰：'赐也，何敢望回？回也闻一以知十，赐也闻一以知二。'子曰：'弗如也，吾与女弗如也！'"

这段话的话头是孔子引发出来的，结论也是孔子作出的，很有意思。孔子问子贡："请你告诉我，你子贡与颜回相比，两人的学习能力哪一个更强些？"子贡回答说："我哪里比得上颜回啊，人家颜回是听得一件，就能推知十件。而我呢，听得一件，最多是能推知二件罢了。"孔子慨叹地说："你说你不如他，我们都不如他啊！"很显然，孔子在这里是在明知故问，谁不知道颜回的学习能力比子贡强呢？他是要通过如此的一问一答，提倡一种学习精神"闻一知十"。

不管是"举一反三"，还是"闻一知十"，这里都有个至关重要的"一"。这个"一"，是当老师的孔子提供的。这个"一"提供得好，提供得有类比性，提纲挈领有启发性，当学生的才能"举一"而"反三"，才能"闻一"而"知十"。

孔子在日常生活中，在与学生的交谈与接触中，为学生有意无意地提供了诸多方面可供参照的、可供类比的、经典式的"一"。

孔子为学生们提供了"一"种立志的模式。学生们围着孔子闲谈，主题是"盍各言尔志"。子路谈了，颜渊谈了，可能还有其他人谈了。后来子路突发奇想，要老师谈谈立志。孔子说了"老者安之，朋友信之，少者怀之"的夫子之志。这夫子之志当然是"一"，即一家之言、一人之志，但它因为具有典型性，具仁人志士的共性，因此必然可供学生们"反三""知十"。

孔子为学生们提供了当仁人的"一"个范式。在历史上，孔学又称"儒学"，又称"仁学"。一部《论语》一共就一万二千余字，其中出现"仁"字就有一百多次，也就是说，差不多一百个文字符号中就有一个仁字。如何把握这一仁字？怎样学做一个仁人？一次，学生樊迟与老师一起谈到了当仁人的问题，孔子说了这样一句话："仁者先难而后获，可谓仁矣！"（《论语·雍也》）意思是说，当一个仁人，最基本的你得先艰难奋斗，然后再讲获取。这里的夫子"一"言，还不够学生们用一辈子吗？

　　孔子为学生们提供了出仕为官的"一"种母本。孔子一般是不主张学生都一窝蜂去当官的，"不患无位，患所以立"（《论语·里仁》）。没有职位并不可怕，怕只怕没有立身处世的真本领。但是，他也不反对有才学、有本领的学生去当官。一般来说，学生去当官前，都要到老师这边来道别，要老师说些临别赠言。后来，子路要当官去，师生之间有一次交谈："子路问政。子曰：'先之劳之。'请益。曰：'无倦。'"（《论语·子路》）"先之劳之"——是说，当官的要什么都干在前面，要一马当先，要不怕劳苦。"无倦"——永不倦怠，永远走在民众的前头。就这六个字作为"一"母本，你当学生的怎么去"反三"，怎么去"知十"都可以。

　　孔子为学生提供了熔铸完美个性的"一"种格局。人人都有自己的个性，而每一种个性又很难说是完美无缺的。"柴也愚，参也鲁，师也辟，由也喭"。各有所缺。孔子告诉学生们，"师也过，商也不及"，指出"过犹不及"，还说"求也退，故进之。由也兼人，故退之"（《论语·先进》）。个性上的进、退格局可以引发学生更多的"反三"和"知十"。

　　所谓"举一反三"和"闻一知十"，关键还在于当教师的为学生提供怎样的"一"。孔子为弟子们提供了立志的"一"种模式、当仁人的

"一"个范式、出仕为官的"一"种母本、熔铸完美个性的"一"种格局，等等。学生循着老师指点的这样的途程前行，并加以"反三"和"知十"，一定是错不了的。由此可见，"举一反三"云云，不应该只是理解为一种单纯的教育和教学方法，而根本上涉及教育思想和教育观念，涉及教师本身的人格水准。《论语·雍也》有言："中人以上，可以语上也；中人以下，不可以语上也。"只要教师的教育观念是正确的，人格是高尚的，那么，只要是"中人以上"的学子，都能学会"举一反三"思维模式。

孔子是"好古"的，他重于古典文化的整理和搜寻。其实，有一点人们往往疏忽了，他实际上又是极为"好今"的，他把研究的重心放在现实社会上，他把学习的重心放在今人身上。正像钱穆先生指出的，"孔子不只学于古人，更学于今人"。于是，有如是之说法——

三人行，必有吾师

"三人行，必有吾师"，出自《论语·述而》："三人行，必有我师焉。择其善者而从之，其不善者而改之。"这里的"三"是个约数，正如"举一反三"和"三月不知肉味"中的"三"都指的是"多"一样，不是实指为"三"这个数字。对此语原意的解读，众多学者认为孔子说的是："几个人一起走路，其中必定有人可以作为自己效法的师者。我可选择他们的优点来学习，看到他们的缺点就作为借鉴，警惕自己不要去学坏。"此说既精到又通俗。后以"三人行，必有吾师"演化为成语，其意思是说，如果有数人同行的话，其中必定有我可以从正面或反面加以学习的老师在。这是谦虚好学，善于从他人身上吸取经验教训的表现。

"三人行，必有吾师"，这里孔子用了个"必有"的肯定词汇，也就是不管同行的是何等样人，年龄如何，知识水准怎样，受过怎样的教育，有着怎样不同的家庭背景，一定有我的老师在。后面两句是按不同情况作回答。一种情况是同行者身上有着"善者"，那就可以"择而从之"，这是一种意义上的"师"。另一种情况是"其不善者"，那就可以"见而改之"，这是又一种意义上的"师"。就是从别人的行为、举止、思想、风貌中汲取"善者"，改正"不善者"，这就是孔子心目中的"吾师"。

这里有必要说一说"师"的观念的演变过程。最早的时候，所谓"师"，指的就是民众，就是众人，以为众人的种种作为都是可资借鉴的。这在《诗经》《左传》这样一些经典文献中还可以隐隐约约地看到。大约就是到了孔子倡导私学的时候，"师"渐渐有了效法之意，最后定格为"老师""先生"的意思。但是，即使将"师"训为"老师"以后，其"众人"的原意仍隐隐可见。"三人行，必有吾师"，说的就是拜众人为师，也含有众人是圣人的含义。

很明确，所谓的拜众人为师，是应该话分两头的：一头是"择其善者而从之"，另一头是"其不善者而改之"。这才是孔子所谓的"必有吾师"的全部含义。也就是说，从他人身上正面学习经验和反面吸取教训，都属于"吾师"的范畴。

有关"择其善者而从之"一句，子张与孔子交谈中说到了楚国的上卿执政官令尹子文时有解。子张赞道："楚国的令尹子文三次出仕当令尹（执政官），脸上无喜色。三次被罢免，无愠色。被罢免后，还把政事认认真真地交接给新令尹，这样的人不错吧！"孔子说："这是我们的老师，值得学习。"（《论语·公冶长》）

有关"其不善者而改之"一句，孔子是有切身体会的。他有个故

人，叫原壤，虽说年近七十了，但还是一副无赖相。一天，听说孔子
要经过某地，就早早地躺在了那条通道上，想让孔子施舍点什么给他。
孔子到了那里，对着他破口大骂："幼而不孙弟，长而无述焉，老而不
死，是为贼!"（《论语·宪问》）意思是说，你年幼时，不遵守孝悌之
道，长大后又一无建树，现在老而不死，就等于人世间的一贼，你这样
的人，活着有什么意思。说罢，孔子用手杖击打了原壤的腿，走了。后
来孔子把这个故事告诉学生们，无非是要弟子对这种不善行为"改之"。

　　由"三人行，必有吾师"，很自然地会让人想到子贡的话："夫子
焉不学？而亦何常师之有。"这是在说，孔子是善学者，何处不得师。
这个道理也是永恒的。这里也反映孔子"敏而好学，不耻下问"的思
想，他不单单向前辈学习，也向晚辈学习，同时向智慧高于和低于自
己的人学习。

　　与同时代的所有个体相比而言，孔子无疑是博学而多能的。可是，
最为难能可贵的是，他是谦虚的，也是实事求是的。他当着学生的面，
说自己在农业知识上"不如老农"。在培植菜蔬上"不如老圃"。面对
"鄙夫"（劳动大众），他感到了自己的"无知"，心胸中似乎是——

空空如也

　　空空如也，该语出自《论语·子罕》："有鄙夫问于我，空空如
也。""空空"，大约有两个基本的义项：一为诚恳、虚心；二为浅薄、
无知。所谓"鄙夫"，指的当然是乡下人了。乡下人"问于"孔子的是
什么？文中没有明说，但想来总是与农事、与日常民生有关的问题吧。
文中说孔子面对鄙夫的问题，似乎有点对答不上，故有"空空如也"

一说。这样看来，孔子的"空空如也"，从内心感受上说是复杂的，说是诚恳、虚心那是没问题的，但自认为浅薄、无知也不能排除。春秋时期，人们对孔子已十分崇拜，说他是圣人的有之，恭维他知识渊博、无所不能者亦有之。所以孔子自认为"空空如也"，似乎让人难以接受。

孔子是个谦虚而讲求实事求是的人，他不承认自己的所谓无所不能。《论语·子罕》中有这样一段文字："达巷党人曰：'大哉孔子，博学而无所成名。'子闻之，谓门弟子曰：'吾何执？执御乎？执射乎？吾执御矣！'"其大意是说："达巷地区的党人吹捧孔子实在伟大，博学而无所不能，以至于使人们不知给他一个怎样的名号为好。孔子听到这种吹捧言词后，以略带自嘲口吻回话说，我算什么啊，我是专长于驾车呢？还是专长于射箭呢？大约说我是个好的驾车手，还是可以的吧！"

读一读上面这段话，对于理解孔子面对鄙夫的发问，为何"空空如也"是有好处的。

孔子是圣人，又是常人。他与其他所有的一切人一样，有其强项，亦有其弱项，这才是真实的孔子。

孔子知识上的强项何在？很显然，在于治国平天下的那套道理，在于诗、书、礼、乐的传统文化。"子禽问于子贡曰：'夫子至于是邦也，必闻其政，求之与？抑与之与？'子贡曰：'夫子温、良、恭、俭、让以得之。夫子之求之也，其诸异乎人之求之与！'"（《论语·学而》）孔子到哪里，哪里的当政者必与闻国事，那是因为这是他的强项，他懂得温、良、恭、俭、让，懂得礼乐文化，懂得文明礼仪。"子曰：道之以政，齐之以刑，民免而无耻。道之以德，齐之以礼，有耻且格。"（《论语·为政》）孔子深知治政只能以礼治为主，辅之以"齐之以刑"，才能使老百姓"有耻且格"。

历史已经证明，孔子的这样一套治国理政的道理，是正确的，也是相当管用的。当然，就是在他的强项礼仪文化上，他也不是无所不通、无所不精。举个实证吧！"或问禘之说。子曰：'不知也，知其说者之于天下也，其如示诸斯乎？'指其掌。"（《论语·八佾》）孔子很诚实，说自己对"禘"礼一无所知，哪个人如懂得"禘"礼的话，他一定是对天下大势了如指掌的人。

孔子作为一个食人间烟火的常人，在知识上也有他的弱项和短板。在具体的生活领域，他的确还有诸多缺门短识。在这点上，连孔子本人也承认。

樊迟请学稼。子曰："吾不如老农。"请学为圃，曰："吾不如老圃。"（《论语·子路》）

子路问（丈人）曰："子见夫子乎？"丈人曰："四体不勤，五谷不分。孰为夫子？"明日，子路行，以告。子曰："隐者也。"（《论语·微子》）

上面这两条，本身就可以作为"空空如也"的最好注解。

"吾有知乎哉？无知也。有鄙夫问于我，空空如也，我叩其两端而竭焉。"这是孔夫子对他的弟子说的，可说是他的真情表白。他要告诉弟子及世人。有人说我有大知识、大学问，我真的是这样吗？并不是。当有鄙夫（指劳动者）来向我"请教"他们想知道的某些知识的时候，我能说出些什么呢？我心中实在是空空如也，他们提出的问题，我实在一无所知。我只能从鄙夫所问的正反两面（即所谓"叩其两端"）去寻求一些粗浅的答案，结果也只勉强讲出个道道来。

孔子说的完全是真心话。唯其在浩如烟海的知识面前感到"空空如也"，才会有永无休止地学习进取精神。在古文中，"空空"原是表述一种诚惶诚恐的心理状态，后在成语化过程中与心中一无所有相通了。

不少学者认为，孔夫子不仅为中华文明开拓出了私学时代，而且毫不含糊地道出了经典的学习目的论。学习的目的不是为了出仕当官，也不是为了出人头地，或显示自己有多少学问，比别人高明。学习的真正目的只在于提高自我素养，达到"成人"的大目标，从而使自己能担当起"安人""安百姓""安天下"的责任，简而言之，孔子名之为——

学者为己

孔子在《论语·宪问》中说："古之学者为己，今之学者为人。"应该说，孔子是一个"好古"者，他认为古人要比今人高明一些，也纯真一点，在学习上当然也是如此。他认为，古人学习的目的就是为了提高自己的素养（即"为己"）；而今人比较短视，认为通过学习这一途径就可以炫耀于人、示好于人（即"为人"）。显然，孔子是完完全全主张"学者为己"的。

由于孔子的用语比较简古，因此孔子的"为己""为人"之说常为后世人有意无意地曲解。孔门后学荀子为此做了明确的解读："孔子曰：'古之学者为己，今之学者为人。'君子之学也，以美其身；小人之学也，以为禽犊。"（《荀子·劝学》）这是对孔子"学者为己"学说的最明确也最生动而具体的解读。荀子理解为，君子的学习是"以美其身"，即提高自我的素养；而那些小人把学习当成可以供吃供用的家禽和牛犊（"以为禽犊"）。这是对功利化的学习论的无情批判和揭露。

"学者为己"论的理论基础是孔子提出的著名的"成人说"。在孔子看来，人生下来是一张白纸，无所谓善恶，人一天天长大的过程中，受环境因素和自身主观因素的影响，人才一点点地分出善恶美丑来。而人要真正成其为"人"，唯一的途径就是学习。在《论语·宪问》

中，有一段著名的成人理论。

> 子路问成人。子曰："若臧武仲之知，公绰之不欲，卞庄子之勇，冉求之艺，文之以礼乐，亦可以为成人矣！"曰："今之成人者何必然，见利思义，见危授命，久要不忘平生之言，亦可以为成人矣！"

命题是由子路提出来的，答案是孔子给出的。孔子的话分为两层。第一层以典范人物带出品格要素。怎样才算是成人了呢？孔子讲了五大要素：一是臧武仲那样的智慧，二是孟公绰那样的没有私欲，三是卞庄子那样的勇敢，四是冉求那样的多才多艺，五是再加上礼乐方面的修养。实际上就是孔子一再强调的知、勇、仁三德。这三德加以具体化和人格化，就成了上面五条。上文的第二层以"今之成人者何必然"一语为转折，结合"当今之世"的实际情况讲成人。强调了面向现实生活的三大要素：一是见到利要不忘义；二是遇上国家有危难，个人要敢于献身；三是说话要算数，承诺要担当。而这些，都是要通过"学者为己"的学习过程实现的。也就是说，在孔子看来，学习是实现"成人"目标的唯一途径。

从《论语》一书提供的资料看，孔子所说的"学者为己"至少有这样三层互相关联的意思：

其一，"学者为己"旨在"修己"，即通过学习修养提高自己。

在《论语·宪问》中，孔子与子路之间有一段关于"修己"的交谈，原文是这样的："子路问君子。子曰：'修己以敬。'曰：'如斯而已乎？'曰：'修己以安人。'曰：'如斯而已乎？'曰：'修己以安百姓。修己以安百姓，尧舜其犹病诸！'"

这里明确说到了"修己"的三个阶段，或者说是三重境界："修己以敬""修己以安人""修己以安百姓"。"修己以敬"是说你学了那么多，对所学的种种经典论述要有敬畏之心，要心口如一，言行一致。"修己以安人"，那是进了一步了，懂得道理以后，要落实到行动上去，要力所能及地帮助人，让人过上安居乐业的生活。"修己以安百姓"，那是更加进了一步，就是要想到为普天下的百姓谋利益。孔子说了句很极端的话，说要事事为百姓着想，让百姓满意，这一点怕是连尧舜也难以做到吧！

具体地说，修己有着种种较为具体的方法。就《论语》一书所见，至少有这样两种方法是很值得提倡的。一是"自省法"。曾子说："吾日三省吾身，为人谋而不忠乎？与朋友交而不信乎？传不习乎？"（《论语·学而》）自省，就是自我反省，而且按曾子的做法是一天要反省多次，从而修养自己。二是"自讼法"。《论语·公冶长》中说："子曰：'已矣乎！吾未能见其过而内自讼者也。'""自讼"，就是自己揭发批判自己的缺点或错误，孔子是主张自讼的，但孔子又慨叹于能这样做的人实在太少了。

其二，"学者为己"旨在"洁己"，即不间断地纯洁自己的肌体。

红尘世界总是不怎么干净的，每个人都有洁己自好的任务。孔子主张人人"与洁己"（"与"有赞同之意），这个世界才会逐渐干净起来。《论语·公冶长》说："巧言、令色、足恭，左丘明耻之，丘亦耻之。匿怨而友其人，左丘明耻之，丘亦耻之。"这里提出了四种可耻的不洁的作为：一是"巧言"，也就是花言巧语，夸夸其谈，嘴上说得好听，实际又是另一回事。二是"令色"，对上级，对领导，一副献媚的颜色，而对下级则是另一种颜脸。三是"足恭"，不走正道走邪道，走后门，走歪道。四是"匿怨而友其人"，明明心怨其人，却偏偏要把自己伪装起来，以伪善的面貌出现在人前。

孔子主张把花言巧语、投机献媚、不走正道、伪善待人这样一些

"不洁"的东西一律扫地出门。

孔子知道得很清楚，他的不少门生弟子是社会栋梁，走上社会以后，不少人是要当官的。因此，孔子特别重视清除官道中的污浊。《论语·宪问》："宪问耻。子曰：邦有道，谷。邦无道，谷，耻也。"这是为谁办事的问题。孔子很明确，如果这个国家有道，你出仕食禄，那是应当的。如果这是个无道政权，你为了那么点子俸禄而去出仕，那可是耻辱啊！

其三，"学者为己"旨在"律己"，即用种种规矩约束自己。

孔子一直认为，人是应该有所约束的，在《论语·里仁》中还说："以约失者鲜矣！"这里说的"约"就是规矩、礼义。通过学习，懂得规矩和礼义后，犯的错误就会少得多了。不以规矩不能成方圆一语，大约就起始于春秋时期。

在周代，礼是一宗大规矩。到了春秋时期，"礼崩乐坏"了，规矩全无，那就势必天下大乱。怎么办？孔子主张克己复礼。《论语·颜渊》："颜渊问仁。子曰：'克己复礼为仁。一日克己复礼，天下归仁焉。为仁由己，而由人乎哉？'颜渊曰：'请问其目。'子曰：'非礼勿视，非礼勿听，非礼勿言，非礼勿动。'"

孔子的意思是，约束自己的行为，认认真真地践行周礼，那就是仁人了。只要天天都能如此，那天下就可归仁了。为仁由己不由人，就看自己的心怎样了。为了把"复礼"的要求规划得更具体些，孔子又提出了四个方面的"非礼勿"。

通过学习过程中的不断"修己""洁己""律己"，人的知识素养和文化素养与日俱增，久而久之，达到了"学者为己"的宏大目标。这样的学习，孔子的后学荀子称之为"君子之学"。《荀子·劝学》："君子之学也，入乎耳，箸乎心，布乎四体，形乎动静。"这种学习起始于"入乎耳"，进一步则牢记在心中，最后是贯通于全身心，落实在行动上。

孔子做学问，从来不是为学问而学问的。他自己以及三千弟子好学、勤学、苦学，归根结底是为了行"道"，是为了宣扬和实施仁德，是为了改变"礼崩乐坏"的世道，使民众过上富足、安稳的好日子。孔子和他的弟子们深感肩头的担子很重，要走的路很长，简言之为——

任重道远

"任重道远"这句成语表达的是孔子为首的儒家学派的强烈的社会责任心。认为宣传真理（儒家称为"仁"），让广大民众了解和接受，并付诸实施，这副担子实在是很重很重；为真理而奋斗，为事业而献身，要走的路程很遥远很遥远。这是孔子晚年的杰出弟子曾参的切身体会，原话是："曾子曰：'士不可以不弘毅，任重而道远。仁以为己任，不亦重乎？死而后已，不亦远乎？'"（《论语·泰伯》）

曾参这段话翻译成白话是：一个有志之士，一定要弘扬进取精神，提倡坚毅品格，因为他肩头的任务很重，要走的路途很远。有志之士应把提倡仁德和实施仁政当作自己的责任。这样的责任难道还不重吗？承担重任直到生命的最后，这样的途程难道还不远吗？

"任重而道远"这话虽出自曾参之口，但完全可以将它当作孔子的思想体系的关键词来看待的。曾参是孔子晚年的弟子，而后来又是孔子之孙子思的老师，世称"曾思学派"，这一学派被学者视为孔学的正宗。子思后来作《中庸》，他的思想又与孔子所言的"中庸为至德"的观念一脉相承的。子思几传，然后有大儒孟子名世。明白了"孔子—曾子—子思—子思弟子"和"子思再传弟子—孟子"的这样一条明晰的学脉，也就懂得了"任重道远"观念在孔学中有着怎样的崇高地位了。

在孔子和他传人的心目中，"仁"不只是口头上说说的东西，而是放在自己肩头的一副实实在在的担子，这就叫"仁以为己任"。

怎样具体地理解"仁以为己任"？这里得作一点分析。

《论语·颜渊》："樊迟问仁，子曰：爱人。"这是对"仁"字的最经典的解读。孔子又说："弟子入则孝，出则弟，谨而信，泛爱众，而亲仁。"（《论语·学而》）

这里提出了更为具体的仁爱要求，还有了"泛爱众"的新观念。孔门弟子子夏说："贤贤易色，事父母能竭其力，事君能致其身，与朋友交，言而有信，虽曰未学，吾必谓之学矣！"（《论语·学而》）这些，都是从"仁以为己任"的视角提出问题和分析问题的。

从"仁"的实施角度上讲，孔子至少提出了这样五个层面。

第一层面，志于仁者的自我修养。

上一讲我们说的"修己""洁己""律己"，实际上就是对志于仁者自我修养提出的要求。为仁说难也难，说不难也不难。孔子提出的"为仁由己"说，值得人们思之再三。中国有一句老话，"人皆可以为尧舜"，只要你有一颗真诚的爱人之心，不管你能力的大小、智能的高低，都可以干出一番轰轰烈烈的事业来。相反，如果没有真诚的爱人之心，就是能力再大、智力再高，到头来也会一事无成。

孟子在与梁惠王对话时说过这样一番闪耀着真理光芒的至理名言："挟泰山以超北海，语人曰'我不能'，是诚不能也；为长者折枝，语人曰'我不能'，是不为也，非不能也。"接着，孟子严肃地批评了那位不肯干实事的梁惠王。他说："故王之不王，不为也，非不能也。"（《孟子·梁惠王上》）认真地修养自己，努力干好自己力所能及的事，并且终生不渝，这是先圣教导于我们的，也是每一个志于仁者应取的态度和应有的修养。

第二层面，志于仁者的孝道精神。

在《论语·学而》中，有那么一段话："君子务本，本立而道生。孝弟也者，其为仁之本与？"意思是说，仁德是君子的立身之本，而这个立身之本有两个基本点，那就是孝与弟（悌）。

在孔子看来，行孝道是仁人的最重要表现。"其为人也孝弟，而好犯上者，鲜矣。不好犯上，而好作乱者，未之有也。"孔子和孔门弟子是从社会安定角度思考问题的。践行孝道，不仅有益于家庭的健康发展，而且有利于社会的安定团结和繁荣。

如何行施孝道？孔子思考得很缜密，设计得很具体："孟懿子问孝……子曰：'生，事之以礼；死，葬之以礼，祭之以礼。'"（《论语·为政》）这里实际上提出了孝之三礼：生礼、葬礼、祭礼。孝之三礼中，孔子明显是最重视孝之生礼的。他强调："今之孝者，是谓能养。至于犬马，皆能有养；不敬，何以别乎？"（《论语·为政》）他主张的"孝"，是子女既能"养"父母，又能"敬"父母，而"敬"的一大标志是"色难"——最难能可贵的是和颜悦色。

在孔子时，其提倡的"孝"中还有着某种程度的民主精神，他是主张父母子女之间互帮互学的："子曰：'事父母，几谏，见志不从，又敬不违，劳而不怨。'"（《论语·里仁》）孔子明确表示，如果父母做了某些不妥帖的事，子女可以批评，批评一次不行，再批评第二次、第三次……最后还是不能达成一致，那子女要等待，而且还是要敬重父母，毫无怨言。"不从—不违—不怨"，要这样，实在不易。

第三层面：志于仁者的乡党情怀。

在儒家那里，"孝"与"弟"是两个不同层面的行为规范。《论语·学而》："弟子入则孝，出则弟。"《论语·子路》："宗族称孝焉，乡党称弟焉。"这两段话把"孝"与"弟"两个行为规范的不同适用范围表述得清清楚楚。"孝"的适用范围是家庭以至于家族（宗族），是年轻一代对年长一代行为态度的行为要求。"弟"的适用范围更宽广些，是同辈的乡党之间的行为要求。

"弟"的乡党情怀相当于后世说的乡愁。乡党之间虽说不一定有血缘关系，但因为植根于同一块热土，因此就会有情同手足之感。"乡党称弟焉"指的是，把同乡都看成是自己的兄弟姐妹。把这种观念再推而广之，于是到春秋时代就有了"普天之下皆兄弟"的新观念。

第四层面：志于仁者的诚信观念。

由乡党再往外推就是社会层面了。到了春秋时期，社会层面的交往已经十分活跃，也十分频繁。除了以血缘为纽带的宗族关系，以及以地域为纽带的乡党关系之外，还有了更为宽泛的交际关系（《孟子》一书中就有"交际"一词），还有纯粹是情感化和利益化的朋友关系，这就是真实意义上的社会关系了。

如何善处社会关系，孔子适时地提出诚信观念。"谨而信，泛爱众"，这是说，在谨慎地考核对方是否有诚信的基础上，再决定对方是否属于"泛爱众"的范围。"与朋友交，言而有信"，这里是明确交友的第一准则是"言而有信"。

大约到了孔子晚年，孔子在总结现实生活种种社会现象的基础上，提出了"益友损友说"："孔子曰：'益者三友，损者三友。友直，友谅，友多闻，益矣！友便辟，友善柔，友便佞，损矣！'"（《论语·季氏》）意思是说，有益的朋友有三类，有害的朋友也有三类。和正直的人为友，和守信的人为友，和有广博知识的人交友，便有益了。与诌媚逢迎的人为友，与表面奉承而背后诽谤的人为友，与巧言善辩的人为友，便有害了。这段文字中的"友谅"，就是指诚信而言。至于"友便辟，友善柔，友便佞"，都与不诚信相干。

第五层面：志于仁者的尽职意识。

在《论语·学而》中说到了"事父母能竭其力，事君能致其身"，讲的都是"事"——即办事——干什么都要"竭其力"，都要"致其身"，都要努力奉身尽职地干得好上加好。

孔子十分重视敬业尽职。他曾经说过："道千乘之国，敬事而信，节用而爱人，使民以时。"（《论语·学而》）这是他对学生说的话，如果让你去治理一个千乘大国的话，你最重要的就是"敬事而信"——对要办的事，有着敬畏之心，一点粗心不得，许下的诺言要兑现，要有信用。有了这种敬业精神以后，才谈得上节省财用的问题，不误农时的问题。当子张问政时，他的回答是："居之无倦，行之以忠。"（《论语·颜渊》）他告诉学生，既然居有了某一职位，就要不倦不息地去干，以实际行动来表明自己对家国天下的忠诚。

"政者，正也。"（《论语·颜渊》）孔子极其注重于办事和行政作风的正派。打铁先得自身硬。他对学生们说道："其身正，不令而行。其身不正，虽令不从。"（《论语·子路》）意思是说，你自己的身板坐正了，不待下令，那事也就大体上成了。如果你们自己的身板不正，就是下多少道命令，也是不管用的。他还教导学生，办事要有开阔的胸襟，要有大眼光，"见小利则大事不成"（《论语·子路》）。为了蝇头小利而败了大事，不值得。

这里讲了五个层面——仁者的自我修养、仁者的孝道精神、仁者的乡党情怀、仁者的诚信观念、仁者的尽职意识。这些都是在肩的重任，都要去苦心经营，也都要去奋斗终身。

孔子是伟大的，他的伟大是用终身的不倦奋斗换来的，正如他自己所说的："吾十有五而志于学，三十而立，四十而不惑，五十而知天命，六十而耳顺，七十而从心所欲不逾矩。"（《论语·为政》）孔子的一部生命发展史，就是一部"任重道远"的不倦奋斗史。

如果你是一个志士仁人，那肩头的这副担子不是只挑一阵子，而是要挑一辈子，这叫"死而后已"。为了挑好这副担子，就要有坚定的责任心，还要有坚强的毅力，这叫"士不可以不弘毅"。"任重道远"的理念，现已融进中华儿女的血脉，成为中华民族不倦奋进的精神动因和巨大驱力。

这是《庄子》一书中论及孔子时的一则寓言故事。说孔子周游列国回鲁后觉得经历千辛万苦，所得甚少，而且一些人也不理解他，甚至故意疏远他，心中甚为苦闷。这时，隐士子桑雽给他讲了个有趣的故事。说有个叫林回的人，在一次离乱中，身上带着璧玉，又抱着孩子出行。后来实在走不动了，他决意"弃千金之璧，负赤子而趋"。这一寓言让孔子懂得了骨肉情、师生情比什么都重要，也给后人留下了这样的成语——

弃璧负婴

弃璧负婴，意指在患难困顿之时，宁愿丢弃值千金的璧玉，也要把自己的孩子背在身上，因为玉是身外之物，而孩子却是亲生骨肉，却是自己真正的希望之所在。该成语出自《庄子·山木》："林回弃千金之璧，负赤子而趋。……彼以利合，此以天属也。"其意是说，林回这个人之所以在关键时刻宁愿抛弃珍贵的千金之璧，而不放弃自己的亲生儿子，是因为璧玉只是一时之利，而亲生儿子却是自己重视的天性情感所在。

春秋之时，孔子为了实现自己的政治抱负，带着一批弟子周游列国，向各国诸侯进行游说，但是效果并不十分理想。孔子回到鲁国后，他的一些朋友见他无所成就，便与他日渐疏远，少数弟子也悄然离他而去，当政的鲁哀公也只是礼貌性地给了他一个"国之大老"的称号，实际上把他晾在一边，真所谓"亲交益疏，徒友益散"。

孔子心中感到很不痛快，便去向隐士子桑雽请教。孔子问道："平时对待朋友和弟子，我都很注重礼仪，讲学也竭力尽心，为何在我艰难之时，我的朋友要疏远我，我的一些弟子也离我而去呢？"隐士子桑雽听后，淡然一笑地说："您老人家听说过这样的一句话吗，叫做'君子之交淡若水，小人之交甘若醴；君子淡以亲，小人甘以绝'，这个道理难道您不懂吗？"孔子点点头说："这道理我能懂。但我总不能理解，有些人我们的关系一直是不错的，为什么在关键时刻要离开我呢？"

这位叫子桑雽的大隐士没有直接作答，却讲了一个"林回弃璧负婴"的故事，让孔子自己去思考。

林回是春秋初年假国人。假国是个小国、弱国，经常受相邻大国的欺侮。有一年，晋国向假国发动攻击，假国城中的老百姓纷纷逃出都城。这时，有个叫林回的人，身上揣着一块大玉璧，背上背着刚满周岁的儿子，跟着难民群艰难外逃。过了些时日，他累得气喘吁吁，汗流浃背，实在走不动了。此时，他果断地把怀中的那块大玉璧扔掉，而背着孩子继续逃难，这就是著名的"弃璧负婴"的故事，又称"弃璧负子"。

这时，有人认真地问他："对于逃难的人来说，财宝应是最为重要的。否则，扔了财宝后，你逃出之后将无法正常生活。再说，真要让身上拖累尽量减少的话，不应该扔那大玉璧，而是扔这孩子。这么小的孩子既不值钱，背在身上更是一个大的累赘！但你却宁愿把价值千金的玉璧扔掉，而背着孩子逃命，这究竟是为了什么呢？"

林回听了这话，很不高兴，反问了一句："你说，财宝与我的孩子比较起来，哪个更重要些？"

那人似乎理直气壮地说："当然是价值千金的大玉璧更重要了。"

林回朗声作答："错了，你说的全错了。我和这珍贵的玉璧只是利益上的暂时结合，俗话说只是身外之物。而这孩子却完全不一样，他是我的亲生骨肉，他和我血肉相连，有着天然血缘关系。这种父子之情，是任何珍贵财宝，包括那大玉璧都无法替代的。"

林回停顿了一下，接着又说："不错，我的孩子现在还很弱小，也给我带来了许多不便和困难。但是，他会一点点地长大，他会变得比我更有力量，也更强大。他是我的希望，他是我的全部。"

就这样，在别人怀疑和并不怎么信任的目光注视下，林回果断地抛掉了沉重的大玉璧，抱着弱小的儿子找到一个适合的地方住了下来，在辛劳和艰难中把这孩子一点点拉扯大。月复一月，年复一年，孩子长大了，林回也赢得了希望，赢得了幸福和美满。故事，就这样以大团圆告终。

孔子静静地听着，也细细思索着，可并没有插嘴。隐士子桑雩见状，缓声说道："假如人与人之间的关系只停留凭借利益而结合一起，那么，碰上艰难困苦之时就会互相抛弃，乃至分崩离析；你的朋友和少数一些弟子都是为了利才来亲近你的，那么，如今处在艰苦困顿之时他们无利可图了，就离你而去，这没有什么可奇怪的啊！现在，你该认真想一想的是，什么才是你真真切切的'亲骨肉'，什么才是你真正的希望，什么才是你的唯一。"

在沉思中，孔子找到了他晚年希望所在的"亲骨肉"——带着自己素质精良的儒家弟子团队，静下心来编纂整理经书。周游列国回到母国时，孔子已经年近七十了，孔子深感上天留给自己的时间不多了。必须赶紧做。在最后的三四年间，经书的编纂整理很成功，进度也很快，他的那个学习型团队对他的敬爱之情与日俱增，师徒之间的真挚感情也愈来愈浓烈。

孔子很感激隐士子桑雩，是他，实实在在地帮助自己走出了思想上的困境。

老子是孔子之外又一位具有世界影响的思想家，是比孔子生年略早的一位大师级哲人。《人类文明编年纪事》把老子的生年按在公元前604年，比孔子"老"了半个世纪，与古希腊的苏格拉底并列为世界上最有影响的大哲学家。近代哲学大师黑格尔则称"老子是属于世界的","他是与哲学相关的生活方式的创始人"。据传孔子曾带着弟子西行，向老子请教过道术。如果说，孔子是我们民族的"形象代言人"的话，那么，老子则是我们民族"智慧的化身"。老子在教育和社会治理上充满着智慧，别出心裁地提倡——

不言之教

"不言之教"，指的是一种不重言辞，而以实际行为或以事实所进行的一种教育和社会管理。该成语出于《老子》（又称《道德经》）一书。在《老子·第二章》中有言："圣人处无为之事，行不言之教。"《老子·第四十三章》也有言："不言之教，无为之益，天下希能及之矣。"其意思都是说，无言和无为，功效会在有言和有为之上。

《史记·老子韩非列传》中说，老子是"楚苦县厉乡曲仁里人也"。苦县在今河南周口鹿邑东，那里现在有老子祠，又称"太清宫"，是后世道教徒为祭祀老子而修建起来的。苦县距春秋时期陈国国都宛丘（今河南周口淮阳区）仅数十里。由此可见，确切地说老子是陈国人，陈被楚灭后变成了楚人。老子的思想集中反映在《道德经》一书中。"道"通"导"，"德"是金文中"直"和"心"的合成字，也就是"正道"之意。正像古希腊哲学家苏格拉底把自己的学说称为"引产术"一样，老子把自己的学说看作是引导大众走正道的学问。

有这样一则故事：老子长大成人以后，父亲给他延请了一位名师，其名叫商容。据说，商容是商地的一位贤人，还说是商王室的后裔。商容的教学方法很特殊，只是把一部《周易》交到老子的手里，让老子反反复复地读，也很少发表自己的见解。《周易》的第一卦是乾卦，第二卦是坤卦，全书一共有六十四卦。这个商容老师告诉老子："完全不必读那么多，只要读通了乾卦和坤卦就行了，有什么还大得过乾坤二字的。"老子问商容："那就请老师讲讲怎么读乾坤二卦吧！"

商容回答："乾坤二字的答案，在每个读书人自己的心中。你一面是读书，一面是观察这个乾坤。观察透了，答案就在其中了。"老子又问："那老师你能告诉学生些什么呢？"商容回答："我什么都不能告诉你。"

商容病了，而且病得还不轻。老子问道："先生有什么遗教要告诉弟子的吗？"商容说："我正准备对你说些什么呢。"老子庄重地说："老师，你说吧，弟子认真地听着呢！"商容说："外出的人过故乡时要下车，你知道这是为什么吗？"老子回答说："不就是让人不忘故人、故乡、故土吗？"商容又问："过乔木而小步跑，你知道吗？"机灵聪明的老子回答说："《诗经》上有'南有乔木，不可休思'的佳句，面对高高的乔木，不就会想到要尊敬老者吗？还敢停下步子在乔木树下休息吗？"商容满意地笑了，以赞赏的口气说："你有出息了，你已经懂得动用自己的脑子去学习了。这我放心了。"

商容的病日重一日。他知道得很清楚，自己在这个世界上的时日不多了。他得对自己的弟子交代些什么。

商容把老子叫到跟前，张开口，张得大大的，说："你给我看看，我的舌头还在吗？"

老子端详细看后，认真地答道："还在，我看到了。"

商容又问："你再给我看看，我的牙齿还在吗？"

老子凑近老师的身子，又一次端详细看后，摇着头回答说："没有了，一颗牙都没有了。"

商容感叹地说："我自己也知道，曾经伶牙俐齿、坚不可摧的那些牙齿呀，都先我而去了，掉得一颗都没有了。可是那柔弱的舌头呢，直到我终老之日，还是伸缩自如，它将会伴随我终身。你好好好想一想吧，这里不只有可叹的，也有可赞的。"

商容说了上面这些，挥挥手，要老子早点回家去，说："我倦了，我得歇歇了。我能教给你的就这些了，你自己认真去思想吧！"说罢，转身就走开了。

老子对商容一番告诫，开初简直是莫知所以。想了又想，觉得老师似乎什么都没有说啊，怎么说"能教给你的就这些了"呢？老师张张嘴，伸伸舌，露出牙齿全脱的光溜溜的牙床，他想要告诉学生些什么呢？

老子思之再三，终于弄懂了：商容老师要告诉学生的就是高深莫测的"柔弱胜刚强"之道，这当然也就是自然之道。

"刚"的东西看来很强大，而且锋芒毕露，使人畏惧，但如果一味刚强，不以柔济之，势必长久不了，像老师嘴中的牙齿一样，年岁一大，损坏的损坏，缺失的缺失；而"柔"的东西，虽说看来没多少锋芒，但它有内在的韧劲，有久久为功的坚持劲，有日积月累的后劲，时日愈是久远，力道愈大，神态愈是飞扬，就像商容老师嘴中的舌头一样，人老了，齿没了，可它还是伸展自如，一如既往。商容用无声的语言教导老子懂得了人生最高深的哲理。老子日后把老师教会自己的"柔弱胜刚强"之理，写进了《老子·第三十六章》之中，即所谓："柔弱胜强。鱼不可脱于渊，国之利器不可以示人。"老子所说的"国之利器"内涵十分丰富，而"柔弱胜强"显然在诸多利器中是不可多得的一大重器。

《吕氏春秋·不二》里记载有"老聃贵柔"之道，而"贵柔"的思想是老子从商容那里学来的，商容的"不言之教"使之受益终身，正如《淮南子·缪称训》说的："老子学商容，见舌而知守柔矣。"

春秋时期是大战乱的时期，民众苦不堪言。为了拯救民众于水火之中，先知先觉的思想家们提出了各自的治世方略。孔子倡言礼治，墨子力主非战，老子为代表的道家学派则提出一种独特的治世方略，主张遵循自然，主张顺势而动，主张让老百姓休养生息，过上安稳的好日子，这就是所谓——

无为而治

关于"无为而治"的文献论述，在《老子》一书中可以说是俯拾即是，有这样几段文字是最值得注意的："有物混成，先天地生，寂兮寥兮，独立而不改，周行而不殆，可以为天下母。吾不知其名，字之曰道，强为之名曰大。"（《老子·第二十五章》）"甘其食，美其服，安其居，乐其俗。为无为，则无不为矣！"（《老子·第八十章》）"金玉满堂，莫之能守。富贵而骄，自遗其咎。功成、名遂、身退，天之道。"（《老子·第九章》）

完全可以这样说，这三段文字叠加在一起，已经把"无为而治"的精神实质解释得清清楚楚了。

其一，在老子看来，"无为而治"是一种拯救民众于水火的治道。何以治国治民必须"无为"呢？那是因为有一种不以人的意志为转移的"天下母"（即"道"）在那里发生作用。这种"天下母"是"独立"于人的意愿的，甚至是"独立"于天地的，是按照自己的轨迹在那里"周行"的。因此，无为而治就是遵循"天下母"的运行轨迹办事。

应该说，老子的理论和思想体系是别具一格的。其他学派都是提倡"有为"，"栖栖一代中"的孔子忙着建立礼治体系，以民众代表自居的墨子忙着宣传兼爱、非攻、尚贤，而兵圣孙子正忙着构建"不战而屈人之兵"的战略体系，唯有老子不慌不忙地站出来说，谁都不用去瞎忙乎，大自然已经为人们安排好了出路和归宿，那就是"无为"，那就是"顺其自然"。

其二，有一种说法是，"无为"就是"不作为"。错了，完全错了。有学者指出："认为无为即不为，那是完全曲解了老子的本意，是大谬不然的。"（何新：《老子新解》）"无为"的真实立意在于"无以一己之私欲而为"。正如《淮南子·主术训》中说的："无为者，非谓其凝滞而不动也，以其言莫从己出也。"该书的《修务训》中说得更明确："若吾所谓无为者，私志不得入公道，嗜欲不得枉正术，循理而举事，因资而立权，自然之势，而曲故不得容也。"一句话，就是老子所说的"无为"，就是指"私志不得入公道"，更加简约一点说，"无为"就是警示人们：不要去做那种追求私利的事。

概而言之，"无为"的要旨是要当政者为民众多办一些实事，多办一些好事，让民众吃得好（"甘其食"）、穿得好（"美其服"）、住得好（"安其居"）、和睦相处（"乐其俗"）。这是"无为而治"真正意义上的目的论。

其三，从《老子》通篇来看，"无为"的提出是有针对性的，矛头所向就是反战乱，就是反不平等，就是反腐败，就是反贪欲。整部《老子》充满着对不良的现实社会的批判精神。"不尚贤，使民不争；不贵难得之货，使民不为盗；不见可欲，使民心不乱。"（《老子·第三章》）这是对当时因职而争、因货而盗、因欲而乱的社会现实的深层批判。"五色令人目盲，五音令人耳聋，五味令人口爽，驰骋田猎令人心发狂，难得之货令人行妨。"（《老子·第十二章》）这里活生生地画出了当时的一幅众生相：人们为了五色而瞎了眼睛，人们为了五音而聋了耳朵，人们为了五味而败坏了胃口，人们为了驰骋打猎而发狂，人们为了获取难得之货而行为不轨，这是一个怎样的社会啊？"师之所处，荆棘生之。"（《老子·第三十章》）"兵者非君子之器，兵者不祥之器，不得已而用之。"（《老子·第三十一章》）这是对战争的批判，它造成荆棘遍野，它是"不祥之器"，只有在不得已的条件下才用到它。

最为刻骨铭心的是那么十六字："金玉满堂，莫之能守。富贵而骄，自遗其咎。"（《老子·第九章》）其意思是说，你纵使有那满堂的金银和宝玉，可时过境迁，从来没有哪个人、哪个家庭，也没有哪个家族能永远守得住这些的。如果子孙因富贵而骄奢专横的话，那自己为自己招来灾祸是必然的。在这里，老子为我们民族写下了警世真言。这些话语后来写进了《红楼梦》中，成为古今一体的警世名言，也成了这部古典名著的灵魂。

上面说的就是"无为而治"的真谛。不少人都没有理解其中的微言大义。但也有人是读懂了的。《淮南子》的作者就认定老子的"无为而治"是批评"末世之政"的佳作。"末世"之所谓"有为"，无非是"上好取而无量，下贪狠而无让，……削薄其德，曾累其刑，而欲以为治"。那些不法分子无恶不作，苦就苦了"劳而无功"的普通百姓。社会乱了套，统治者"曾累其刑"，加以弹压。老子的"无为"就是针对如此之"有为"而发的。

其实，老子所说的"无为而治"是以法度治国，而非简单的人治；人过多地干预社会秩序则混乱，以法度治理社会则井然有序。"无为而治"对于帝王个人准则而言，即是清心洞察、知人善任，将合适的人才摆在合适的岗位上，具体事情分摊给臣下去操办，不必事必躬亲。

无为而治在中国古代社会可以说是屡试不爽，业绩多多。汉初的"休养生息"和其后的"文景之治"，实际上是老子"无为而治"思想的一次成功实践。刘邦晚年和吕后专政期间，文化生活中推崇黄老思想，主张与民休息，让兵士罢归家乡，战乱中离散人员各归本土，那些不得已自卖为奴者一律免为庶人，实行十五税一制，等等。孝文帝"即位二十三年，宫室苑囿狗马服御无所增益，有不便，辄弛以利民"（《史记·孝文本纪》）。当年准备造一露台，让工匠合计了一下，说要花一百金。文帝想，一百金是中等民户"十家之产"，太破费了，就撤除了这项工程。皇帝自己穿布衣，所宠幸的那位慎夫人，也规定"衣不得曳地，帏帐不得文绣，以示敦朴，为天下先"。这些都是老子"无为而治"思想的具体而生动的体现。

　　无为既然是针对"富贵而骄，自遗其咎"的社会弊端而发的，那么，为了建设理想社会，必须重视人的自身建设。在老子看来，真正的强者，不是那些有权有势的富贵者，也不是那些手握重兵的军人，而是那些头脑清醒、懂得"自胜"的人。这种懂得"自胜"的人，能自觉地克制权欲，克制利欲，能防止因作恶而"自遗其咎"，老子热切地希望人们学会——

自胜者强

　　"自胜者强"一语出自《老子·第三十三章》："知人者智，自知者明。胜人者有力，自胜者强。知足者富，强行者有志。不失其所者久，死而不亡者寿。"上述引文的意思是说，能够了解他人的人是有智慧的，能够了解自己的人是高明的。能够战胜他人的人是有力量的，能够战胜自我的人是真正的强者。知道满足而不妄想的人是富有的，努力不懈地去奋斗的人是有志气的。言行不离道之规律中的人能够活得长久。躯体虽死而精神仍然存在于世的人才是真正的长寿。我们现在常说"战胜自我，超越自我"，殊不知，早在两千五百多年前的"轴心时代"，老子已提出了人生的这样一个智慧命题。

"胜人者有力，自胜者强。知足者富，强行者有志。"在这里，老子对人们最关切的"富""强"两字作了影响整个人类命运的新解。什么才是真正的强大呢？在老子看来，真正的强大不在于"胜人"，那只是有力的表现。真正的强大在于战胜自己。无数历史事实证明了，人往往不是被敌人打败的，打败你的，只能是你自己。要使自己立于不败之地，必须战胜自己。同样，所谓富有，也不纯然是物质财富的多多益善，还包括心理上的富有。只有拥有"知足"这样一笔心理财富的人，才是最富有的，能靠着志气的支撑，"强行"前进。

那么，究竟应该怎样来诠解"自胜者强"这一观念呢？我们认为，在紧随"自胜者强"之后，老子说的四句话，就是对如何"自胜"、如何"自强"的最好诠释和理解。

其一，要"自胜"就得"知足"。

老子的"知足"这一观念，已经被广大民众所接受。俚语所言的"知足常乐"，可说既传承了老子思想的精粹，又体现了民众的心声。老子有一句名言，叫做"圣人为腹不为目"，意思是说，有圣德的人，在物质上永远是低标准的，能够"为腹"——吃饱肚子——就知足了，而不去追求过度的耳目之乐。

老子这样说，当然是有针对性的。他要批评和警示的主要是那些不知足的大富大贵者。这些人吃饱肚皮早已不成问题，于是就无休无止地追求着"五色""五音""五味"之乐，还为犬马驰骋之乐"发狂"，又不择手段地追求着"难得之货"。老子警告这些人，如此不知足，到头来败亡的必是自身。

这里要求富贵者要"知足"，实际上这是一种良心的拷问。当世上绝大多数人还挣扎在饥寒交迫甚至是死亡线上的时候，富贵者不仅衣食无忧，还不知足，还在那里花天酒地，如此不是太卑劣了吗？

其二，要"自胜"就得"有志"。

何为"志"呢？志的第一层意思是意志，志的第二层意思是志向、追求、志愿。一般地说，孔子多言志，而且对志的含义上着重于第二层意思，"盍各言尔志"，是要学生们谈谈自己的志向和追求。老子和孔子不太相同，绝少谈志，甚至还说过"虚其心，实其腹，弱其志"这样的话。即使偶而言志，也以第一义为主，也就是强调的是意志。

老子在这里提出了一个命题，"强行者有志"。对于"强行者"，历代学者说法不一。我认为这要与"自胜"挂起钩来，那"强行者"就是顽强地想改变现状的人。凡是想改变现状，都得有很大很强的意志力。这里有两层意思：对穷苦人来说，要"强行"改变苦难的现状，就得坚持劳作，也坚持斗争。对富贵者来说，要"强行"改变醉生梦死的生活状态，也得有巨大的意志力。

第三，要"自胜"就得"不失其所"。

这里，"不失其所"的"所"，学者定义为道、正道。在人的前行过程中，人人都面临着走正道还是走邪道的问题。如果人生的道路走歪了，走上了邪道，那还谈得上什么自胜不自胜呢？我们说的"自胜者强"，是对走正道者而言的。

"不失其所"的人于人于己都有好处。于人的好处是可想而知的，于己的好处，老子认为在于一个"久"字，就是行之久远。

其四，"自胜"的人就会"死而不亡"。

这里讲的是自胜的人的社会影响了。这是对前面三条的归结。既然自胜的人是知足自律的人，既然自胜的人是有着非凡意志力的人，既然自胜的人是不失其所的人，懂得走正道的人，那么，这样的人即使死去后，人们还是不会忘记他的。"死而不亡"的"亡"通"忘"，他的肉体是死了，可是他的精神和影响永留在人世了，当然也不会被人遗忘了。

如今，"自胜者强"一语已经充分被成语化，告诉人们，你要成为一个真正的强者吗？那你得首先战胜自我。这个道理，是春秋时期的先圣老子告诉我们的。

老子提倡的无为而治，就是扬善抑恶之道。在大自然中，他找到了"善"的标志物，也就是他创导的那个无所不在的"道"的标志物，那就是"水"。水是最柔弱的，但它能战胜看来很坚固的东西。水是最无为的，但它无时无刻不在"善利万物"。由此，老子提出了一个著名的大命题——

上善若水

"上善"，是指最上等的善，也可说是头等的善、最完美的善。"若水"，意指像水一样有善心，有善意，像水一样无私献身。"上善若水"，意在提倡要学习水一样善利万物的精神。

《老子·第八章》写道："上善若水。水善利万物而不争，处众人之所恶，故几于道。"意思是说，世间最善良的东西就是水了，它滋养了万物，却不和万物争夺什么东西。它居于人们最不愿居身、甚至于厌恶的地方，却毫无怨艾。老子一直以为"道"是最难以说清楚的东西，他说："道，可道也，非常道也。名，可名也，非恒名也。"（《老子·第一章》）现在老子找到了一个东西，它就是水，水"几于道"，因此可以用来说明"道"。老子对水的评价至高无上，说它已经可以接近于、甚至等同于"道"了。易言之，从一定意义上说，言水即是言道了。

老子先是正面原则地提出"上善若水"的命题，然后做了明白无误且具有充分说服力的解释：

其一，水的善性。水的本性就是"善利万物"。通过灌溉，通过滋养，通过运输，通过流通，通过渗入，为万物的生存创造必不可少的条件。大自然离不开水，千万物种离不开水，庄稼的生长离不开水，人类的生存和发展更离不开水。宇宙间诸多星球，就是因为无水，因此就不能有生命的存在。水的存在就是为了"善利万物"的。这可以说是水的最大的善性。

其二，水的无私。水为万物献出了一切，它应该高傲了吧？它应该有自己高高在上的名位了吧？事实并不如此。它"处众人之所恶"。什么叫处人所"恶"呢？老子这里指的是"水往低处流"这种自然现象。一般人都向往"高就"，不喜"低处"。可水不同，它的贡献那么大，可就是喜欢栖身于低洼的地方。其无私精神，无可伦比！

老子说过，"譬道之在天下也，犹川谷之于江海也"（《老子·第三十二章》）。"道"这个东西存在于天下，一般来说看不见、摸不着，人们就是通过川谷流进江海这样的自然现象看到了道，看到了道的无私奉献。

其三，水的不争和无欲。这还是说"善下"，"江海所以能为百谷王者，以其善下之，故能为百谷王"（《老子·第六十六章》）。老子的意思是，江海能汇集溪谷河流的水，那是因为江海处于低下的地方。任何为"王"者，都应"善下"和"无欲"。还说："强大居下，柔弱居上。"（《老子·第七十六章》）说："天下莫柔弱于水，而攻坚强者莫之能胜。"（《老子·第七十八章》）看来柔弱的水，最后一定能战胜貌似强大的任何一个敌手。

老子最后给人们得出的结论是，人应该好好向水学"善下"，学不争，学无欲，这就是《老子》一书在最后一章中归结出的千古至理："人之道，为而不争。"

这里值得注意的是，老子一面地赞美着水的善性，水的无私，水的不争和无欲，一面害怕水的"混兮其若浊"，原本清澈可爱的水，由于人为的因素变"混"变"浊"了，这可怎么办？"浊以静之以徐清"（《老子·第十五章》），怎样冷静下来，让已经变"浊"的水回归"清澈"，这是一个历史性的话题。老子认为，人无论如何应好好地向水学习。为什么呢？在《老子·第八章》中，老子写道："居善地，心善渊，与善仁，言善信，政善治，事善能，动善时。"一口气说了七个"善"字，人称"为水七善"。

"居善地"，就是要像水一样甘居下位。"贵以贱为本，高以下为基"（《老子·第三十九章》），在任何情况下，下位是立身处世的真正"善地"和"善位"，不容玩忽。

"心善渊"，就是要像深渊中的水一样，平静无波。面对"五色""五音""五味"，不动心，不动容，不动色。

"与善仁"，与仁人志士交好。孔学是"仁学"，老子一般情况下不言"仁"，在这里难得一言"善仁"，可见春秋时各学派之间是相互影响的，并不是完全隔绝的。

"言善信"，信守承诺，不失信于人。这与孔子所说的"行必果，言必信"也差不了多少。

"政善治"，施政要清明、廉洁。孔子是"言治不言乱"，老子也一样，要求有"善治"的人出来治理好国家，免得百姓受苦。

"事善能"，要认真学习治世才能。至于哪些才能，老子可能自己也说不太清楚。

"动善时"，要不失时宜地办善事。这话是顺着上面的"事善能"说下来的。所谓治国之才能，有一条就是学会抓"时"，即是抓"时机"。

这"七善"应当就是实施"上善若水"的具体办法。一般而言，老子论道还是比较玄的。在《老子》一书短短的五千言中，"道"字出现七十余次。老子是言"道"的大师，求"道"的始祖，践"道"的真人，所谓"道大，天大，地大，人大"。在单纯讲"道大，天大，地大"的时候，老子之言简而玄，可一说到"人大"时，老子之言就精而实了。上面说的"七善"，就属于"人大"的范畴，因此大有世俗化的走向，而且很多观念是与儒家、墨家相同的，这也是老子之难能可贵之处。

老子哲学是讲修行的。在他看来，知"道"难，行"道"更难。在行道上，老子以为有三种人：第一种是"上士闻道，勤而行之"，这是最好的，是勤勉的行道者，值得肯定。第二种是"中士闻道，若存若亡"，这种人也许顺利时行道，不顺利时就不干了。第三种是"下士闻道，大笑之"，只是把道当作笑谈，并不打算真的行道。老子赞扬的是第一种人，也就是终身的行道者，称之为——

大器晚成

大器晚成，原意是指铸造越大的器皿（如鼎、钟）都要经过长时间的锻造。比喻越是大才能的人通常越晚成功。出自《老子·第四十一章》："大方无隅，大器晚成，大音希声，大象无形。"

《老子》上述一段这四句讲的都是"大"，后来都成为成语为世人所沿用。这四句话说的是，最大的方形（所谓"大方"），就看不到角隅了；最大的声音，反而使人听不到声音了；最大的物象，最终是使人看不清它的形状；最大的器物，从开始铸造，到锻造成型，到雕琢磨制成器，要花很多很多的功夫和时间。这里的大器，初始时指的是器物，后引申为有极大才器的杰出人物，道理是一样的，都强调要成功必须下大功夫。"大器"只能"晚成",不能心存浮躁,不能人为地早早加以催熟。这里含有水到渠成、顺其自然的意思。

老子的"大器晚成"之论,蕴含着深刻的哲理。事物的发展不可能是一条直线,总是在曲折中前行的,尤其是大器之成必经大的磨难和困顿。"物或损之而益,或益之而损。"(《老子·第四十二章》)这里说的"损"是遭受挫折,或是走上了迂回曲折之路。这里说的"益"是发展较顺利的阶段,或是得到某种助力的时段。所谓的"大器"都是在这样的磨励中成就的。

老子的"大器晚成"之论,当是史实的精当提炼和浓缩。

从器物论,凡是重要一点的器物的制作,都要经过长期的锻造打磨。少则数年,多则十数年。这里要说一说"禹收九牧之金,铸九鼎"的历史故事。

禹平定水土成功后,为了仿照太昊帝和黄帝故事,开始筹备铸鼎。这是一件极为伟大的"大器"。怎么铸?铸多少个鼎?对他来说是个难题。他召开"九牧会议"征求意见。一听说要像太昊、黄帝那样铸神鼎,所有的人都表示拥护。铸怎样的鼎呢?大家一致的意见是:太昊铸一只鼎象征统一,黄帝铸三只鼎象征天、地、人三者的和谐,那我们就要铸九只鼎象征九州天下一统。大家都说这个意见好。"九"者,"久"也。九鼎也含有国运恒久的意思。有位州牧(州的行政长官)提出的意见也至关重要。他说:"我们铸的鼎也要把太昊帝的'天下一统'和黄帝的'天地人贯通'的精神融会进去。因此,这铸鼎的铜不能来自一地,应取九州产的铜,浇融而成九鼎。"这位州牧的意见马上获得了一致赞同。

天子禹最后总结说:"哪一州所贡之金(青铜),就拿来铸哪一州的鼎,将该州内的山川形势都铸在上面,让后世的人们懂得这江山如金属浇铸出来的一样永固。我从前治水时在那里所遇到的各种奇禽异兽、神仙魔怪等，也一一刻出。至于形象，我和伯益都有草图画出，现在一并铸在鼎上。将来鼎成之后，设法将图像拓出，昭示给九州百姓，使他们知道哪一种动物有益，哪一种动物有害。免得他们跑到山林、川泽里去劳作，遇到不好的东西，自己也识别不了，受了魑魅魍魉的害，还不知道是怎么回事，懵里懵懂，不知利害。这样，岂不也是为百姓做了一件有益的事情吗？"

禹从提出铸鼎的议案，到召集各路诸侯讨论，再到决定铸九鼎，再到到各地去"收九牧之金"，再到绘制每个鼎上的相应图案，再到将图案浇铸在大鼎之上，据说大约足足花了八年的时间，真是"大器晚成"啊！

从人物而论，人世间大器之材的成就更不是件容易的事。

五帝时代的最后一帝舜时期彪炳史册的二十二辅臣，如皋陶、伯夷、益、弃、契等，都是有着十分丰富资历的长者。"此二十二人咸成厥功"（《史记·五帝本纪》），他们当政时年岁都已很高，他们是大器晚成的高人。商代初年的开国名相伊尹长期生活在民间，当过"有莘氏媵臣"，实际上是奴隶身份。后来又长期当着厨师。当他面见商汤时已是垂垂老矣的七十老人。可是，就是这样一个看来平平常常的老人，"负鼎俎，以滋味说汤，致于王道"（《史记·殷本纪》）。最能说明大器晚成的是姜太公。他虽说是出生在贵族世家，但到他一代时已是家道中落，十分贫困。七八十岁了，还"钓于渭水"，一面刻苦地读书，研究着时事，一面艰难过着日子。"尝事纣，纣无道，去之。游说诸侯，无所遇。"后来，当他八十大寿到来的时候——他偶遇周文王，"周西伯（文王）猎，果遇太公于渭之阳，与语，大说"（《史记·齐太公世家》）。太公成了周文王和周武王两代的帝师，帮助周天子赢得了天下。正是这样一些有声有色的中国故事，熔铸成了老子"大器晚成"的思想观念。

有一点还值得注意的是，老子说出"大器晚成"的话，这与其家族的长寿基因很有关系。在老子那个时代，社会的平均寿命只有三十多岁，故有"人过四十不为夭"的民谚。但也有特殊，老子这个家族有着特殊的长寿因子，据有些典籍上说，这个家族的人普遍有活到七八十岁的，其中长寿者有活到百多岁的，还说有人活过了一百六十余岁的。按古代的规矩，有以"所据地域"为姓的，也有以"所事职业"为姓的，这个家族则以"寿考"为姓，于是就有了老子家族的"老"姓。老姓家族中，年寿高的人多，年寿高的人才也相对多，老子生活在这样一个家族中，对他形成"大器晚成"的观念起了不小的作用。

都说老子是虚无主义者，其实，认真去读一读《老子》那五千言，就会发现老子并不虚无。能说出"天下难事，必作于易。天下大事，必作于细"这样话的人，怎么可能是虚无主义者呢？他是要人们扎扎实实地办事，认认真真地行道的，真所谓——

千里之行，始于足下

"千里之行，始于足下"，说的是再远大的征程，也要从自己足底下的第一步走起；再宏大目标的实现，也要从细微之处做起，提倡的是脚踏实地办事、认认真真行道的处世风格。

此言出自《老子·第六十四章》："合抱之木，生于毫末。九层之台，起于累土。千里之行，始于足下。"这里非常工整、非常朴实的三句话，实际上是从三个比喻、三个层面阐明的天理人道。

第一句话是讲自然层面，讲树木的生长。请看，那两个人伸开臂膀都合抱不起来的大树，可是从毫末小的树苗逐渐成长起来的啊！由"合抱之木，生于毫末"，会让人想到大自然中一切植物、动物、生物体的由小而大的成长发展过程。

第二句是讲人类作为的层面，讲高层建筑。请看，那九层高的高台，不就是靠一筐一筐的泥土累积起来的吗？由"九层之台，起于累土"，会让人想到人的一切作为，都是从"小"到"大"一点点做起来的。

第三句是讲人的自身这一层面，讲人的行程。千里路的长程跋涉，那是十分了不得的事，可那是靠脚底板一步又一步地走出来的啊！没有一步步脚踏实地的行走，也就没有让人动容的"千里之行"。

作者在这里强调的是一个"微"字。"毫末""累土""足下"都是常人看来微不足道的微行和微事，因此"其微易散"。这个"散"字，注家有种种说法，笔者以为"散"即被忽视之意。凡是微不足道的东西，则容易被忽视，不注重于"微"，结果是什么事也办不成。

"千里之行，始于足下"的观念，显然与老子的亲身经历和体验有着某种关联。

孔子三十岁的时候，选择当老师作为终身职业，这就是所谓的"三十而立"。而为了当好老师，他必须寻找到一个比自己更像老师的老师，这个人就是远在千里之外的老子。当时鲁国的实际统治者季氏给了孔子一驾牛车，可孔子拿那牛车来装旅途中读的书，自己硬是一步又一步地走完了从山东曲阜到河南洛邑的千里之程。可能正是这"千里之行"打动了历来并不好客的老子，破天荒地接待了这一远方来客，还在送别时说了"为人子者，毋以有己；为人臣者，毋以有己"的知心话。

孔子的这"千里之行"，让老子不能忘怀。

另外，老子也有自己的千里之行。"（老子）居周久之，见周之衰，乃遂去"（《史记·老子列传》）。那时正是春秋乱世，老子不愿再在周的旧都居住下去了，就骑着那头青牛，"出关而去"。去到了哪里？后世谁也说不清了。总之，走得很远很远，这是老子生命历程中的一次千里之行。他要在谁都不知道的千里之外的远方，写他的传世之作《道德经》。最后他是成功了。

老子自身的千里之行，当然也让他不能忘怀。

孔子访老子的千里之行，和老子自身隐去的千里之行，叠加在一起，形成了老子"千里之行，始于足下"的经典观念。而这一观念一旦被社会所接受，并逐渐成语化，那它的影响就既深又远了。

东汉有一少年名叫陈蕃，常年独居一室，而环境却龌龊不堪。其父之友薛勤批评他，问他为何不打扫干净居室来迎接宾客。他认为此为毫末小事，何必亲为，竟然回答说："大丈夫处世，当扫除天下，安事一屋？"薛勤当即反驳道："一屋不扫，何以扫天下？"陈蕃之所以不扫屋，无非是不屑而致。胸怀大志，欲"扫除天下"固然可贵，然而一定要以不扫屋来作为"弃燕雀之小志，慕鸿鹄以高翔"的表现，则让人不敢苟同。

凡事总是由小至大发展的，正所谓"集腋成裘"，必须按一定的步骤程序去做。《诗经·大雅》的《思齐》篇中也有"刑于寡妻，至于兄弟，以御于家邦"之语，其意思就是先给妻子做出榜样，进而去宣传教育到兄弟，再进一步才能治理好一家一国。其实，这一思想老子早就说了："天下之难作于易，天下之大作于细。是以圣人终不为大，故能成其大。"（《老子·第六十三章》）这里讲的全是辩证法，难与易、大与细、自以为大和真能成其大之间的辩证关系。

"千里之行，始于足下"一语，首先强调的当然是走好足下的第一步，要有一个好的开端。更为可贵的是，在强调走好第一步的同时，又强调了走好每一步。有一个好的开端还不够，还要把这好的开端坚持到最后，坚持到终了，这就是老子"慎终如初，则无败事"的思想。令他扼腕而叹的是，"民之从事，常于几成而败之"。这种提倡"不忘初心"的观念，在春秋时期的其他一些思想大家那里，也都可以寻找到。

老子的学说，既是经世之道，又是治国平天下之道。在治国上，他像商汤时的名相伊尹一样，善于借喻，善于以烹饪说政治。伊尹说过，"调和之事，必以甘、酸、苦、辛、咸，先后多少，其齐甚微，皆有自起"。伊尹说的"调和之事"，明说的是烹饪，暗指的是治国。老子学习伊尹的谈说风格，有一句为后世人反复引用的名句——

治大国若烹小鲜

此言见于《老子·第六十章》："治大国若烹小鲜。以道莅天下，其鬼不神。非其鬼不神，其神不伤人。非其神不伤人，圣人亦不伤人。夫两不相伤，故德交归焉。"此段话的白话解读是说：治理好一个大国，道理是与烹烧一条小鲜一样的。如果能以道治理天下，那鬼就不灵验了。非但鬼不灵验了，神也不再伤害民众。非但神不伤害民众，主管政务的人也不会伤害民众。既然鬼、神、治政者都不伤害民众，那么德化就归于民众了。这段话的主旨明显是在说以道治天下，以德化国民，而又偏偏冠之以"治大国若烹小鲜"一语，给当世和后世人以无限遐想的余地。

老子的"治大国若烹小鲜"一语中，一个"若"字，把治国与烹鲜两件本不怎么相干的事联系在了一起。而其妙处在于，老子只说两者是"若"，但在如何"若"和"若"什么上却不置一词，使读了这段文字的人们如堕五里雾中，迷迷糊糊说不清个究竟来。

历代的注家，在"若烹小鲜"四字上做足了文章，力求探索出老子文字中的微言大义来。老子之后的两千五百年间，对此的讨论文章可以说是汗牛充栋，难以计数。到了清代，尤其是清末，国力衰微，人们探求治国之道的心情愈加急切。当时包括罗振玉、马其昶等一批知名学者都曾就这句话进行了认真的辨析，也给出了诸多中肯的答案。雍正二年（1724）举人、后任乾隆朝史籍编修的著名学者杭世骏，曾著《订讹类编》，书中收录时人对"治大国若烹小鲜"的误解数十条，坚称"近来诗笔多误会，不可不正"，从另外全新的角度给人以启示。如此严谨的治学精神和治学态度，也是可嘉的。再到了近世，梁启超、胡适、冯友兰、郭沫若、吕振羽、侯外庐等名家，都参与了相关的讨论，贡献了自己比前人更为合理的看法。真理愈辩愈明，现在终于可以对"治大国若烹小鲜"一语作出相应的、比较合情合理的解说了。至少在下述四点上，有了较为一致的看法了。

其一，"治大国若烹小鲜"一语，其主旨是指治国不忘道德。

从老子这一章的行文看，他所说的"治大国若烹小鲜"一语只是比喻，着重点还在于后面行文中关于"道"和"德"的一段论述。不管是"治大国"也好，"烹小鲜"也罢，都不能离开它的根本，即老子一再强调的无为无不为之"道"，以及顺乎自然之"德"。如果背离了老子视为比性命还重要的此道此德，那国则不能治、鲜也不能烹了。

在本章中，老子在提出"治大国若烹小鲜"这一命题后，马上强调了一句："以道莅天下。"他是在说，所以强调治大国要像烹小鲜一样，正是为了让无为之道更好地莅临国中以至于天下，而一旦无为之道来到人世，则鬼、神、圣人都再也不会伤害民众了，同时也意味着"德交归焉"，也就是人类德性的回归。

其二，"治大国若烹小鲜"一语，在治国上指的是不能翻来覆去地乱折腾。

小鲜，指的是小鱼小虾之类的小河鲜。乱翻乱抄，就搅碎了。正如韩非子说的："烹小鲜而数挠之，则贼其泽。"何为"挠"？指的就是反反复复地翻动。反复翻动，最后就会把小鲜翻烂了。

把这个道理用到治国理政上，意思是说不要折腾，不要今天这样明天又那样，政策要一以贯之，要坚持老子一贯倡导的那个"道"和"德"。

其三，"治大国若烹小鲜"一语，在治国上指的是要协调各方。

烹调是讲究五味调和的。正如伊尹所说的那样："调和之事，必以甘、酸、苦、辛、咸，先后多少，其齐甚微，皆有自起。鼎中之变，精妙微纤，口不能言。"最后要烹到"久而不弊，熟而不烂，甘而不哝，酸而不酷，咸而不减，辛而不烈，淡而不薄"（《吕氏春秋·孝行览》）。可以认为，老子的"治大国若烹小鲜"的思想是直接从伊尹的"五味调和"说中脱胎而来的。

在烹调中有"调和之事"，在治理国家中也有"调和之事"。根据老子的说法，有上与下的调和，多与少的调和，有贵与贱的调和，还有尊与卑的调和，调和的结果是要统一到无为而治的"道"上来。即所谓："圣人之言曰：我无为而民自化，我好静而民自正，我无事而民自富，我无欲而民自朴。"（《老子·第五十七章》）

其四，"治大国若烹小鲜"一语，在治国上还有"返璞归真"之意。

据说，老子时的"古人"，烹小鲜时还保持着一种古朴之风。把小鱼儿从河里捉起来，仅稍加冲洗，既不去掉屎肠，也不去掉鳞甲，直接把小鲜放在锅中加上作料烹调就是。在当时的古人们看来，这样既省事，又可保持小鲜的原汁原味。清代乾隆朝编修杭世骏就说过：烹小鲜不可扰，治大国不可烦。烦则人劳，扰则鱼溃。

把这种小鲜烹调中的古朴之风，用之于治国平天下，取的仍然是顺乎自然之道。不用繁文缛礼，不用过多的条条框框，一切应顺着自然，一切归乎简朴，正如杭世骏说的，"治大国不可烦"。

如果说孔子是华夏民族前无古人的"文圣"的话，那么孙子则是中国古代当之无愧的"武圣"。他给世人留下的那部《孙子兵法》，被公认为世界现存最古老的军事理论著作，是的"兵学圣典"、"百世兵家之师"。今天，《孙子兵法》这部"世界古代第一兵书"，已传遍了全世界，有日、法、英、俄、美、捷等27种语言译本的278种版本。其"因形任势"的制胜学说、"兵贵神速"的作战思想，成为军事学上永不凋谢的思想之花。而至今为世界所津津乐道的，是他那被称为"全胜论"的伟大军事战略思想——

不战而屈人之兵

"不战而屈人之兵"，原意是说通过一定的战略运筹，让敌人的军队丧失战斗能力，从而使己方达到完胜的目的。现多指不通过双方军队兵刃的交锋，便能使敌军屈服的军事运筹方略。这是孙子军事战略思想的典范。

孙武与孔子、老子是同时代人，也是"轴心时代"的伟大产儿。他是山东乐安（今山东滨州惠民县境内）人。现今在县城南存有以孙武命名的庙宇一座，县城的北面有个不大不小的村落，称"孙武家"，因孙武出生在此地而得名。县城的西边有个村落叫"石头孙"，可能是孙武长大后移居之地，因传说孙武乳名"石头"而得名。

孙武出身于世代名将之家。他的远祖是从陈国迁居齐地的陈完。

定居齐地后，孙武的祖上出过像司马穰苴那样既有实战经验、又有理论水准的大军事家，著有《司马兵法》一部传世。孙子的曾祖父陈无宇、祖父陈书、父亲陈凭都是当时著名的军事大家，并在齐国任军事高官。在齐国与莒国的一场大战中，以陈书为统帅的齐军大获全胜，于是封其家于乐安，赐姓"孙"，取的是圣人"舜"的谐音。父亲陈凭（孙凭）虽官至上卿，但齐国内乱不已，于是就毅然决然地举家迁往欣欣向荣而富足的吴国。在吴国，孙武一面参与了不少实战，同时在祖传军事思想的基础上建树自己的军事理论。到了不惑之年的时候，孙武手捧着《孙子兵法》十三篇去见吴王阖闾，就这样世间一部最伟大的军事论著出现了，受到了世人的重视。

"不战而屈人之兵"出自《孙子兵法·谋攻篇》："是故百战百胜，非善之善者也；不战而屈人之兵，善之善者也。故上兵伐谋，其次伐交，其次伐兵，其下攻城。"在孙子看来，单靠武力强攻取得的胜利，即使是百战百胜的话，也是不足取的。只有通过非战争手段，"不战而屈人之兵"才是最完美的手段。那么，"谋攻"的具体方法又是怎样的呢？孙子写道："故善用兵者，屈人之兵而非战也，拔人之城而非攻也，毁人之国而非久也，必以全争于天下，故兵不顿，而利可全。此谋攻之法也。"这里所谓的"谋攻"很明确地讲了三条：其一，"屈人之兵而非战也"，使敌方的军队丧失斗志，失去战斗力，以至于心甘情愿地"屈"服于我方，而不是直接与之交战。其二，"拔人之城而非攻也"，对守城的敌军开展政治攻势，内外瓦解，使之或不战而败，或弃城而逃，而不是强兵硬攻。这里得作点说明，在文字的使用上，"拔城"本身就有弃城而去之义。其三，"毁人之国而非久也"，使敌国自我毁亡，而不是旷日持久地兵戎相见。孙子说过，战略上要"以治待乱，以静待哗"，先把自己的事情办好，静观其变，"毁人之国"是可以办到的。这三条都是重在谋略而不是重在暴力，相当程度上讲，就是要发动政治的文化的精神的攻势，让敌方首先精神上垮掉。

"不战而屈人之兵"大战略的制定，源于"因利而制权"（《孙子·作战篇》）的战略思想，就是说，战争要讲究"利"，怎么有"利"，就怎么"制权"。孙子认为，战争是人类的恶魔，如果出动十万之师，则非得"日费千金"不可。加上兵士的粮草，长途的运输，还有战火对财富的毁灭，一场大规模的战事，社会财富往往"十去其六"，"百姓之费，十去其七"（《孙子·作战篇》），战争中除百姓的死伤外，"杀士三分之一而城不拔者，此攻之灾也"（《孙子·谋攻篇》）。即使是"百战百胜"，对死难者及死难者家属来说有什么意义呢？正是从民众的如此的"利"与"害"的观念出发，孙子提出了"不战而屈人之兵"的战略思想。

一个伟大的军事家和战略家，最后以"不战"为自己军事思想的终结点，这在世界军事史上也是绝无仅有的。

孙子有一个重要的观念，那就是所谓的"唯人是保"（《孙子·地形篇》）。战争是血淋淋的政治，是要死人的。这一点是人所皆知的，但是，人们往往又忽略了：正义的战争又保护人，保护民众，也保护战争双方士兵，这就是孙子"唯人是保"的思想观念。能不死的尽量不死，能不伤的尽量不伤，让人们更好地生存和生活，这就是"不战而屈人之兵"的出发点和归结点。

"不战而屈人之兵"作为一句成语，在古代已广为流行民间，并实际使用于各种军事领域。

三国时期的诸葛亮是深深懂得"不战而屈人之兵"这一道理的。诸葛亮因错用马谡而失掉战略要地——街亭，魏将司马懿乘势引大军十五万向诸葛亮所在的西城蜂拥而来。当时，诸葛亮身边没有大将，只有一班文官，所带领的五千军队也有一半运粮草去了，只剩二千五百名士兵在城里。众人听到司马懿带兵前来的消息都大惊失色。诸葛亮登城对众人说："不要惊慌，我有计策，便可教司马懿退兵而去。"于是，诸葛亮传令，把所有的旌旗都藏起来，士兵原地不动。又叫士兵把四个城门打开，每个城门之上派二十名士兵扮成百姓模样，洒水扫街。诸葛亮自己披上鹤氅，戴上高高的纶巾，领着两个小书童，带上一张琴，到城上望敌楼前凭栏坐下，燃起香火，然后慢慢弹起琴来。

司马懿打前哨战的部队到达城下，见了这般情景，都不敢轻易入城，便急忙回去报告司马懿。司马懿听后便令三军停下，自己飞奔前去观看实况。离城不远处，他果然看见诸葛亮端坐在城楼上，正在焚香弹琴。左面一个书童，手捧宝剑；右面也有一个书童，手里拿着拂尘。城门里外还有二十多个百姓模样的人在洒扫，旁若无人。司马懿看后，疑惑不已，便来到中军，令后军充作前军，前军作后军撤退。他的次子司马昭说："莫非是诸葛亮家中无兵，所以故意弄出这个样子来？父亲您为什么要退兵呢？"司马懿说："诸葛亮一生谨慎，不曾有过冒险。如今城门大开，里面必有埋伏，我军如果进去，正好中了他们的计。还是赶快撤退吧！"于是各路兵马都退了回去，这正是诸葛亮对孙子"不战而屈人之兵"的战略战术思想的运用。

唐太宗李世民一再盛誉孙子的"不战而屈人之兵"战略，称其为"至精至微，聪明睿智，神武不杀"之战略。

孙子的军事思想在当代赢得了世界性的荣誉。人们称孙子为"东方兵学的鼻祖"，称《孙子》一书为"世界古代第一兵书"。二战名将蒙哥马利读了该书后，感慨而深情地说："世界上所有的军事院校，都应该把《孙子兵法》一书列之为必修课。"这是极有见地的。

"武圣"孙子军事思想的着力点虽然在剖析战争上，但就战争的目的论而言，他又与"文圣"孔子一样，主张"和为贵"。吴国与越国是世仇，但是如果是处于风雨同舟的境况下的话，照样可以相助相济。上海有所名校叫"同济大学"，该校的校名就出于《孙子》一书的著名用典——

同舟共济

同舟共济，本意是乘坐一条船，共同渡河。比喻团结互助，同心协力，战胜困难。也比喻在艰难险阻面前，利害相同，人们应该同心协力，或比喻尽释前嫌，携起手来，共同搏击风浪，渡过难关。

孙子给人们讲了一个意味深长的故事："吴人与越人相恶也，当其同舟济而遇风，其相救也如左右手。"（《孙子·九地篇》）在春秋的早中期，由于领土之争，吴越两国间战争绵绵不绝，这种因战争而造成的"国仇"，一直渗入到民间，造成了两国民众的"相恶"。据说，在吴越交界的地区一度出现了"老死不相往来"的困局。可是，孙子从关系学角度为我们画出了另一幅吴人与越人生死与共的图景：有那么一次，一些吴人与一些越人在同一渡口等待渡船，刚巧此时只有一条渡船，迫使吴人与越人要同坐一条小船渡河。不料，船行河心，河面上狂风骤起，惊涛拍岸，小舟在风浪中摇摆不定，只要一不小心小船随时都有倾覆的可能。在这危急关头，吴人与越人自然而然地一改常态，"相救也如左右手"，互相安慰着，互相支撑着，互相帮衬着，互相提携着，力保着小舟的平稳，在吴人与越人的共同维系下，小舟最后终于安全到达了彼岸。

孙子在这里讲述的吴人与越人"同舟济"的故事，其实就是春秋时期一部现实的吴越关系史。

吴越两国，从地域而言，毗邻而居，都身处于当时被称为荒蛮之地的东南沿海地区，而其开国者又都是中原的黄帝子孙。周太王之子太伯、仲雍为了让君位给弟弟，逃到吴地（今江苏苏州），建立了吴国。大禹少子少康封于会稽（今浙江绍兴），是为越国。春秋时，两国都发展起来了，同时矛盾也尖锐起来，在公元前五、六世纪时，竟成了有名的"世仇之国"。

从文献记载中，可以简单地列出这样一些血腥的"世仇记录"：

公元前544年，吴人以突击的方式攻打越国，在越地抓到了一批俘虏，并将他们降身为奴，去管理河岸边的船只。当时的吴王余祭很得意，去观看这些船只时，却被仇恨的越奴杀害了。

公元前510年，吴国攻打越国，动用了正规军。五年后，越人趁吴楚战争，吴国国内空虚之机，带兵攻入吴国，大半个吴地遭殃。

公元前496年，越王允常死，子勾践初即位。吴王阖闾趁机兴兵伐越。哪知越人拼死抵抗，吴军大败，吴王阖闾也因伤而丧命。于是，吴越两国之间的世仇更加深重。继任吴王夫差常在自己的庭院中自我提醒："夫差，而忘越王之杀而父乎？"

公元前494年，吴王夫差作了充分准备后，兴兵攻越。越军大败，越王勾践及属下五千人被困会稽山上，不得不派出文种为代表与吴谈判，勾践承认战败，自身为奴，越成了吴的属国，这就是所谓的"会稽耻"。

从此开始，越王勾践为了复国，为了雪耻，卧薪尝胆，经"十年生聚，而十年教训"（《左传·哀公元年》），整整二十年后，即公元前473年，勾践的越军大败吴军，吴王夫差上吊自尽，吴国亡。

一个世纪的恩恩怨怨，一个世纪仇杀，不知有多少生灵死于非命。这对主张"不战而屈人之兵"的孙子来说，刺激实在是太大了。这样做当然更不符合"唯人是保"的政治军事原则。他着意编造吴人和越人同舟共济的这样一则故事，目的就是希望改变两国间（甚至整个人世间）不间断仇杀的可悲现象。

与"同舟共济"写在同一段落的还有一则"率然"的故事。他写道:"率然者,常山之蛇也。击其首则尾至,击其尾则首至,击其中则首尾俱至。"(《孙子·九地篇》)意思是说,常山之蛇是顾及整体的,如果有谁打击它的头部的话,它会用尾巴反击你;你去打蛇的尾巴,它又会用头部来袭击你;你如果打蛇的腰部,它就用头尾一齐来攻击你。

常山之蛇的故事,实际上是孙子心中的一个梦——一个首尾相顾的梦,一个团结一致应对强敌的梦。可以将常山之蛇的故事用之于战争,那就要求善于布阵的将才,也要将军队摆成各种形态的"蛇阵",头尾能互相救援,使全军形成一个整体,前、中、后彼此照应,才不会被敌人击溃、打散。也可以将常山之蛇的故事用于处理国与国之间、人与人之间的矛盾。吴国与越国打了百年,后来是越国灭了吴国,但越国也被削弱了,最后还不是被楚国灭了吗?如果能像孙子编造的"同舟共济"的故事那样同生死、共命运,那两国都不会惨遭灭族之灾了。

后人在读"同舟共济"这一成语时,产生诸多的联想。比如说,在某种条件下是"敌手"甚至"死敌"的人们,能否化敌为友,化干戈为玉帛?孙子的答案是肯定的。其办法是要找到他们之间的共同点,也就是共同利益。当吴人与越人乘上同一条渡船之时,这个共同点就显现出来了,即只有"同舟共济",才能安然着陆,不然,等待着人们的将是同归于尽。

"同舟共济"观念具有强烈的现代意义。当今之世,不管你地处何方,是强悍还是贫弱,世界发展的潮流已紧紧地把人类捆绑在"同"一条"舟"船上了,谁都得"共济",才会有真正的生路。如今将"同舟共济"的古典观念,进一步发展为"人类命运共同体"的当代世界新观念,实在是十分得体的。

"世之显学，儒、墨也。"（《韩非子·显学》）所谓显学就是显赫之学，影响深远之学。儒家的领袖人物是孔子，而墨家的领袖人物是墨子。墨子出身于平民，人们习惯地称其为"平民圣人"。他的一生都在为民众的利益奋斗。他是个有大爱的人，他的口号是——

兼爱天下

"兼爱"这个命题是墨家的一个根本性的命题，在《墨子》一书中，就专设有《兼爱》篇，分上、中、下三篇以认真地论述。正如吕思勉先生所言："墨子主旨，全书一贯，兼爱为其根本。"（《先秦学术概论》）在中文中，"兼"字具有全部、整体之义。因此，"兼爱"有着全民之爱的深层含义。

《墨子·兼爱上》中说："使天下兼相爱，爱人若爱其身。"后人将其简约化，于是就有了"兼爱天下"这样一句成语。这一成语的基本意思是，对天下人一视同仁地关爱，没有高低贵贱之分，也不作族类之分。这一难能可贵的观点是由春秋时的大思想家墨子首先提出来的。

春秋时期，学术下移，学派蜂起，而其中最具代表性、并被称为显学的就是儒墨两家。儒家的代表人物是孔子，墨家的代表人物是墨子。墨子并不姓墨，"墨"初始时代表人的一种特殊的肤色。墨子出生在一个贫困的手工业者家庭之中，从懂事那天起，就跟随父母起早贪黑地在那里学艺，风里来，雨里去，皮肤被骄阳暴晒得黑亮黑亮的，因此就有了"墨子"的谑称，相当于这"黑皮肤孩子"的意思。

墨子家虽穷，但人穷志不穷，他一面学手工艺，一面又学文化。当时学术已经下移，只要想学，谁都可以学。他起先学的是儒术，就是孔子之道。但学着学着就感到不对劲，"以为其礼烦扰而不说（悦），厚葬靡财而贫民，久服伤生而害事，故背周道而行夏政。"（《淮南子·

要略》）他出生在劳动者家庭，哪里顾得上那么多"礼"？于是，他就开始去学比较朴实的尧、舜、禹之道。到了二十七、八岁的时候，他的学习已经很有心得。当时私学盛行，墨子也就招徒为师了。他招的那些门徒也都来自农家或手工业者之家，也都"颜色黎黑"。老师是黑脸皮，学生也是黑脸皮，这个学派就被人们称为"墨家"。

当时墨家学派太兴旺了，兴旺的程度可说与孔夫子的儒家并驾齐驱。大思想家吕不韦说："孔墨徒属弟子，充满天下……孔墨之后学，显荣天下者众矣，不可胜数。"（《吕氏春秋·尊师》）"充满天下"和"不可胜数"这两个词，把孔、墨两家当时的兴旺景象描述得淋漓尽致了。孔门有弟子三千，有人估计，墨门的弟子数量是不会少于这个数的。

经过缜密的思考，墨子提出了治国安民的十大主张——尚贤、尚同、节用、节葬、非乐、非命、尊天、事鬼、兼爱、非攻。这十大主张不是平行推进的，而是"择务而从事"，哪个方面的问题突出，就先抓哪方面的问题。但是，最要紧也是最中心的，那就是实施兼爱。

在墨子看来，春秋那个时代之所以天下大乱，之所以战争频发，关键在于缺乏人间之爱，乱"起不相爱"（《墨子·兼爱上》）。而人与人不相爱的根本又在于人们只顾"自利"，而不懂得"交相利"。墨子这样分析："子自爱不爱父，故亏父而自利；弟自爱不爱兄，故亏兄而自利；臣自爱而不爱君，故亏君而自利。此所谓乱也。"（《墨子·兼爱上》）基于这样的认知，墨子提出了"兼相爱，交相利"的大原则。

在"爱"的观念和认知上，墨子比孔子更彻底、更广泛，他提倡的是天下大爱。儒家是"别爱"，墨家是"兼爱""周爱"，爱一切人。他最有名的话是："获，人也，爱获，爱人也。臧，人也，爱臧，爱人也。"（《墨子·小取》）这里说到的"获"，就是指女奴；这里说到的"臧"，就是指男奴。在墨子看来，只有对"获"和"臧"这样奴隶身份的人都爱的人，才算是真正有大爱的人。完全可以这样说，这是人类历史上最早的奴隶解放思想，比美国近代史上著名的林肯的黑奴解放运动早得多。墨子说"爱获"和"爱臧"时，是在公元前五百年，而林肯宣布"一切被蓄为奴的人应该获得自由"是在 1862 年 9 月 22 日，其间相差了两千三百多年。我们国家的墨子实在太了不起了。

墨子有一位叫巫马子的小同乡，公然对墨子的兼爱说提出挑战，他说：我现在是邹国人，可祖上是鲁国人。于是他认为，我爱邹国人胜过爱越国人，爱鲁国人胜过爱邹国人，爱家乡人胜过爱鲁国人，爱家人又胜过爱家乡人，爱双亲又胜过爱一般的家人，爱自己又胜爱双亲。他认为这是"人之常情"，这是不可回避的事实。他对老师的"兼相爱，交相利"观念提出了挑战，认为对一切人一律平等的爱那是不合情理。墨子明确地批评了他，对他说，这作为"庸人之见"无可厚非，但作为立志"利在天下"的人来说就不可取了。真正的墨家弟子，为了实现普天下的大爱，"赴汤蹈火，死不旋踵"，怎么可以拘泥于小爱呢？墨子的观念很清楚：爱亲人，也爱他人；爱母国，也爱他国；爱上等人，也爱下等人。这才是兼爱，这也才是墨子心目中的真爱。

墨家弘扬的是一种"兼爱天下"之大气，交利万民之豪情，这是一种了不起的英雄主义的民族精神。为了正义事业，为了解脱民众的战乱之苦，墨家弟子的每一个个体成员都心甘情愿地历尽艰辛，乃至丧失生命，都在所不惜，即所谓——

赴汤蹈火，死不旋踵

"赴汤蹈火（刃），死不旋踵"一词，出自《淮南子·泰族训》："墨子服役者百八十人，皆可使赴火蹈刃，死不旋踵，化之所致也。"

意思是说，墨子那里有服膺墨学的骨干分子一百八十余人，他们个个都是好样的，为了践行墨道，就是让他们扑向烈火或脚踏利刃，他们也决不会后退一步。他们是至死不回头的英雄好汉。墨家弟子能这样，全是平时长期教化的结果。此语成语化后，泛指为了事业和信念，而不惜献身的英雄主义行为。

春秋时期战争频仍，墨家从人道出发，把自己的第一要务定在"非战"上。他的"非战"不只是讲道理，更重要的是付诸实践。因此，加入墨门的弟子，都有正义凛然的英雄主义气概，不但能言善辩，还都有一套攻城略地的实际本领和武艺。有学者说："墨家既是一个学派组织，还是一个武装团体。"这话基本上是符合客观实际的。

为了非战，墨子四处游说，到处揭露战争的罪恶。他的出游分两条路线：一条是走向大国、强国的国君，要求他们切实"止攻"，不应该动不动就挑起战争。正告他们，发动不义的战争到头来倒霉的还是自己。另一条线路是走向小国、弱国，要他们学会"守御"，很多情况下，墨子是带着守御工具到这些国家去现身说法的。这样的非战游说，墨子从年轻时一直进行到晚年。

墨子还专注于对战争罪恶的揭露。他在《墨子·非攻中》篇中，一口气就说了八个"不可胜数"——在战乱中，"百姓饥寒冻馁而死的，不可胜数"；在战争中，无谓的损失战备物资"不可胜数"；在战争中，军事器物的损失"不可胜数"；在战争中，原先用于农事的牛马死亡"不可胜数"；在战争中，死在粮草运送途中的人员"不可胜数"；在战争中，因流离失所而死亡的民众"不可胜数"；在战争中，败军死亡的军人"不可胜数"；在战争中，得不到祭祀的鬼神"不可胜数"，实际上是说家破人亡的家庭"不可胜数"。历数这样一些"不可胜数"，目的是为了让人们头脑清醒，认清战争的罪恶，以厌战和反对战争；还为了使人们懂得，战争无赢家，不管是战胜或战败者，在战争中遭受的损失都是巨大的。

孟子曾说，"攻战为天下之巨害"，因此"善战者服上刑"。墨子说得更为彻底："杀一人，谓之不义，必有一死罪矣！若以此说往，杀十人，十重不义，必有十死罪矣！"（《非攻上》）对那些杀人恶魔，墨子主张必治之以死罪。宣传这样的反战主张，在当时条件下也是要有很大的勇气的。

最为成功也是最为悲壮的是"止楚攻宋"那一幕。

墨子听说楚国要举大军攻打弱小的宋国，而且楚王用鲁国工匠鲁班的云梯攻城，可谓是攻无不克。在这危急关头，墨子决定冒着极大的风险止楚攻宋。当时他兵分两路，一路派出三百名技艺高超的弟子去帮宋国守城，另一路墨子亲自带了五十多名能干的弟子，步行十日十夜赶到楚都，去劝说楚王与鲁班放弃攻城。这里有三点是值得肯定的。

第一，有如虹的气势，有不怕牺牲的勇敢精神。

墨子到了那里，的确是面临着死亡的威胁，但墨子还是气势如虹，轻蔑地批评楚王霸道，明确告诉他"霸者必败！"楚王气急败坏，说："你再胡说，我可以马上杀了你。"墨子则大义凛然地说："我死了不要紧，可是，世人会怎样评判你？你就不怕留下千古骂名吗？再说，我早就派了三百名技艺高强的门徒在宋守城了，想攻占宋国吗，休想！"

俗话说得好，理屈词穷。楚王无端地攻打一个中原小国，实在没任何理由，在墨子的一身正气面前，楚王实在是无词可对了。原想杀了墨子了事，现在又怕把事情闹大，因此楚王也就不敢动手了。

第二，有充分的辩术。

在春秋时期，墨子可算是最出色的辩者了。在自己的对手楚王和工匠鲁班之间，墨子作了精心的研究，决定把鲁班作为论辩的重点对手。因为失去了鲁班，楚王就失去了攻城略地的本钱。因此，他把鲁班找来，告诫他，他那样做是"助纣为虐，可耻可悲！一时看来十分的风光,实则为身败名裂。"接着墨子连用四句排比句——"如此作为,不可谓智!不可谓仁!不可谓忠!不可谓强!"这四句排比句式,彻底把鲁班的精神防线给摧垮了。鲁班也是个大智识者,怎么受得了不智、不仁、不忠、不强的责难?无奈之下便走了。鲁班一走,楚王就再也唱不了独角戏了。

第三,有一定的实力作为后盾。

在战争中,科技实力是重要的因素。在楚王面前,墨子和鲁班都展示了攻守的机械运作,鲁班九次攻城的机变,九次都被墨子所挫败了。鲁班的机变全都用光了,而墨子手中还有许多的机变。鲁班偷偷地告诉楚王:"我们的确技不如人!不要斗了。"

实力是个硬道理,单靠说教是不行的。"止楚攻宋"的成功,靠的是综合实力,当然也靠的是正义真理。

在《墨子·鲁问》篇中还有这样一则故事:有一位鲁国父老非常相信墨子的为人,就把自己心爱的独生儿子交给了墨子。不幸,这个孩子在一次战斗中牺牲了。这时,这位父老就来责问墨子,说:"我把孩子交给你,是来学习墨学的,怎么就死了呢?"墨子很明确地回答:"是啊,你把孩子交给我,是来学墨学的,可是你知道的,学墨学就是要准备'赴汤蹈火,死不旋踵'的啊!墨者献身是很正常的事。既要学墨学,又怕死,那倒是很荒谬、很滑稽的事。"这位当父亲的被墨子这么一说,便低着头走了。事后,为了抚慰这位孤苦的老人,墨子亲自上门去与之亲切交谈,予以精神上的慰问。在墨子心目中,勇于献身与抚慰亡者家属是不矛盾的。

侠义精神是墨家精神的重要组成部分。秦汉以降,墨学被排斥于"正宗"文化之外,作为一个学派是沉寂下去了——这一沉寂就是两千余年。在这两千余年间,墨者都以"好读书善击剑"的生态游走于世间,有的甚至"路见不平,拔刀相助"。其名虽不标榜于史籍,但其"不欺其志"的献身精神,仍然会"名垂后世"!

大夫专政和三家分晋

公元前589年，晋齐两个大国间有著名的"鞍之战"（地址在今山东济南西），此战被称为春秋五大战争之一，结果晋胜齐败，从此两国结怨甚深，高层少有沟通。但两国的有识之士之间还是交往频频，情谊不减于当初。"鞍之战"后刚好半个世纪，即公元前539年，晏子以使臣的身份来到了晋国，草草办完了"公差"之后，就想到要去拜访自己的老朋友叔向。叔向为了尽地主之谊，设宴热诚地招待了这位老友。两人畅谈甚欢，主题就是所谓的——

季世之忧

在鞍之战中，齐国是吃了大亏的，不只失去了大片土地，还有多项侮辱性的条款强加于齐国的头上。当时当政的齐景公虽然心中郁闷，且愤愤不平，但苦于力不如人，只得吞下这口苦水。为了求得和平复兴，有时还得委曲求全。这次是派晏子出使，硬是要以"和亲"的名义，将一名齐国公室女嫁给晋平公为妻。晏子是政治老手，很快就把此事办妥了。余下的时间很多，老友间就可以畅谈自己的心里话了。

"季世之忧"的说法见诸《左传·昭公三年》。在晏子与叔向的交谈中，身为齐国重臣的晏子承认齐国的处境可以"此季世也"言之，一定程度上操晋国国柄的叔向也承认貌似强大的晋国"今亦季世也"。两人共同之处是，都深以国况为忧。

"季世之忧"中的"季世"，在中国古文字中明确被解读为"末世"。"季世之忧"实际上是敏感的士人和政局中人，对当下时局会进一步走向严峻境地的一种忧虑和预测。那时已是公元前539年。其时上距平王东迁已过了两百余年，下离"三家分晋"只有半个世纪不到的时间了，也可以说历史已行进到了春秋收局时段。在春秋这个时间区段里，真可说是风云多变：一变于"礼乐征伐自天子出"局面的彻底被打破，而变之为"礼乐征伐自诸侯出"，这是春秋早、中期的事。二变于"礼乐征伐自诸侯出"局面的又被彻底打破，而变之为"礼乐征伐自大夫出"。当时的局势是处于剧变之中，一变于诸侯专政，二变于大夫专政。晏子和叔向说的"季世之忧"指的当是第二变，也就是"大夫专政"局面的渐次出现。

晏子和叔向两人是几十年的老友，席间，两人略事寒暄后，就谈开了国事。还是叔向先开了口，问："齐国现在的情况怎么样啊？"晏子摇了摇头，叹着气直言相告："齐国的公室已走到了它的末路了，也就是我们常说的'季世'了，国政怕很快就要属于陈氏（田氏）了。国君不争气，公室也不争气，干了那么多损害百姓的事，百姓起来反抗，政府就无情地加以镇压，处以砍掉脚的酷刑，现在齐国国都街头受刑后支拐杖的比穿鞋的还多呢！"叔向进一步追问："那你又为何说怕会很快政归陈氏呢？"晏子感慨万千地说："那是因为陈氏干的与齐国公室干的不一样啊！齐国公室是以大斗收租税，小斗卖货物，老百姓怎么受得了？而陈氏相反，办的不少事都是利国利民的，这样下去，公室的政权怎么会不丢失？"叔向赞同地说："季世啊，真是季世啊！"

晏子说罢，反问叔向："晋国怎么样？"叔向毫无掩饰地说："吾晋国的公室，今亦已处于季世了！公室的战马现在不驾兵车，卿士也不率军队，只是图享乐，醉生梦死，还会有什么出路？我的宗族原有十一族，现在十族都灭绝了，只有我所在的羊舌族还在，但也是奄奄一息，长不了了。正像树上的枝叶都脱落了，树干还能长存得了吗？"晏子问道："晋国的公室是那样的没落腐败，不是便宜了下面的那些卿大夫吗？"叔向说了这么一句："当下是应了一句民间的俚语，叫做'政事出于私门'，这'私门'指的就是那些下级的卿大夫。现在晋国有所谓的六卿，由韩氏、赵氏、魏氏、范氏、中行氏、智氏把持，他们出则为将，入则为卿，被人称为'六卿专政'。晋厉公（前580）时，将原先的三军扩充为六军，上面说的六卿各一军，晋国的六卿专政也就到了它的顶峰。"

这种局面是否能挽回呢？在这两位政治家看来，是根本无法挽回的。正如晏子明确指出的："公弃其民，而归于陈氏。……（陈氏）燠休之，其爱之如父母，而归之如流水，欲无获民，将焉辟之？"（《左传·昭公三年》）晏子不愧为杰出的大政治家。他着眼于民众，着眼于民心向背。公室干了许多"弃其民"的蠢事，民众当然也就会抛弃你。而"陈氏燠休之"，得民心是必然的。何为"燠休"？历代注家释"燠"为温暖，"休"为赐予、优恤，也就是指给老百姓以温暖，给老百姓以实惠，这样老百姓就会像对待父母一样敬爱陈氏，就会像流水一样归顺陈氏。后来的结果也的确如此，陈氏（田氏）代齐成了历史大趋势。

晏子和叔向都是极为清醒的政治家和思想家，他们都承认历史潮流的正当性和正义性，他们都表示不愿成为落后腐朽势力的陪葬品。当晏子问叔向"您打算怎么办"时，叔向有点气馁地说："我是不愿跟着公室那些人一起走的，日后能平平安安地活下来就不错了，死后也不妄想有人祭祀了。"相对而言，晏子更积极些。晏子的住所原先面向市场，比较嘈杂，为了嘉奖协调齐、晋两国紧张关系之功，齐王把周边的民房拆了，为晏子盖起了华贵的新居。晏子"乃毁之"，"卒复其旧宅"。他把齐王给他建造的豪宅毁了，甘愿住在民众之中，其心愿不是十分清楚了吗？

说实在的，"季世之忧"不仅是属于晏子和叔向的，也是属于那个时代的一切志士仁人的；不仅属于齐国和晋国的，也属于当时的一切诸侯国。较早地进入"季世之忧"，出现大夫专政现象的，是孔圣人的故乡鲁国。

春秋时期长达三百多年，可分为前后两期。前期可称为大国争霸的时期，曾出现过"春秋五霸"。后期为大夫专政的时期，首先出现大夫专政乱象的是鲁国。公元前711年，鲁桓公即位，当时鲁国已衰弱不堪了。十八年后，年幼的鲁庄公即位，桓公的其他三个儿子庆父、叔牙、季友为三大夫，称为"三桓"，他们乘机闹事，把鲁国闹得四分五裂，其中闹得最凶的是庆父，世人称为——

庆父不死，鲁难不已

鲁桓公（前711—前694）、鲁庄公（前693—前662）、鲁闵公（前661—前660）三君执政的半个世纪间，是鲁国历史上国难最重的时期，也是内乱最严重的时期。也许是旁观者清的缘故吧，齐国的名大夫仲孙具体考察了鲁国情况，归国后说了那么一句："不去庆父，鲁难未已！"（《左传·闵公元年》）仲孙说这句话的意思是，鲁国现在之所以大乱不止，其根子在于公室内部的庆父在作祟，不去除掉庆父此人，鲁国的灾难永无尽头。此言后来成语化后，整合成了"庆父不死，鲁难不已"一语，是说像庆父这样的阴谋家不去除掉的话，国家的灾难永远消除不了。

事情的变化要从鲁隐公（前722—前712）说起，他是鲁国历史上承上启下的一个重要国君，孔子写作的《春秋》一书就是以鲁隐公元年为起始点的。自周公之子伯禽封于鲁，到鲁隐公当政，鲁凡十四君。

在这么长的时间里，鲁国政权基本上是稳定的，在诸侯中的地位也是相当崇高的，被称为"鲁之班长"，即鲁国在诸侯国中班次居长。实际上这个"班长"也当得像模像样，鲁隐公当政（摄政）十年中的前九年，国泰民安，国运康泰，民生颇佳。

可是，当隐公当政的最后一年，萧墙生变，他被杀死，杀死他的就是新当政的鲁桓公（前711—前694）。隐公与桓公同父异母。因桓公的母亲是"鲁夫人"，而隐公虽年长但为偏室所出，因此隐公一直说自己的执政是"摄政"，等桓公长大要还政于桓公。从实际情况看，隐公是真心的。但桓公心术不正，急于登上国君宝座，用阴谋手段杀害了隐公。

在桓公当政的十八年间，鲁国衰败，违礼之事屡见。按规定，老一代诸侯去世、新一代诸侯即位，要去面见周天子，为的是得到周天子的认可，世称"受命"。桓公根本不管这一套。鲁桓公的夫人文姜是齐国人，不仅"干政""乱政"，最后还因与齐襄公私通的丑闻败露而用阴谋手段杀死了桓公，让自己的儿子庄公（前693—前662）继位。

庄公是个无能之君，在他执政的中、后期，实权已掌握在庆父、叔牙、季友兄弟三人手中。他们三人都是桓公的儿子，世称"三桓"。庄公晚年在继承人问题上征询权势赫赫的"三桓"的意见。围绕君权继承，三兄弟分成两派。庆父与叔牙是一派，要求"兄终弟及"，他们两人准备共推庆父为君；季友是另一派，他是鲁国的上卿，执掌着鲁政，他主张"父死子继"，准备推庄公的儿子公子般为鲁君。最后由庄公决定。庄公看出了庆父的野心，明确要让自己的儿子公子般继任。为了削弱庆父与叔牙势力，季友又利用自己是鲁国执政的优势，逼叔牙自杀，而立其子继承父位，这就是叔孙氏。

叔孙氏一支的势力削弱了，可庆父毫发无损。庆父是个野心家、阴谋家，他通过阴谋手段把鲁国的政局搅得大乱，并阴谋伺机夺权。

庄公死后，庄公之子公子般继位，可是继位不足两月，庆父就趁季友在国外的机会派人杀死了公子般。之后，还不足八岁的公子启被立为国君，是为闵公，这时季友也从齐国回到了鲁国。当时齐国是雄才大略的齐桓公掌权，他就派齐国的大臣仲孙湫到鲁国进行了一番周密的考察。不久，仲孙湫把了解到的鲁国情况向齐桓公做了详细报告，并下结论说："不去庆父，鲁难不已。"（《左传·闵公元年》）其意思是，像庆父这样的恶人不去除，鲁国的灾难就没完没了。

事实果然如此。过了一年，庆父又趁人不备派暴徒杀死了鲁闵公，使鲁国的局势陷入了严重的混乱之中。为了庄公的血脉不受到意外的伤害，"成季以僖公适邾"，也就是说，季友带着公子申（即之后的僖公）出逃到了邾国。

在短短的两年时间里，庆父一连杀掉了两个国君，百姓们对庆父恨之入骨。庆父见在鲁国实在无法再待下去了，便带着少数心腹逃往莒国。这时，季友就护送公子申回国，立为新的鲁君，他就是鲁僖公。鲁僖公继位后，季友知道庆父这个人继续存在，对鲁国来说是一个严重的威胁，于是便使出种种招数请求莒国把庆父遣送回鲁国。庆父返回到密地（今山东临沂费县北）时，派出亲信回鲁请罪，希望得到宽大处理。季友不允。此时的庆父自知罪孽深重，预感回到鲁国没有好下场，便在途中上吊自杀了。这个曾经不可一世的家伙，成了春秋历史上最大的反面角色。

到鲁僖公时期，鲁国的政局有所稳定，经济也有所恢复，有史家还称其为"中兴之主"。其实，这只是种表面现象，鲁君只是空架子，掌实权的是"三桓"中的一"桓"季友。季友辅助僖公复国有功，僖公便赐季友汶阳之田及费地，后来费城成了季氏的政治文化中心。当时民间有两种说法，一种是"庆父不死，鲁难不已"，另一种是"季友不入，鲁国不定"。鲁国的历史在曲曲折折中前行，之后就进入以大夫执政为主旨的三桓专政时期。

周礼是十分严密的，严格规定了天子、诸侯、大夫以至于平民百姓之间的礼仪规范，不得有所僭越。可是，从西周到东周的历史性变迁，就意味着西周时通行的那套礼乐制度的衰亡和败坏，史家名之为"礼崩乐坏"。当季氏主政鲁国时，似乎一切都毫无规矩可言了。孔子愤而言之——

是可忍，孰不可忍

"是可忍，孰不可忍"是人们常用的一句责问性成语，其意谓：如果这样的事可以忍耐的话，还会有什么事不可忍耐呢？表达了对某种事物或某种现象的极端憎恶和愤恨。此成语语出孔夫子之口："八佾舞于庭，是可忍，孰不可忍也。"（《论语·八佾》）此语说的是这样一则故事：鲁国执政季孙氏在家祭时，在家庙中使用了周天子才使用的八佾舞行列，孔子听说此事后，大为光火，说："这样的事可以忍耐的话，还会有什么事不可忍耐？"

要理解孔子说的这句话，还得从"庆父之难"后鲁国的形势说起。经过"庆父之难"这样的大折腾之后，鲁国的君权着实受到了沉重的打击，要支撑局面，国君不得不靠权臣，这样卿大夫的势力就乘势而起，形成了大夫专政的局面。就鲁国而言，因势而起的首先是季友，他一面是帮了鲁君大忙，一面又着实地发展了自我。他的两个兄长——庆父和叔牙——虽说走了段弯路，但由于门第特殊，也在这大乱世中壮大了起来，后来成为左右鲁国政局的"三桓"。

鲁国"三桓"按长幼次序排列即指的是孟孙氏、叔孙氏和季孙氏。

孟孙氏的始祖就是那个臭名昭著的庆父。他是鲁桓公的大儿子，因其是长子，冠之以"孟"。孟孙氏在鲁国世为司空，掌邦土。叔孙氏的始祖即是叔牙，是鲁桓公的次子，世为鲁司马，掌管军事。季孙氏的始祖是季友，是鲁桓公的小儿子，世为鲁司徒，掌管民事。这样一来，"三桓"这三个卿大夫把鲁国的经济、政治、军事都分管了，鲁君只是徒有虚名了。"三桓"执政起于鲁僖公（前659—前627）时期的季友执政，完成于成公（前590—前573）襄公（前572—前542）时期的所谓"三分公室"。

鲁国是当时诸侯国中少有的可以组建与掌握三军的国家，原因是这个国家是由周公创建的，当时的周中央政府给了它特殊的权利。开始三军的实权当然掌在鲁君手中，其他任何人都不得染指。可是到鲁襄公元年（公元前572），孟孙、叔孙、季孙三位掌实权的卿大夫欺侮鲁襄公只是个三岁的娃娃，实行了鲁国所谓"三分公室"，情况就彻底变了样。"三桓"私自开会，把鲁君手中的三军分掌到"三桓"手中，每一桓掌一军，鲁君手中则空空如也。"三桓"之中，季氏独大。季氏一家原只管行政和民事（相国），现在又兼掌了三军中的一军。孔子时，季氏之所以敢于"八佾舞于庭"，正是天子、诸侯势力衰落，而大夫势力上升的一种集中表现。

礼仪是社会权力的象征。西周时作为正礼乐舞的排列称为"佾"，"佾"按地位高低而有所变化。天子"八佾"，每佾为八人，整个乐舞队共八八六十四人。诸侯为"六佾"，每佾为六人，整个乐舞队共六六三十六人。"大夫"四佾，每佾四人，整个乐舞队共四四十六人。士为"二佾"，每佾二人，整个乐舞队共二二得四人。季氏是何等样人？无非只是一名卿大夫而已，只能行四佾之舞，也就是起舞时只能动用十六人的乐舞队。可是，这个季氏居然敢于在自己家庙的庭院中跳起周天子才能用的"八佾之舞"来，用六十四人的乐舞队奏乐和舞蹈。这件事很快被孔子知道了，当即认为这是破坏周礼、大逆不道的事。季氏此举，的确十分典型地反映了春秋中后期大夫专政局面的形成。

特定条件下的言辞一旦成语化以后，就常常从原有语境中脱胎出来，只表达一种特别的语意和语言情绪。作为成语，"是可忍，孰不可忍"主要表达的是对某种反常态现象的愤慨和强烈不满。

春秋时期既是战火纷飞的大乱世，又是文化高度发展、"奠定人性精神基础"的轴心时代。面对纷繁复杂的现实世界和现实人生，一些政治家和思想家会深层次地思索，以寻找真正普世的人生价值观。春秋时期鲁国的叔孙豹，在吸收前人思想成果的基础上，大胆提出了人生不朽的价值观念——

三不朽

三不朽，指立德、立功、立言。出自《左传·襄公二十四年》："太上有立德，其次有立功，其次有立言，虽久不废，此之谓不朽。"意思是说，在人生历程中，最了不起的是以崇高的德性立身处世的人，其次是为社会为国家建功立业的人，再其次是建立自己积极的言论思想体系的人，这三者在中华传统文化中都是历久而不会被遗忘的，具有这些高贵品质的，可称得上真正的不朽。在中华古典文献中，对"三不朽"的表述次序有所变动，但大致的意思是一样的。而最早完整地提出"三不朽"学说的，是春秋时期杰出的政治家和思想家叔孙豹（穆叔）。他既是当时鲁国走向大夫专政时期的实际统治者之一，又是一位有着崇高品质的伟大政治家。

这里值得提一提叔孙豹这个人所处的时代背景。他说"三不朽"

那番高论的时间是鲁襄公二十四年，即公元前549年，这一年孔圣人已三岁。在此前后，按照德国哲学家雅斯贝斯的说法，公元前500年世界进入了所谓的"轴心时代"，这是个"奠定人性之精神基础"的时代，也是"人最终脱离了动物而变成人"的时代。中国是当时"轴心时代"世界三大文化中心之一，而鲁国又是当时中国文化的中心。在鲁国的诸多先知先觉中，不只有像孔子、墨子这样的士人，也就是知识分子，也会有那些积极进取的上层政治人物，他们思考和议论的中心常常是人怎样才能"最终脱离动物而变成人"——孔子与他的弟子们一再议论的"成人说"，触及的是这一议题，叔孙豹的"三不朽"所触及的也是这一议题。

在叔孙豹之前，为这一议题作铺垫的，大有人在。

鲁僖公时期，襄助僖公"中兴"的是执政之卿臧文仲。他明确指出："大上以德抚民，其次亲亲。"（《左传·僖公二十四年》）把"以德抚民"看得比"亲亲"还重。他还说："以欲从人，则可；以人从欲，鲜济。"（《左传·僖公二十年》）意思是说，把自己所欲求的东西施于别人，是可以的，强迫别人满足自己的欲求，最后没有一个是不失败的。

鲁文公时期的当政者不只是一位优秀的政治家，也是谨小慎微、重于道德修养的伟人，即《论语》中被孔子称为"三思而后行"的那个季文子。季文子从鲁宣公八年（前601）开始执鲁政，中经鲁成公之世，一直到襄公五年（前568）去世，掌鲁政长达三十三年之久。季文子入殓时，按照礼仪鲁襄公亲自前来省视，看到的是"无衣帛之妾，无食粟之马，无藏金玉，无重器备"。——这里说到了"四无"，家中既无穿丝帛的小妾，又没有食粮食的马匹，也没有收藏金玉宝器，连一件贵重的家用器具都没有。史官写到这里，赞叹道："君子是以知季文子之忠于公室也。相三君矣，而无私积，可不谓忠乎？"（《左传·襄

公五年》）

鲁宣公时期的执政孟献子也是人性觉醒的先知者。他在春秋时就以养士名闻天下，开战国养士之风的先河。他到晋国做客，范宣子接待了他，并为他的精神气质所感动，说："彼君子也，以畜贤为富，我鄙人也，以钟石金玉为富。"后来孔子也说："孟献子之富，可著于《春秋》！"（《新序·刺奢》）把培养、发掘杰出人才作为自己的"财富"，这种观念在孔子看来是可以著之史书的。

从上面的三例可知，当时的人们的确是已经进入"最终脱离动物而变成人"的探索期了。而由鲁国执政叔孙豹明确提出的"三不朽"之论，实为这种伟大探索所取得的极为丰硕的思想成果。

叔孙豹是怎么提出"三不朽"这一人生命题的？这里有一则极为著名的历史掌故——

春秋末期，鲁襄公二十四年（前549）春天，鲁国的执政叔孙豹来到了晋国。他这次外出不是单纯的国事访问，而是一次寻找好友轻松愉快地谈文论道的文化之旅。他找来的是一位晋国大族中的大学问家范宣子，交谈的中心是当时人们普遍关注的议题：人生。范宣子十分看重这位老友，专程到百里之外的郊外去迎候叔孙豹这位远方来客。

把客人迎接到自己的家中之后，先是范宣子单刀直入地发问："我听说古人有'死而不朽'这样一种说法，你看该怎样解释呢？"

叔孙豹没有马上作答，而是要对方谈谈自己的看法。

范宣子是个直爽人，他就这样说开了："就拿我这个家族来说吧，在五帝时代我的祖上就是大族，著名的陶唐氏就是我们的先祖，当时是声名显赫，地位崇高。在夏、商、周三代的时候就是名闻天下的御龙氏、豕韦氏、唐杜氏，先祖也都是当大官办大事的人，从来没有衰落过，直到现在，在晋国主持中原诸侯盟会的，也还是我范氏。这样上千年的家族兴旺，可以称为不朽了吧?"

叔孙豹重重地摇了摇头，否定地说:"那不叫不朽，而叫'世禄'，也就是世世当官，世世享受国家的俸禄。那样的人，那样的家族，可多着呢，怎么可以称之为'不朽'呢?"

范宣子站了起来，惊问道:"那先生以为怎样才算是不朽呢?"

叔孙豹似乎早已成竹在胸，他回答道:"我以为有三不朽:太上立德，其次立功，其次立言，虽久不废，此之谓不朽。"

叔孙豹这里说的，就是中国传统文化中的"三不朽"理念。一是要为民"立德"，即要以崇高的德性优化民性。二是要为国"立功"，要干出利国利民的功业来。三是要为社会"立言"，留下嘉言，以垂范后世。对个人来说，三者有其一，就足以千古不朽了!

叔孙豹的这一席话，影响了中国社会几千年。这里的见解明显是叔孙豹高出范宣子一畴。

叔孙豹的这一番话，对范宣子有着很大触动。范宣子长期执掌晋国朝政，当时晋国是霸主，范宣子常常为了晋国的一国之利，收受弱小国家不堪承受的贡赋。一次，郑国的郑简公去晋国，郑国大臣子产就写了封信，托随简公同行的子西转交给范宣子。信中严肃批评了范宣子，为了晋国一国的私利，大收各国贡赋，以致使像郑国这样的弱小国家民不聊生。子产说得很尖锐，为了不义之财，失去一个国家以及执掌这个国家重权的人的美誉、美德，值得吗? 子产还引用《诗经》中的话，正告范宣子:执政有美德，民众才快乐，民众高兴了，国家才能长治久安。读了子产的信，范宣子久久不语。后又想到叔孙豹"三不朽"的说法，便说:"子产信中所言是有道理的。"马上下令减轻各国贡赋的数量，并改善与各弱小国家之间的关系。

从思想脉络看，"人生三不朽"之说，起于鲁国的大贤臧文仲，当然当时只是口耳相传，是口头文学。至叔孙豹言之于范宣子，就书之竹帛、传之后人了。到司马迁时，在《与挚峻书》中写道："迁闻君子所贵乎道者三，太上立德，其次立言，其次立功。"将"立功"与"立言"的位置调整了一下，就更符合实际了。《国语·晋语八》对此亦有记载："鲁先大夫臧文仲，其身殁矣，其言立于后世，此之谓死而不朽。"臧文仲系春秋时鲁国大夫，屡建事功，且擅长于辞令，就为政立国之事多有创见高论，同时在诸侯国间广为流传。他所谓的"立言"是与"立德""立功"紧密相连的。然而，就是这样一位口碑不错的历史人物，孔子却批评他"不仁者三，不知者三"（《左传·文公二年》）。看来，要想做到"三不朽"或其中之一二，殊非易事。

"人生三不朽"是中华民族特有的积极人生观和价值观的集中体现，是行之久远的民族信念。

与"人生三不朽"高论形成鲜明对比的，是当时现实生活中的战乱和内斗。内斗是最危险的，造成的祸患也是最大最惨烈的。孔夫子针对"季孙氏将有事于颛臾"这件事，很是愤怒，他认为，颛臾"且在邦域之中"，属于内部事务和内部矛盾，为什么动不动就要起兵征伐呢？孔子预言，季孙氏的"谋动干戈于邦内"，必然会引发——

祸起萧墙

祸起萧墙，"萧墙"指古代宫室用以区隔内外的当门小墙。萧墙内外都是宫内的人，指祸乱发生在自己家里。用以比喻窝里斗，也比喻身边的人带来灾祸。这是孔子对弟子冉求、季路说的话："吾恐季孙之忧，不在颛臾，而在萧墙之内也。"（《论语·季氏》）其大意是说，在我（孔子）看来，恐怕季孙氏应该忧虑的，不在于邦域之中的颛臾这么个小地方，危机正暗藏在宫中的门庭之内啊！

孔子的上述说法，出自他对天下大势的基本估价。他说："天下有道，则礼乐征伐自天子出；天下无道，则礼乐征伐自诸侯出。自诸侯出，盖十世希不失矣！自大夫出，五世希不失矣。陪臣执国命，三世希不失矣！"（《论语·季氏》）这是一段既讲历史又讲现实的重要言谈。"天下有道，则礼乐征伐自天子出"，讲的是远一点的历史，也就是公元前 770 年平王东迁前的历史，距孔子那个时代至少有两百多年的历史。"天下无道，则礼乐征伐自诸侯出"，讲的半是历史半是现实，有的国家已实现了由诸侯专政到大夫专政的转变，有的正在转变过程中。至于"政自大夫出"和"陪臣执天命"，那完全是当时现实生活中的事了。在鲁国，政出自孟孙氏、叔孙氏、季孙氏"三桓"，而把鲁君彻底架空了，这不正是"政自大夫出"吗？季孙氏的属下跑出来发号施令，这不就是"陪臣执国命"吗？孔子说的"祸起萧墙"指的正是那帮"陪臣"。

"祸起萧墙"语出孔子当年论述季氏的一段话。事情是这样的：季氏要兴兵攻打小国颛臾，冉有和季路去见老师孔子，向老师通报说："季氏要向颛臾国动手了。"孔子批评说："是不是你们两人出的主意啊？颛臾一直臣服于鲁，可说是鲁的社稷之臣，为何要打它呢？"两人先后否定，说不是他俩出的主意，孔子一听，对季氏的做法很不高兴。他说："我听说，有国有家者，不患寡而患不均，不患贫而患不安。现在季氏包括你们这些人在内，老是打这个打那个，那才会招来意想不到的祸患呢！"最后孔子概括性地说："谋动干戈于邦内，吾恐季孙氏之忧，不在颛臾，而在萧墙之内也。"（《论语·季氏》）其意思是说，你无端地对"社稷之臣"动武，最后会放松了对真正敌人的警觉，他们会躲在"萧墙之内"乘机作乱也说不定呢！

孔子这里批评的季孙氏指的是季平子。正当季平子热衷于攻打颛臾这样的友好邻邦的时候，躲在"萧墙之内"的家臣阳虎正在不断壮大自己的势力。当时季平子错误地估计了局势，认为当时鲁国国泰民安，居君位的鲁襄公坐享其成，不会影响到"三桓"专政的大局。于是，就放手发动了一场对颛臾国的莫名其妙的战争。打击了颛臾，结果也削弱了自我。

孔子的预言很快成为了现实。公元前 542 年，鲁襄公去世之后，鲁昭公（前 541—前 510）即位，鲁君与"三桓"之间，尤其与季平子之间的矛盾尖锐化了。鲁昭公五年（前 537）三桓趁昭公立足未稳，来了个"四分公室"，季氏独居其二，这样明确树立了季氏在三桓中的首席地位。很想有所作为的鲁昭公当然心存不满。鲁昭公二十五年（前 517）九月，孟僖子病危，叔孙昭子在外地巡视，鲁昭公认为这是大好的机会，就联络了臧孙氏、郈氏等实力派势力，对季平子实行突然袭击。季平子猝不及防，被围困于武子之台。季平子一度很气馁，一再请求宽恕，甚至表示"以五乘亡"，就是带着五匹马的随从离开鲁国。过些时日，三桓联合救季平子出了险境，季平子重执国柄，鲁昭公当然完全不是对手，只得出逃他国。鲁昭公失国达七年之久，公元前 510 年客死他乡。鲁昭公的被击败、被逐出，季平子的家臣阳虎是积极的参与者。昭公死后，三桓立昭公之弟为君，他就是鲁定公，据说这也是阳虎的主意。

必须承认，在季氏攻小国颛臾和迫使鲁昭公失国的过程中，作为季氏陪臣的阳虎是出了大力的。陪臣也称家臣，是大夫的臣属。当然，阳虎在出大力的同时，也悄无声息地壮大着自己，暗暗地积蓄着自我的实力。在一系列的对外对内的战斗中，阳虎常常代表季平子充当主帅的重大角色。有史家认为："此时的阳虎已经不是一般的家臣，恐已成为'家大夫'了。"（郭克煜《鲁国史》）等到时机一旦成熟，就有了"陪臣执国命"的局面。

前 505 年，季平子死，阳虎马上冒了出来。办完了季平子的丧事，阳虎马上囚禁了季平子的儿子季桓子，并对季氏的族人以及其他异己力量大开杀戒，从而完全控制了季氏家族。

鲁定公六年（前 504），阳虎实际上控制了鲁国军队的主力，同时又与定公和三桓盟于周社，迫使鲁国的国君承认他的地位。

鲁定公七年，齐人归还鲁国的土地郓城（今山东菏泽郓城县东）、阳关（今山东泰安），阳虎既不通过鲁君，又不告知三桓，自说自话地把两地占据为自己的封邑。

鲁定公八年，"阳虎欲去三桓，以季寤更季氏，以叔孙辄更叔孙氏，以己更孟氏。"（《左传·定公八年》）。阳虎之心十分的狠毒，准备在蒲圃以设享礼宴请季氏的名义，把季桓子等一个个杀掉。他这样做当然是不得民心的。在押送季桓子等去蒲圃的途中，被亲三桓的军事势力所伏击，阳虎的阴谋不能得逞，而且大伤了元气。

鲁定公九年，在万民的咒骂声中，阳虎逃离了鲁国，奔向齐国。齐国不愿接纳他，他又逃到宋，后又流亡到晋，从此退出了政治舞台。

史家以为，阳虎之乱，历时四年，波及鲁全国，最好地证明了孔子说的"吾恐季孙氏之忧，不在颛臾，而在萧墙之内"这一预言的完全正确性。

春秋时，从公室专政，到大夫专政，到"各树党争立"，权力一路下滑。齐桓公于公元前 681 年登上君位，到公元前 642 年死去，在位四十余年。前期政治清明，执法严明，后期则"桓公好内，多内宠"。正是这些受宠者，及其下属的狐朋狗友，各自出于私心胡作非为，把一个好端端的强国搞垮了，史家称这些人的行为为——

结党营私

"党"原先是一个地方基层组织的概念，在古代有所谓"五家为邻，五邻为里，五里为党"的说法，在《论语·雍也》中也有"邻里乡党"之说，可见"党"古来有居于同乡、关系密切之意。大概到了春秋中叶以后，"党"的私人情感色彩强化，形成了"私门成党，而公道不行"（《淮南子·泛论训》）的态势。"结党营私"这一成语也就应运而生了。

齐桓公在春秋时期称霸近半个世纪，在政治上，尤其在他前期执政方略上，无疑是个成功者。在桓公（小白）与公子纠争夺齐国君位时，管仲是坚决地站在公子纠一边的，在战斗中管仲还用箭射伤了桓公。一时间，桓公曾感情用事地说："召忽、管仲，仇也！请得而甘心醢之。"意思是说，召忽和管仲两人是我的大仇人，如有一天被我抓到，我非但要杀死他们，还要把他们剁成肉酱！可是，当桓公登上君位时，谋臣鲍叔牙对他说道："君将治齐，即高傒、叔牙足矣。君且欲霸王，非管夷吾不可！"其意思是说，如果您只想统治齐国，那么有高傒和我鲍叔牙两人就够了，如果您想称霸天下，使国家既富又强，那非得到管仲这样的奇才不可！于是，"桓公从之"，"桓公厚礼以为大夫，任政"（《史记·齐太公世家》）。就这样，桓公任用管仲等贤人治理齐国的国政，以五家相连、层层节制为军事组织，设立合理的盐业渔业的税法，以此收入来帮助贫穷的人们富起来。可见，此时的齐桓公在用人上还是出于公心的。

可是，齐桓公自桓公三十五年（前652）"会诸侯于葵丘"而成为霸主后，情形就大不同了。"桓公益有骄色""诸侯颇有叛者"。他还声称："寡人兵车之会三，乘车之会六，九合诸侯，一匡天下，昔三代受命，有何以异于此乎？吾欲封泰山，禅梁父。""管仲固谏，不听。"看，这时的齐桓公自以为是到何等田地，已经什么忠言都听不进去了。又过了几年，管仲病倒了，齐桓公问后继的相国人才，分别问及易牙、开方、竖刀三人可否重用。管仲回答，此三人或"杀子以适君"，或"背亲以适君"，或"自宫以适君"，因"非人情"，都不可大用。可是，管仲死后，"率近用三子，三子专权"。史书上说，后来这三个家伙在宫中筑起了高墙，使桓公与民众隔绝开来，好让他们结党以营私利。

"三子专政"已使齐国的政治偏离了正常的轨道，桓公的"好内，多内宠"更为一些人的"结党"创造了条件。齐桓公娶有三个夫人：王姬、徐姬、蔡姬，然而都没有留下一子半女。后来他又娶了六位"如夫人"，几个内宠（地位相当于妾）分别来自各诸侯国，且为他生下了五个儿子。卫国来的长姬生下了无诡；卫国来的少姬生下了惠公元；郑国来的女子，生下了孝公昭；葛国来的女子，生下了昭公潘；密国来的女子生下了懿公商人。除这五公子外，还有宋华子，生的公子雍。

这就为培育私党提供了合适的土壤。这五公子各有各的母国背景，来自母国的各种势力都会明里暗里地支持有着自己国家血统的公子。这五个儿子长大成人后，分别与近卫、宦者、友朋结成为"党"，"管仲卒，五公子皆求立"。通过"结党营私"的活动把齐国的公室彻彻底底地搞乱了。在管仲还活着的时候，齐桓公就将郑姬生的孝公昭托付给老前辈宋襄公，并立其为太子。后来，执政的易牙又受到大卫姬的宠幸，两人一拍即合，结为死党，就使大宦官竖刁进献厚重的礼品给齐桓公，晚年的桓公实在糊涂了，又答应让无诡当太子。这样你来我往，国内外、宫内外、廷内外交互结"党"，使齐国乱象环生了。

"桓公病，五公子各树党争立。"（《史记·齐太公世家》）宫中竟没有一个人去关心一下桓公的病情。等到齐桓公死了，除了上述五"如夫人"生的五公子外，还有其他宫女生的桓公骨肉，共十余人，都加入了争立为太子的斗争。齐桓公死了，可是宫中空空如也，谁都没有想到该为他办丧事了。说来也十分的可怜，桓公的尸体在榻上躺了整整六十七天之久，尸体上的蛆虫都爬到门外去了，都没有一个人去管一管。

在这关键时刻，暗藏杀机的奸相易牙站出来开了杀戒。他与宦者竖刁联手封锁了城门，将反对他的群吏杀个干干净净，然后"宣布立公子无诡为君"，无诡这才想到"敛殡"，也就是为齐桓公举行丧礼，并出殡安葬。原先定为太子的昭看到大事不妙，出奔到了宋国。太子昭是桓公托付给宋襄公保护的接班人，这时宋襄公见此情形，就率大军直奔齐国而来。易牙这些人根本不懂军事，战不了几个回合，就败下阵来。宋国的军队是那年的三月打进齐国的，到六月，齐人就杀了无诡，史书上称"无诡立三月死，无谥"，实际上他是被杀死的。到了八月，太子昭登国君位，他就是齐孝公。

这不仅是齐桓公本人的悲剧，也是齐国历史的悲剧。齐桓公的霸业，齐桓公的国基，都败在这"结党营私"上。由此，不只齐国的霸业画上了一个句号，就是齐国的公室也一蹶不振了。

趁齐国公室内乱之际，卿大夫权力不断增强了起来。高氏、栾氏，还有来自陈国公子完的后裔田氏的势力蒸蒸日上，到了田桓子时，"陈（田）氏始大"（《左传·昭公十一年》），把高、栾两家压下去，实现了一家独大。田氏还采取了一系列护民利民政策，老百姓都载歌载舞地欢迎他田氏了，到田和的时候，"田氏代齐"已经水到渠成，"田氏始为诸侯"（《史记·齐太公世家》）。

鲁定公十三年（前497），这在春秋战国史上是具有关键意义的一年，"三家分晋"的序幕，可以说就在这一年启动。当时，晋国的范氏和中行氏起兵攻打晋君晋定公。大臣齐高疆认为不可，说毫无理由地"以下攻上"，民众是不会支持的。再说，晋定公已是历尽灾难了，他有丰富的经验，也能扛得住。对此，客居晋国的齐人高强用了一句俗语作比方——

三折其肱

"三折其肱，知为良医"，其意是指多次折断了胳臂，在治疗过程中，就能逐渐懂得医理，病者自然而然地变成了一个好医生。比喻处事遭受挫折多，就会富有经验，而成为这方面的行家。《左传·定公十三年》："齐高强曰：'三折其肱，知为良医。唯伐君为不可，民弗与也，我以伐君在此矣！'"这话是说，多次折了手臂的人，最后会成为良医。明目张胆地以臣属攻打国君，民众是不会支持的，我就是在以前因伐君失败而出逃的。原来齐高强原先是齐国大族子尾的儿子，早在公元前522年，年少气盛的齐高强就曾举兵挑战过齐国国君，结果因得不到民众的支持而失败，于是不得不长期客居于晋国。齐高强此时说出"三折其肱，知为良医"具有双重的意思：一是说自己，在过去由于不知民意而起兵"伐君"，结果是遭受了"折肱"之苦。二是说晋定公，他是"三折其肱"的国君，懂得怎样应对时变，如果随意"伐君"，也难免会遭"折肱"之灾。

查一查史料，这位晋定公着实有他的神奇之处。早在他的曾祖父晋平公十九年（前539）的时候，齐使晏子到晋国访问，与叔向交谈时，叔向就明确说"晋，季世（即末世）也"，又说，"政在私门，其可久乎？"到他祖父昭公时，更是"六卿强，公室卑"，到他父亲顷公时"晋益弱，六卿皆大"。可是，晋定公元年（前511）他在艰难中接班了，他的政权一直维持到晋定公三十七年，长达三十七年之久。他是一位跨越春秋和战国两个大时代的国君，这在历史上是极为少见的。在他统治晋国的三十七年中，外交的成就相当不错。他曾以六卿的名义"平王室乱，立（周）敬王"，他还调停了鲁昭公与季氏的关系。他还让赵鞅逐出逃亡到晋国来的鲁阳虎。

在处理国内事务中，晋定公也显示了相当的才干魄力。当时，在晋国，"六卿专政"局面已经形成，且难以改变。所谓"六卿"指的是韩氏、赵氏、魏氏、范氏、中行氏、智氏各执军权为一卿。他们都是公室的异姓，且掌握着军政大权。晋国基本上建有三军，而三军的首领都在这六氏中选，晋公只是名义上的国家元首，没什么大的实权。晋定公与其他前辈晋公不同的是，他比较淡定，似乎是随遇而安，且能利用六卿间的种种矛盾，以求得自我的发展，困境中的晋定公也可算是"三折其肱，知为良医"吧！

当时晋国六卿之间虽相互利用，而更多的是矛盾重重，互相勾心斗角。这可以说，既是给晋定公出了站在哪一边的难题，也给了晋定公以利用矛盾以求得生存的机会。定公十三年（前497）秋七月，错综复杂的六卿矛盾爆发为战争。当时是赵鞅当政，范吉射、荀寅（中行氏）对赵鞅不满，于是爆发了范、荀攻打赵鞅的战争，赵鞅事先没做多少防备，败走晋阳。这时范、中行二氏内部发生分化，而韩简子和魏襄子又站出来支持赵鞅。几股反范氏、中行氏的势力纠合在一起，又拉上晋定公一起。晋定公看准了形势发展的趋向，表示了完全的赞同。

这就使范、中行二氏很不高兴，把一股怒气发在了晋定公身上，起兵准备攻晋定公，政治经验丰富的齐高强站出来表示不可，讲了一番著名的"三折其肱，知为良医"的高论。范、中行二氏不买他的账，毅然决然地兴兵攻定公。晋定公是曾经多次经历战争考验的人，有胜利的纪录，也有屡战屡败的纪录，还落得过流居异国的可悲境地，对当前的形势，他是乐观的。正如一个经过三次折伤手臂的人，虽经医疗后获得了痊愈，但他已尝透了折臂的滋味。在几次三番的折臂和治疗的过程中，他已了解到折臂的原因以及治疗的经过与方法，换句话说，他已是久病成医了。他相信，只要态度坚决，方法得当，这次是再不会失败了。"（范、中行二氏）弗听，遂伐公，国人助公，二子败，（韩、赵、魏三家）从而伐之。"（《左传·定公十三年》）战争的一边是范、中行二氏，另一边是晋定公，还有韩、赵、魏三家，还有从范、中行二氏中分化出来的范皋夷、梁婴父、荀跞等势力，更为重要的是，"国人助公"，范、中行二氏不堪一击，败走朝歌。十二月，韩、赵、魏，还有智氏在新绛（今山西侯马）结盟，穷追猛打范氏和中行氏。

上面是晋定公十三年（前497）间的事，晋定公十七年发生了铁丘之战，战争的范围扩大到国际，流亡在晋的卫太子助赵鞅击范氏、中行氏，而郑国却助范氏。晋定公二十年，范氏、中行氏最后灭亡。所谓六卿专政变成了四卿专政。到晋出公二十四年（前453），智氏灭，韩、赵、魏三国瓜分了智氏的土地和民众，形成了三家鼎立的局面，晋已是名存实亡了。到公元前475年，三国已各有纪年。晋烈公十九年（前403年），周威烈王正式承认了魏斯、韩虔、赵籍为诸侯。"灭晋后三分其地"，晋彻底地在历史上消失了。

"三折其肱"这句成语含义极为深刻，含有失败为成功之母的辩证观念，后人也常以此来勉人和自勉。

晋景公三年（前596），晋大夫赵氏因弑君罪被灭族，仁人义士公孙杵臼和程婴舍身救出赵氏孤儿，这是整部《史记》中着墨最多、情节最曲折生动、最引人入胜且动人心魄的一则故事，具体而细微地反映了由公室专政走向卿大夫专政时期的历史真实——

赵氏孤儿

晋国的第一个君主是唐叔虞，他是周武王的第三子、周成王的弟弟。晋初封时只是个百里小国，到晋献公（前676—前650）时因功业卓著已发展成堂堂的千里大国。"晋献公作二军"，当时晋不只是地域大国，也成了军事大国。

在晋国的卿大夫势力中，赵氏的势力根基最深。赵凤的儿子赵衰是"五贤士"之一，重耳在外二十年，许多好主意都是赵衰出的。"退避三舍"的答词也是赵衰想出来的。重耳壮游各国后能归国当政，赵衰功莫大焉！

后来，赵衰的儿子赵盾为国卿，主持晋国的国政。这时晋国社会的鲜明的特征是公室腐败，而卿大夫比较的清醒和廉洁，两者之间就必然会有矛盾以至于冲突。晋襄公七年（前621）年轻的襄公去世，当时"任国政"的卿大夫赵盾就并不看好当时的太子夷皋（即日后的灵公），提出想让正在秦国的襄公弟雍回国接任国君位。无奈"太子母日夜啼泣"，一些宗室的大夫也要求拥立太子，在这种情况下，赵盾无奈地妥协了，"乃遂立太子，是为灵公。"灵公元年（前620）太子登上了君位，但是，因为国君年岁尚小，"赵盾益专国政。"国家大事还是赵盾说了算。

虽然一切都在赵盾的管控之下，可晋灵公越是长大，就越是骄横。到得灵公十四年，国君与国相之间的矛盾尖锐起来了。"赵盾骤谏，灵公弗听。"赵盾一再告诫他，要他走正道，灵公就是不听。有一次，只因为管膳食的宰夫没把熊掌炖烂，灵公一怒之下就把宰夫杀了，还要一个妇人去抛尸。国卿赵盾看到妇人捧着的大盒子中有一只人手，知道那就是被杀害的宰夫的尸体。就上朝去苦谏晋灵公。晋灵公非但不思悔改，怕赵盾将此事说出去，还千方百计要杀害赵盾。灵公派出大力士鉏麑去刺杀赵盾。鉏麑来到赵宅，只见赵宅大门洞开，家中陈设十分的节俭简朴，鉏麑为之十分感动。叹息着自言自语道："杀死忠臣和违背君令，罪过是一样的，无非是一个死！"于是便触大树而死。后来又有一次，晋灵公在宫中埋下甲士，准备致赵盾于死地。正在十分危急之时，过去被赵盾救助过的"桑下饿人"，横刀立马出现在那些伏士之中，勇敢地放走了赵盾，然后自个儿也遁去。

赵盾知道灵公不会放过他，就悄悄离开了京城，但没有走出晋的国境。赵家的同姓兄弟赵穿，实在看不过去了，就趁那作恶多端的晋灵公在桃园游山玩水的时候杀掉了他，同时迎接赵盾回京执政。"盾复位"，老百姓也欢迎赵盾回归。可是，这下子可把事情闹大了。史官董狐觉得你赵盾是国卿，赵家人杀了国君，你得负全责，于是在史书上写上"赵盾弑其君"。赵盾说："杀人的是赵穿，我是无罪的。"后来孔子做了这样的评判："董狐，古之良史也，书法不隐。赵宣子（盾），古之良大夫也，为法受恶，惜也。"（《史记·晋世家》）应该承认，这种说法大致上是公允的。

事情似乎是过去了，然而实际上，事情并没有就此过去。

公元前 606 年，赵盾让赵穿到周地去把襄公的弟弟黑臀迎回晋国，他就是成公。"成公元年，赐赵氏为公族。"赵氏本不是晋的公族成员，现在赐姓赵氏为公族大夫，这是一种荣誉。

成公七年（前 600），成公病死了。第二年，晋景公即位。

到了晋景公三年（前 596），风云突变。原为晋灵公宠臣的大夫屠岸贾当上了操生杀大权的司寇。屠岸贾重新把三朝前的"灵公被杀案"翻出来，并归罪于赵氏家族。屠岸贾认定赵氏是杀死灵公的主犯，宣布取消了赵氏的公族身份，又对赵家大开杀戒，当时赵盾已死，就杀了赵朔、赵同、赵括、赵婴齐的满门，还杀了他们的族人。

赵朔的妻子是晋成公的姐姐，当时有孕在身，不得已跑到宫中藏了起来，只希望保存赵氏家族的一点血脉。面对凶残的屠岸贾，赵氏的亲朋好友暗暗开展了力所能及的救助工作。

赵朔有个宾客叫公孙杵臼，试探性地对赵朔的另一好友程婴说："从道义上说，主子死了，最亲近的门人和宾客是应该同死的，我知道你是个有义气的人，你怎么不为赵家殉难呢？"

程婴似乎早已成竹在胸，朗声回答道："我本来是可以与赵朔同死的，但我得知，赵朔之妻已有孕在身，如生下一个男孩，我有责任将他抚养成人，我现在怎么能死呢？"不多久，赵朔妻产下一儿。屠岸贾知道了，就到宫中去搜，准备杀掉这孩子。赵妻把儿子藏在自己的裤子里，祷告道："赵氏如注定灭绝，你就哭，如不该灭绝，就不出声。"在搜索时孩子果不出声，躲过了一劫。

一劫过后，屠岸贾还是不放过，到处搜索这赵家新生儿的下落。公孙杵臼和程婴经过认真的讨论，终于想出绝妙的一法：公孙杵臼设法用自己亲属的孩子为替代者，穿上华丽的服装，带着伪装的赵氏孤儿藏进深山老林，然后让程婴去官府"告密"。屠岸贾得到消息，喜出望外，轻而易举地将所谓的"赵氏孤儿"及公孙杵臼给杀了。这时，程婴抱着真正的"赵氏孤儿"出走了。

到晋景公十八年（前582），晋景公多病，老是觉得似乎有鬼神在与他作对，便找来大臣韩厥，要他卜问一下是何道理。韩厥知道赵氏孤儿是确实存在的，便假意说出这样的占卜意见：在晋国的群臣中，赵氏家族的功劳是最大的，可是后来遭了灭族之灾，这是极不公平的。君主的病是与赵氏家族的在天之灵不安有关的。景公问："我想知道，赵氏家族现还有遗孤在世间吗？"韩厥还是不放心，试探着问："君主的意思是……?"景公直白地说:"如有遗孤在,我要重用他,以弥补我以往的过错。"韩厥看景公是真心的,就把已长大成人的"赵氏孤儿"赵武带到了晋景公面前,说出了事情的所有原委。程婴受晋景公之命立马诛杀了大恶人屠岸贾,并封赏了赵氏孤儿赵武。

再过些年,赵武的儿子赵鞅当政,韩、赵、魏"三家分晋"的局面形成,中国历史从春秋时期转而进入战国时代。

元杂剧《赵氏孤儿大报仇》是以此为题材的一部优秀的历史悲剧,是第一个传入欧洲的中国戏剧,并在欧洲产生过一定影响。法国文学家伏尔泰在 1775 年翻译了《赵氏孤儿大报仇》,英国剧作家威廉·哈切特也曾将其改编为《中国孤儿》,并在英国文化界引起反响。

战 国

春 秋 战 国 卷

成语里的万年中华史

前　言

　　周王朝分为西周和东周两大时期，东周又分为春秋和战国两大阶段。周初的统治者为了强化中央的统治力，实行了分封制度，"武王、成、康所封数百，而同姓五十五"（《汉书·诸侯王表》）。在中央势力强盛之时，这些所封的数百大小诸侯一致拥护中央政权，的确起到了屏障中央、加强集权的作用，而一旦中央的王权衰微，这些地方诸侯就各自为政，互相征战兼并。春秋初有大小诸侯国一百四十余国，经过诸侯间反复的征战兼并，到春秋末只有大小十四五国了。周元王元年（前475）当时的列强公然"称王称霸"，相互征伐不断，周天子也不得不认可，战国时期实际上就开始了。"得民心者得天下""得道多助，失道寡助"。周定王十六年（前453）晋国内斗加剧，这一年韩、赵、魏三卿联合起来，杀知氏，三分其地，"三家分晋"的局面形成，周定王也不得不承认三家为三个诸侯国，这被史家认为是进入战国阶段的标志性事件。这种以"战国七雄"为主体的战乱局面一直持续到秦王嬴政二十六年（前221），时间长达两个半世纪有余。

　　战国史姓"战"。"战国"一词，在当时就已被人们所习用，如"战国七雄""山东战国有六""天下争于战国"，等等。此时，无论是战争的规模、兵器的齐全，还是参与的群体，以及使用的战略和战术，都是春秋时期所不能比拟的。通过长年的兼并战争，形成了"战国七雄"，为秦的最后一统江山创造了必不可少的条件。正如亚圣孟子说的："天下将定于一。"统一是中国历史的大势所趋和必然走向，纵使千难万险也无可阻挡。

同时，变革也是那个时代的最强音，王夫之称之为"古今一大变革之会"，相继而起的变法运动为社会的发展带来了福音。魏国李悝的变法、赵国公仲连的变法、韩国申不害的变法、齐国邹忌的变法，尤其是秦国商鞅的变法，影响极为巨大，所谓"商鞅相孝公，为秦开帝业"。变法促进了经济的发展，同时也促成了中央集权政治体制的创建以及文化的繁荣发展。

战国时代与春秋时期的文化氛围是一脉相承的。春秋时代的孔子等中华圣人融入了"轴心时代"的文化大格局，被公认是当时世界的文化领跑者。历一两个世纪以后，各国的文化发展呈下滑之势，再无惊世的文化巨星出现，而中国战国时期的士阶层进一步发展壮大，文化进一步繁荣，以"学富五车"炫世的文人墨客比比皆是，文化学派也更加繁多，更加活跃。当时除了儒墨两家被公认为是"世之显学"外，法家、名家、阴阳家以至于杂家都十分活跃，从而出现了"百家争鸣"的壮阔局面，反正只要你的学说"持之有故，言之成理"，都可以在文化市场上寻找到一席之地，谁也不会去打压谁。争鸣是有的，有时还争得十分激烈，但这样的争鸣只会使真理越辩越明。战国时期的文化巨星比之于春秋时期来也毫不逊色，儒家的孟子、荀子，道家的庄子，法家的商子（商鞅）、韩非子，杂家的吕子（吕不韦）。他们对中国文化的贡献是难以估量的。应该承认，春秋战国时期的"诸子之学"为中国传统文化留下了极为可贵的精神财富，是弘扬中华文化的灿烂明星。

战国时代是一个大时代。

这是个充斥变革精神的大时代。

这是个文化灿烂、百家争鸣的大时代。

这是个从长期分裂最后走向统一的大时代。

一个充满变革精神的大时代

"三家分晋"后，晋国分裂成韩、赵、魏三国，其中魏国面临的形势最严峻。地处"四战之地"，且地少人多，生计难以为继。而这些正好促成魏国首先起而变法。魏文侯四十年（前406），魏文侯任李悝为相，提出——

以法为治

春秋战国之际，社会管理是取"礼治"还是"法治"，是颇具争议的，但总的趋势是人们觉得单靠礼治不行，还得为社会立规矩、定章程，让民众依法而行。在这点上，郑国的大臣子产开了一个好头，可以说，之后数百年依法行事的第一带头人就是这个子产。

子产是春秋后期郑国的一个贵族。郑国是一个小国、弱国，在列国争斗中受尽了折磨。郑简公二十年（前546），宋向戎发起了第二次弭兵大会，效果很好，列国间的相互侵凌明显减少了。可是，子产所在的郑国情况却不见好。外部压力是小了，内部的争斗更厉害。在诸强族中，数驷氏和良氏两族最强，两者争斗不已。有些中小的族类，为了自我强大，结成了所谓的"私盟"，以对付对手。这样无休止地明争暗斗，最终受苦的还是老百姓。子产不忍看老百姓受苦，决定变革。他作出一系列明确的法规，"都鄙有章，上下有服，田有封洫，庐井有伍"（《左传·襄公三十年》）。这段话的意思是说，都城和乡鄙都有规章，公田与私田、私田与私田之间的田界由国家划定，不准任何人

"占田过制"，以五户为一个基层单位，把居家户组织起来，犯了事谁都逃脱不了。最为重要的是，他于郑简公三十年（前536）"铸刑鼎"，也就是把法律条文明铸在铁制的刑鼎上，公告天下。当时不少人不同意这样做，连晋国的叔向也写信给子产，说"民知争端矣，将弃礼而征于书"，就是老百姓会用刑鼎上的条文超越礼制规定批评统治者，子产回答说，那样好啊，我那样做是"吾以救世也"。叔向还在信中说："我真担心，如果一代又一代的平民百姓都变得知法了，都懂得按法律条文上的规定要求当政者，那当政者还怎么管得了百姓呢？"子产回答说："那样更好，老百姓那样要求当政者，当政者就会依法办事，国家就会好了，社会就会安定了。"事实证明子产所言是对的，法可"救世"，战国时期风起云涌的变法都是为了"救世"。

战国时期魏文侯用李悝变法的思想源头，就是子产"法治救世"的观念。

韩、赵、魏三家分晋，赵国得利最多，韩国次之，而魏国居于末位。魏国在当时被称为"四战之国"，也就是四面受敌的国家。魏国的北面是强大的赵国，东边有占有一定地利的韩国，西边是一河之隔的日益强大起来的秦国。再加上魏国地少人多，单是解决口粮问题也不易。面对如此严峻的形势，魏国唯一的出路是变法自强！魏文侯四十年（前406），魏文侯任用李悝为相，实行变法。

据说李悝早年学过儒学，曾尊孔子弟子子夏为师，与田子方（子贡弟子）、段干木（子夏弟子）等人相善。后来他也读了不少法家的书。大约三十岁前后，他的法治思想已经初步形成。当时正是魏文侯急用人才的时候，他就投奔魏国，主持变法。

李悝主政魏国时，魏文侯问李悝有什么办法治理？不擅言表的李悝向魏文侯献了一部《法经》，并向魏文侯建言："以法为治！"他汇集了当时各国法学家的种种法律文本，编成了《法经》，以阐述他的法治思想。《法经》把重心放在解决社会问题上，他认为："王者之政，莫急于盗贼，故其律始于盗贼。"（见《晋书·刑法志》）魏文侯又问李悝"盗贼"有哪些？他回答说："这里讲的盗贼是广义而言的，它直指六种违法行为。"李悝详细说了如下六种：

一为"轻狡"，即轻狂而狡黠的犯罪行为，主要指偷盗之类。轻狂则不计后果，随意妄为，有些偷盗者的犯罪行为往往在一念之间。而狡黠者则明明知自己错了，还在为自己的罪行作自我辩解。

二为"越城"，即指偷越城墙的犯罪行为。在古代社会，城门有着防盗、防敌，维护社会治安的特殊功效。因此，当时的城门是按时开关的。"越城"而入者非大盗，即奸细，那是应予以重刑处置的。

三为"博戏"，古代的一种游戏，又称"局戏"。六箸十二棋，渊源久远。后在民间发展，汉代的《春秋繁露》中就记有博戏的行为。博戏一般指聚众赌博的不法行为。

四为"借假"，指经济领域的欺诈行为。那是花样百出的，一般是指以借贷为名的危害民生的种种欺诈行为。

五为"不廉"，这是对公务人员而言。举凡官僚和行政人员的种种危害社会和民众的行为，包括贪污行贿都在其内。

六为"逾制"，指超越法规制度规定的、为社会生活所不容的不法行为，都在加以处置的范围之内。

以上六点，实际上涉及政治、经济、文化、社会治理的多个领域，应该说已是相当全面了。魏文侯边听边点头，称其"善举"。

农耕历来是中国的立国之本，李悝竭力主张经济上推行"尽地力"和"善平籴"的政策，鼓励农民精耕细作，增加产量。"必杂五种，以备灾害"，用多种作物混种的方法，千方百计提高粮食单位面积产量。在政治上主张实行"食有劳而禄有功"，废除维护贵族特权的世卿世禄制度，奖励有功于国家的人。在他看来，如果能做到"赏必行，罚必当"，那国家的富强是必然之势。

李悝的变法主张确实是"善举"，尤其是《法经》，这是中国历史上第一部系统法典，是中华法系的鼻祖，对后世影响巨大。有人说"李悝参与了秦国的变法"。此话不假，虽然他没有入秦，但他的思想入秦了。后来商鞅由魏入秦，帮助秦孝文公变法时，将《法经》的"法"，改为"律"，入秦时随身带的就是这部《法经》。到了汉代，汉相国萧何在《法经》六条的基础上，又增加了《户律》《兴律》《厩律》，形成了汉代著名的《九章律》。《唐律》和《明清律》，秉承的也是李悝的《法经》立法原则。说李悝《法经》是中华法系的鼻祖，一点也不为过。

李悝在魏国实行变法，揭开了战国时代变法的第一幕。他把变革的矛头对准世袭世禄制，代之以能激发人的积极性的新的治理体制。他明确宣布，要让诚实劳动者有吃有穿，要让立功者得到相应的奖励，简而言之，称之为——

食劳禄功

"食劳禄功"的原文是"食有劳而禄有功"，意思是说，当权者应当让劳动者都能吃饱肚子（"食有劳"），并且对有功的人授予相当的禄位（"禄有功"）。唯有这样，国家才能繁荣昌盛。

当时魏国的形势很严峻。贵族世代享有祖辈获取的爵禄，长期养尊处优，花天酒地，不顾老百姓的死活。李悝将这类人称之为害国殃民的"淫民"。这些"淫民"势力很大，地位很高。魏文侯虽然是锐意变革的，但不知如何是好，一时心里很烦躁。

有一天，魏文侯烦恼地对李悝说："听了你多次的建言，我很想依法办事，该赏的赏，该罚的罚。可是，民众还是不愿为我效力，而且不满意、发牢骚，那是为什么?"李悝回答："道理很简单，就是因为淫民未除。在淫民把持下，能让你该赏的赏，该罚的罚吗?"魏文侯听了，显得有些为难，他问："那该怎么办呢?"李悝对此早已胸有成竹，他说出一番道理："为国之道，食有劳而禄有功，使有能而赏必行、罚必当。"明确指出，只有让劳者的生活得到根本的改善，只有以功行赏、以功定禄，才能真正改变国家的面貌。而要做到"食劳禄功"，就必须对"淫民"开刀，李悝说得非常干脆："夺淫民之禄，以来四方之士。"(《说苑·政理》)

听从了李悝的话，魏文侯在魏国范围内果断地采取了"夺淫民"的行动。那些世居高位的"淫民"一旦去世，家中的子女一律降为平民，按照其实际的才干给予一定的待遇。这样一来，魏国这样一个地方数百里的中等大小的国家，立刻就有数万"淫民"再也不能过"乘车马，衣美裘，以为荣华"的不劳而获的日子了，国家的开支就减轻了许多。

与此同时，魏文侯还按照"食劳禄功"的原则任用和提拔官吏。为了"食有劳"，就要发展农耕，李悝提出了"尽地力之教"的口号，使地少人多的魏国"食有余"；"禄有功"就要奖励有功人员，除了奖励军功人员之外，还要奖励像李悝这样的创新型人才。"使有能"，就是要发掘有才能的人，使他们（包括平民）得到任用。"赏必行、罚必当"，是要进行法制建设，实行法治。

魏文侯晚年，看到李悝也年岁大了，准备设立一位副相，以助李悝工作。有一天魏文侯问李悝："我想设立一位副相，以减轻你的负担。有两个人选，一个是季成子，一个是翟触，我觉得他们都很好。但一时定不下来，请你提提参考意见。"李悝先是推辞了一番，后来魏文侯一定要他表态，李悝就说了："人选定不下来，那是因为你没有对他们加以认真考察的缘故。我觉得，看显贵的人要看他推举了些什么人，看富有的人要看他结交了些什么人，看贫贱的人要看他最不愿干的是什么。"魏文侯听他这么说，马上打断他说："你不必再说下去了，我已经知道了，你认为可当副相的是季成子。"李悝大笑着说："对啊！应该说两人都很好，但比较起来季成子更好。季成子俸禄千钟，可他还是奔忙在底层，平时只有十分之一的时间在京城，十分之九的时间奔波在外。他与翟璜都向国君推荐了不少人才，可翟璜推荐的人才只能当帝王臣，而季成子推荐的人才足可为帝王师。"魏文侯听了这一番话，仰头大笑说："你还是在跟我说'食劳禄功'啊！季成子功劳大，懂得安顿劳动者，懂得奖励有功者，他可以为相！"（《说苑·臣术》）

在李悝的启示下，魏文侯一再要求臣下学会办实事，学会一套为老百姓谋福利的真本领。这里也有一则故事。

魏文侯派他的爱臣西门豹到邺地去治理。临行前，魏文侯专门找西门豹谈了一次话，说："那个邺地不好治理，环境不太好，民众对官员的要求高。民众对你的要求高，我对你的要求更高，那就是一句话：'必全功成名布义'。听懂了吗？"西门豹摇了摇头，如实地说："没听懂！"魏文侯告诉他："说是一句话，实际上是三句话：一是'全功'，就是要把邺地的事全方位地办好，水利要办，民生也要改善。二是'成名'，这个成名不是你个人成名，而是要把隐藏在邺地的有才干的人发掘出来，让他们名扬天下。三是'布义'，把国家'劳食禄功'的道义传达到邺地的每个人心中，让大家都愿意按这一规矩办事。"西门豹听了这番解释，这才听清了，他说："君主说的三点，我都记在心里了，我会认真去干的。"为了让西门豹真正认真干，魏文侯又说了这样一段语重心长的话：

"夫耳闻之不如目见之，目见之不如足践之，足践之不如手办之。人始入官，如入晦室，久而愈明，明乃治，治乃行！"（《说苑·政理》）

这可以说是一段千古流传的至理名言。其意思是说，耳中听到的，不如亲眼看到的可靠；亲眼看到的，不如亲自踏勘的可靠；亲自踏勘的，不如自己动手办理的可靠！人刚进入官场的时候，好像进入一间大暗室一样，经过长期的历练，就愈来愈明白事理。明白事理后去治理，就能干出一番事业来了。这样一番"大道理"，就是近三千年后的今人看来，也是深刻的。

魏文侯在位凡52年，在中国历史上也算是少有的统治长久且政绩卓著的君王。前395年，魏武侯即位，当时辅佐国政的已是吴起。魏武侯当时也已经是二三十岁的成年人了，他特别好学好问。当政的那年，他忽然发问："当政的第一年，为何要称之为元年呢？"吴起回答得很巧妙，也很有思想的深度，他说："元者，始也。以元年名始年，就是提醒当政者，新的开始到来了，你可要一开始就小心谨慎啊！元年之名，意在慎始！"魏武侯又问："那么，如何才能做到慎始呢？"吴起回答："慎始的标志就是要走正道，父侯坚持走的'食劳禄功'，就是一条治国理政的正道。"（《说苑·建本》）魏武侯在位二十五年，他是基本上走了正道的。

三家分晋，赵的获利最多，地大物博，社会相对安定。但是，事物发展的辩证法告诉我们，坏事可以变好事，如魏国然；好事亦可以变坏事，如赵国然。赵国的自然条件太优越了，"分晋"过程中得利太多了，反而使赵烈侯一度走上了一段弯路，沉湎于"好音"，经相国公仲连点拨，才开始走上正道——

节财俭用

在春秋时期，大小国家至少有一百多个，经过三百来年的战乱和兼并，到战国初年，最多只剩下一二十个国家了。而其中称得上大国的只有秦、齐、楚、燕、韩、赵、魏"七雄"。而这"战国七雄"中，三晋地区就占有了韩、赵、魏三雄。在韩、赵、魏三国中，魏国地域狭小，东与大国齐相邻，南与大国楚相望，西与大国秦相对，是标准的"四战之国"。韩国国小而又与魏国地域交叉，同时又夹在魏、秦、楚诸国之中，难以伸展而又多所牵制。唯有赵国独得天时地利，东有清河与齐为邻，南有漳河与魏为邻，西有黄河与秦相望，北有易水与燕为界，占有今山西北部、中部，河北中部、西南部，以及今内蒙古自治区的一部分。地域宽广，连成一片，物产丰富，资源充足，是当时七雄中的佼佼者。

春秋中后期，在晋公属下有几十家卿大夫，到春秋末时，只剩下智氏、范氏、中行氏和韩、赵、魏六家了，世称"六卿"。不多久，范氏和中行氏被赵消灭。公元前455年，最强大的赵、智两氏开始了恶斗。赵会同韩、魏两氏，打败了智氏，分掉了智氏所有的土地和财物，后又将公室的土地和人口瓜分掉，形成了晋公名存实亡，韩、赵、魏三家称侯的局面，不久三家就自立为国了。

公元前408年，赵烈侯开始主持赵政。那时，赵国在三晋中已是一家独大，而晋国的国君已是名存实亡。赵烈侯六年（前403），作为天下共主的周威烈王正式承认三晋为侯国：韩虔为韩景侯，赵籍为赵烈侯，魏斯为魏文侯。晋之三侯中，最强大的是赵国。

那时列国之间竞争激烈，各国都在谋求变革，而赵国之君烈侯却坐享其成，在那里听靡靡之音"郑声"。在位第六年时，为了庆贺周威烈王封赵侯之喜，他让那个"郑声"班子吹弹拉唱了足足半个月，过足了瘾，而那些"郑声"歌手也乘势向赵烈侯献媚，以求获取更多的利益。

有一天，赵烈侯突然对一直主张改革的相国公仲连说："我爱音乐，也爱那些郑声歌手，我想让那些郑声歌手成为我们国家的显贵。请问，那样做行吗？"

公仲连了解赵烈侯的秉性和脾气，知道硬顶是不行的，于是很有策略地回答："给这些人一点财富还是可以的，但不能让这些人成为权贵，更不能让他们执掌实权。"

赵烈侯说："好啊！现在我这里有郑声的著名歌手枪、石两人，我要赐他们土地各万亩，这事就由你去办吧。"

公仲连心里不以为然，但表面上还是不反驳，只是敷衍着回答："我知道了。"

可是，公仲连就是拖着不给。一个月后，赵烈侯从外地游山玩水后回到都城，急着问公仲连："给歌手枪、石两人土地，办妥了没有？"

公仲连还是敷衍说："事情正在紧锣密鼓地进行中，就是难以找到适合的地块，因此还没给。"

又过了几个月，烈侯又问起这件事，而且紧盯不放。公仲连为了避开此事，就干脆装病不朝了。

赵烈侯是相信公仲连的，知道他是个忠于职守的好官员。公仲连的一再推托使烈侯开始沉思，公仲连办其他事都十分干脆利落，为何单是在给枪、石两人土地的问题上支支吾吾、拖拖拉拉呢？其实，公仲连托病不朝的期间，他也没有闲着，他正托人为赵国物色贤才，这既能改善国政，又能帮助赵烈侯省悟过来。

过了相当长一段时间，公仲连上朝了。烈侯见到他的第一句话不是问他的身体状况，而是劈头劈脑就问："那两位歌者的赐田落实了吗?"

公仲连笑着回答:"我给你请来了比赐田给歌手更重要的三位治国理政的高人。我相信,你接触了这三位高人之后,一定会有许多新的想法的。"接着,马上将三位介绍给赵烈侯。他们分别是:"约以王道"的牛畜、"选练举贤,任官使能"的荀欣、"节财俭用,察度功德"的徐越。(《史记·赵世家》)

三位高人到来后,即对赵烈侯进行一系列的施政劝说:

第一天"牛畜侍烈侯以仁义,约以王道"。这是说牛畜同他讲政治,讲仁义道德,讲如何以"王道"治天下。

第二天"荀欣侍以选练群贤,任官使能"。这里实际上是明白地告诉赵烈侯,哪些人可用,哪些人不可用,用以影射那些歌手的不可重用。

第三天"徐越侍以节财俭用,察度功德"。这"节财俭用"四字,既是治国理政的大纲,此时提出来,又是直接针对赵烈侯的赐田予歌手之举。财用要"节",要"俭",怎么可以一伸手就"赐田万亩"呢?

赵烈侯热情地接待了三位贤才,并虚心采纳了他们的建言。不久,国政为之一新。公仲连一再向赵烈侯强调:"这'节财俭用'可是国之本啊,国财是民之血汗,当用之于民才对!"这时,赵烈侯如大梦初醒,决定改过自新,诚恳地说:"我现在决定,把赐田给歌者的命令取消了吧!"

于是,赵烈侯下令起用牛畜为"师",协助相国管理改革事宜;荀欣为"中尉",即中央的军事首长,实施武装力量的组建和整顿;徐越为"内史",负责对官员的监察事务。全权由相国公仲连负责推进改革,而提出的改革之大纲就是"节财俭用"四个大字。赵国由是富强了起来。

著名改革家吴起，一度为魏文侯大将。魏文侯去世后，又事魏武侯。一次，吴起陪魏武侯同游西河时，触景言理，他警示治国者说，如果不顺从民意，不关心民生，那么很可能会出现这样一种现象，即——

舟中敌国

"舟中敌国"这句成语见于战国时著名改革家吴起与魏武侯的对话中。其意是说，如果执政者不顺从民意，不注重民生，不认认真真地为老百姓办点实事，而是无休止地盘剥民众，那么，即使同舟中人也可能会有敌手的。此成语对统治者具有警示的意义。

吴起是战国初期的著名政治家、军事家和思想家，是卫国左氏（今山东菏泽市定陶区西）人，早年就学于曾子和子夏。他的一生具有传奇色彩。春秋战国之际，齐国和鲁国之间战事绵绵不绝，互相攻来打去是常有的事。当时吴起的名声已经很大，鲁君想起用其为将。这时，有人提醒鲁君："吴起的妻子是齐国人，他能全心全意地帮你抗击齐国的侵略吗？"听了此话，鲁君疑惑了，便不想再起用吴起了。吴起为了表明自己的真意，采取了极端的行动"杀妻明志"，以杀死自己的妻子，来表明自己的心志。鲁君看他那样的有决断，也就重用了他。他为鲁将之后，"将而攻齐，大破之"，为鲁国立下了极大的战功。

在鲁国站住了脚跟后，又有人出来翻他的老账，说吴起从小就是个"猜忍人也"。意思是，他是个既多所猜疑又残忍好杀的人。当时的鲁国流传着两个故事：一个故事是说，吴起出生在一个"家累千金"的殷实家庭之中，可是，他既不好好读书，又不谋取功名，把一个好端端的家搞破落了。"乡党笑之"，乡里人耻笑他，由是，他就"杀其谤己者三十余人"出逃。另一个故事是说，他流落在外，后来母亲死了，有人通知了他，"（吴）起终不归"。鲁国是儒家学说盛行的故乡，怎容得下这样一个不忠不孝的人呢？

鲁君不能用他，他就一气之下离开了鲁国，去了魏国。相对而言，魏国就不那么讲究礼仪道德那一套，政治气氛比较的宽松。三晋是法家的故乡，讲依法行事，讲军功显身，这一切正好符合吴起的脾性和追求。魏文侯对吴起不了解，问相国李悝："你给我说说，吴起是何等样人？"李悝回答说："吴起是一个贪于名利的人，很想在世间干一番大事业，而他在军事上是个天才，就是被称为兵家之祖的司马穰苴，也许还比不上他呢！"魏文侯一听军事才能超过"兵家之祖"，就爽快地说："好，那我重用他吧！"

吴起投奔魏之后，很快成为魏文侯的大将。他虽然身为将军，"与士卒最下者同衣食，卧不设席，行不骑乘，亲裹赢粮，与士卒分劳苦。"他是军队的最高统帅，却过着最普通的士兵的生活。吴起爱兵如子，当时有一些士卒身上生了脓疮，他亲自为士兵吮疽。一些士卒的母亲知道了这样的事以后，激动得哭了起来。有人问士卒的母亲："你儿子遇到这么好的将帅，你当母亲的为何为此伤心泪落呢？"这位母亲说："当年孩子的父亲在吴起那里当兵，吴起吮其父亲，结果其父不旋踵而战死。现在，吴起又吮其子，我怕他又会不旋踵而死！"这从另一个角度说明，吴起的关心士卒，对提高士卒的战斗力是多么的重要！

魏文侯十分看重吴起的治军思想。魏文侯死后，又事魏武侯，为魏国镇守国防重地河西，用以抵御秦、韩的侵袭。

总体而言，吴起与魏武侯的君臣关系是处理得不错的。魏武侯命吴起率军伐齐、征韩，都取得了胜利。他们之间的私交也不错。

一次，吴起陪同魏武侯一起游西河。在当时，黄河南北流向的那一段，人们习惯地称其为"西河"。而这段黄河又恰好在魏国境内。舟行河心，波涛汹涌，小舟劈波前行，两岸胜景尽收眼底。面对大好河山，两人的感受可以说是极不相同的。

目光短浅的魏武侯此时在舟船上大发感慨。他回过头来对吴起说："你看啊，我们国家的山河是如此之美，我敢说，我国的山河之固，简直可以用固若金汤来形容！吴君，你说呢？"

这时的吴起想的完全是另外一回事。他环视了一下魏国的大好河山，缓缓地、语意庄重地说："在我看来，一个政权是否稳固，在于君王是否修德。修德了，就能山河永固，不修德，再好的山河也永固不了。"最后，吴起道出了一句掷地有声的千古名言：

> "由此观之，在德不在险。若君不修德，舟中之人尽为敌国也。"（《史记·吴起列传》）

为了更好诠释"在德不在险"的道理，吴起列举了三则经典史实加以说明：其一，当年三苗族的首领，左有洞庭，右有彭蠡，可是由于"德义不修"，最后为大禹所灭。其二，当年夏桀，左有黄河和济水之险，右有泰山和华山之固，伊阙在它的南面，羊肠在它的北边，可是由于"修政不仁"，最后为商汤所灭。其三，当年的殷纣王，左边有孟门，右边有太行，北边有常山，南边有大河，但由于"修政不德"，最后为武王所杀。这三大经典史实都告诉人们：在德不在险！

吴起对魏武侯说，修德崇义，方得山河永固。而如果德义不修，"舟中之人尽为敌国也！"此时的武侯，经吴起苦口婆心的劝导论述后，也不得不承认"善"，其意思是说：你是对的。

与"舟中敌国"相对应的成语是"同舟共济"。"同舟共济"是讲人与人之间如能共修德义，那么，再大的风浪、再困难的处境也是能渡过的。"舟中敌国"则讲的是另一回事，如舟中人德义不修，各自为政，即使"同舟"，也会成为"敌国"的。

"舟中敌国"这句成语用在统治者身上，具有深刻的警世意味。民心就是江山，如果统治者失去了民心，那说不定哪一天会陷入"舟中敌国"的危境。

　　战国时期，为了富国强兵，不少国家都大兴养士之风。在当时的贵公子中，以养士闻名于世的，有齐国的孟尝君、赵国的平原君、魏国信陵君和楚国的春申君，在中国历史上有"四君子"之美称。当时，魏国信陵君的礼贤下士，闻名天下。他为了表示对隐士侯赢的真心敬重，为之亲自驾车，并——

虚左以待

　　"虚左以待"是我们常用的一句成语，虚为"空着"的意思。虚左就是空着左边的位子让尊者或长者坐。典出《史记·魏公子列传》："公子于是乃置酒，大会宾客。坐定，公子从车骑，虚左，自迎夷门侯生。"在当时人看来，左位是上位，魏公子把上位让给侯生，是对他的高度尊崇。此语成语化后，泛指对一切有地位、有学识和对社会有贡献的人的尊敬和礼遇。

　　但是在实际生活中，中国古时有以右为尊的，也有以左为尊的。中国古代中原汉族服装衣襟向右，所谓"右衽"。因为"右衽"是华夏之风，故尚右。《管子·七法》："春秋角试，以练精锐为右。"注者称："右，上也。"在《史记·廉颇蔺相如列传》中，有"拜相如为上卿，位在廉颇之右"的说法。可是，以左为尊的文献记载也不少。魏公子为侯生虚左是著名的实例。另外，《新唐书·王维传》："维工草隶，善画，名盛开元、天宝间，豪英贵人虚左以迎。"说明在中国历史上崇右和崇左都有过。很可能受中华"右衽"的影响，春秋以前主要是崇右，战国开始民族融合力度加大，崇左开始流行起来了。我们在阅读时，应当根据实际情况而定。

还是回到信陵君的话题上来。

信陵君是魏公子，他是魏昭王的小儿子。公元前369年魏国自称王，首任是魏惠王，他当了半个世纪的魏王，中经魏襄王，传到称王的第三代就是信陵君的父亲魏昭王（前295—前277）。魏昭王去世后，由其异母兄魏安釐王即位。信陵君是安釐王给他的封号。史书上说，"公子为人仁而下士，士无贤不肖皆谦而礼交之，不敢以其富贵骄士。士以此方数千里争往归之，致食客三千人。当时是，诸侯以公子贤，多客，不敢加兵谋魏十余年。"（《史记·魏公子列传》）魏公子信陵君的存在，竟有利于魏的国防，这是一大奇迹。

信陵君的养士，给他带来许许多多别人难以得到的信息。有一天，信陵君正在与魏君下棋。这时，北部边境有人举起了烽火，马上又传来了战报说："赵寇至，且入界。"魏王很紧张，几次放下棋子要去召集大臣议事，都被镇定如故的信陵君止住了，说："没事的，我们还是下我们的棋吧！"魏王还是紧张，说："战报上说，敌人已经打到我们的北大门了，你怎么说没事？"信陵君还是说："我说没事就没事，那是赵王在田猎，不是敌寇进犯。"魏君将信将疑，但心终是定不下来。过了片刻，正式的消息传来了：的确是赵王田猎，不是敌寇进犯。魏王为之大惊，问："怎么知道得那样清楚呢？"信陵君笑笑作答："我的那些门客中，就有深知赵王内部机密事的人，他的一举一动，都在我的掌控之中。"如此摊底，魏王这才真正知道了信陵君的厉害。

信陵君礼聘天下贤士，家中已有三千门客，他还是不满足，到处访贤求能。当时有个隐士叫侯嬴，已经七十岁了，家境贫寒，是大梁城东门的看门人。信陵君一听说了这个人，就马上派人去拜见，并送给他一份厚礼。但是侯嬴不肯接受，说："我几十年来修养品德，坚持操守，终究不能因我看门贫困的缘故，而去接受公子的财礼。"

信陵君决定屈身前往拜见。有一天，他大摆酒席，宴饮宾客。大家来齐坐定之后，信陵君就带着车马、随从人员，空出车子上作为尊位的左位，亲自到东城门去迎接侯嬴。侯嬴整理了一下破旧的衣帽，就径直不卑不亢地上了车子，而且坐在了信陵君空出的尊贵座位，丝毫没有谦让的意思。他这样做，是想借此观察一下信陵君的态度是否真诚。这时，信陵君作为一名驾车的驭者，双手紧紧握着马缰绳，表现得更加恭敬和专注。

行程过半，侯嬴忽然对信陵君说："我有个老朋友在街市的屠宰场那边，我希望委屈一下公子，能否让车马转个弯，载我去拜访拜访他。"这明明是在为难信陵君这位贵公子。可是，信陵君只是"诺"了一声，立即转弯驾车前往街市。到了那里，侯嬴下车去会见他的朋友朱亥。他斜睐缝着眼，时不时看看公子，故意久久地站着与朋友聊天，借以暗中观察。可信陵君的面色更加和悦可亲，一点也没有厌倦的意思。

这时，魏国的将军、宰相、宗室大臣，以及高朋贵宾早已坐满堂上，正等着信陵君前来举杯开宴呢！因为等得太久了，不少客人们显得有些不耐烦了。信陵君的随从人员都暗中责骂侯嬴是个不知趣的"老东西"。可侯嬴偷眼看信陵君，其和悦的面色始终不变，这才告别朋友上了车。

到了信陵君府上，信陵君领着侯嬴坐上位，向全体宾客介绍赞扬侯嬴，满堂宾客无不惊异。大家酒兴正浓时，信陵君站起来，走到侯嬴面前举杯祝他健康。侯嬴趁机对公子说："今天我侯嬴为信陵君也算尽力了。我只是一个看守城门的人，可是公子委屈自己，亲自驾车马，在大庭广众之中迎接我。我本不该再去拜访朋友的，公子竟屈尊陪我拜访他。这样做，我也是想成就公子的名声，故意让公子的车马长时间停在街市中，当时来来往往的人都在观察公子，结果公子的态度更加谦恭。街市上的人都以为我是小人，而认为公子是个高尚且能礼贤下士的人啊！"在这次宴会散了后，侯嬴便成了信陵君的贵客。

侯嬴对信陵君说："我所拜访的屠夫朱亥，是一个贤能的人，只是人们都不了解他，所以隐没在屠夫中了。"信陵君曾多次前往拜见朱亥，朱亥故意不回拜、不答谢，信陵君觉得这个人很奇怪。

当年魏王由于害怕秦国，始终不肯听从信陵君的意见与秦一战。信陵君估计终究不能征得魏王同意出兵，就决定自己行动。信陵君请来宾客，凑了一百多辆战车，打算带宾客到战场上去。他带着车队经过东门时，去见了侯嬴，把打算同秦军拼死决战的情况告诉了侯嬴。然后向侯嬴诀别准备上路，行前，侯嬴冷冷地说："公子努力干吧，我老了，不能随行了。"公子走了几里路，心里很不痛快，自语道："我对侯嬴的照顾算是够周到的了，这天下无人不晓。如今我将要为国赴汤蹈火，献出生命，可是侯嬴竟然没有一言半语来送我，难道我对他有失礼的地方吗？"于是又赶着车子返回来，想责问侯嬴。侯嬴一见公子返回，便笑脸相迎说："我知道公子会回来的。"接着又说："公子好客爱士，闻名天下。如今有了危难，我等岂有不忧心的？但想要去同强秦硬拼，就像把肉团扔给饥饿的老虎，有什么作用呢？如果这样的话，还用我们这些宾客干什么呢？公子待我情深意厚，公子离开这里我却执意不送行，因为我料定公子会觉得遗憾而返回来的！"此时，公子才开了窍，接连两次向侯嬴拜礼，进而问对策。侯嬴就让旁人离开，同公子秘密交谈，献上计策，真可谓"养兵千日，用兵一时"。

前面说的是中国北部的强国魏国，现在谈一谈南方的楚国，而沟通南北的是一个叫吴起的改革家。魏武侯后期，吴起在魏国遭到权贵的排挤，于是来到南方的楚国。当时楚国政局不稳，所谓"大臣太重，封君太众"。更为严重的是，楚国财富高度集中，而民不聊生，饿殍遍野，盗贼横行，甚至连贵为国君的楚声王也为"盗"所杀。面对纷呈的乱局，吴起决定把改革的主旨定为——

损有余，补不足

在春秋时期，楚国曾有过辉煌的称霸历史。公元前606年，不可一世的楚庄王率大军北上，打败了洛水一带的陆浑之戎，进入了周的洛邑京郊。周定王派王孙满来见楚庄王，楚庄王极为无礼的"问鼎之轻重"，受到了王孙满的斥责。从公元前606年到前598年的短短八年间，楚先后七次进军中原，与同样是霸主的晋对峙。还曾与中原的陈、郑、蔡等国结盟，使晋国也奈何不了。可是，由于楚国贵族势力的强大，以及内部斗争的持续不断，楚国很快就衰弱下去。战国时各大国都在实行变法，到楚悼王（前401—前381）时，顺应时代的潮流，楚终于用吴起实行改革。

吴起在去楚国之前，在魏国推行变法，应该说吴起对魏的贡献是巨大的。在他的带领下，魏国实行了强兵战略，一度数败强秦，连拔五城，夺回了西河之地，又与西门豹联手，消灭了中山国。吴起在政治建设上也成绩卓著，使魏国一度万民亲、百官治、府库实。在魏国时，他还根据实战经验，写出了《吴起兵法》，据说当时"藏孙吴之书者家有之"，可见其影响极大。但是，吴起在魏国始终没得到十分的重用，尤其是魏文侯去世后，继任的武侯对他实行种种限制。因此，当听说楚悼王欢迎他南下时，他就毅然决然地离魏去楚了。

吴起大约于楚悼王十八年（前384）来到楚国，楚王先是委任他为宛守（宛是南阳郡治所，今河南南阳），以防御魏与韩的进犯。由于他们驻防卓有成效，军队也训练有素，一年多以后，即楚悼王二十年（前382），吴起被突击提拔为令尹，相当于国相，全权主持变法事务。吴起对楚国的实际情况调查研究后，认为楚国的弊端在于贫富不均，旧贵势力把持国政，阻碍了社会的正常发展，于是他决定不计个人得失，进行一番改革。

在公布施政纲领之前，他征求楚国大夫屈宜臼的意见。吴起带着请教的口吻说："屈先生，您对楚国的情况是最为了解的。现在楚王让我担任当楚相，我才学浅薄，向您请教。"

屈宜臼见吴起如此谦虚，便反问了一句："你准备怎样做啊？"

吴起已经想好了，说了一段经典名言："将均楚国之爵，而平其禄。损其有余，而继其不足。厉甲兵，以时争于天下。"（《说苑·指武》）

这段话的意思是说：我准备均平楚国的爵位，使那些世官世禄者不能坐享其成，使官僚层的俸禄变得公平合理。我要减损那些巨富者的财富，补充给社会上的贫困人士。我要提高武装水平，使楚国在这个天下纷争的局面中能有立足之地。这段话中的"损其有余，而继其不足"，后世就成语化为"损有余，补不足"，具有"均贫富"的积极思想内涵，而被后人所充分肯定。

听了吴起和盘托出的"损有余，补不足"的变革纲领，屈宜臼极为反感。屈氏严词反驳道："我听说从前善于治理国家的人，是从来也不去改变成法，也从来也不去打破常规的。现在你要'损有余，补不足'，把什么规矩都打破了，这怎么行呢？你还要'厉甲兵'，这一条我也不能认同。兵是凶器，战争是逆德，都是万万不可的。你认真思考而后行吧！"说了这些后，便气呼呼地走了。

吴起一听便知道了，屈宜臼其人是个十足的守旧派。在楚国，这样的守旧派当然绝非屈宜臼一人。要变革，非得摈弃此类人物不可。好在当政的楚悼王，他是全力主持变法的革新者。

"损有余"，其矛头直指掌控楚国全局的旧贵。吴起认为，楚国之患在于"大臣太重，封君太众"。这些大臣和封君，掌控了社会财富的绝大部分，成为社会的寄生阶层，这些人"上逼君而下虐民"，不向这些旧贵开刀，楚国的面貌改变不了。针对这种状况，吴起采取了四项强硬措施：

其一，"封君之子孙，三世而收爵禄，绝灭百吏之禄秩"。官当得再大，到了第三代原先的"爵禄"就要废除掉。这对世官世禄制度是一个根本性的铲除。就当时而言，那些权重的"大臣"，那些众多的"封君"，可以说百分之九十都已距初封时超出了三代，这就意味着按吴起的规矩办的话，对权贵的打击是全面的，也是致命的。

其二，"损不急之枝官，以奉选练之士"。这是对整个官僚系统动大手术，只要是不怎么需要的官僚机构都精简掉。保留下来的机构和职务，也要让精明能干的人担任。

其三，"塞私门之请，壹楚国之俗"。这是反对腐败，改变官风官俗，对民风民俗也要做一番改革。

其四，"令贵人往实广虚之地，皆甚苦之"。这可以说是最厉害的一招，把那些没事干的旧贵族发配到贫困的"广虚之地"去自食其力，让他去吃吃苦头，也是对这些人的一种改造。

这四条作为历史文献都记述在《吕氏春秋·贵卒》中了，说明当时的确是这样做了。

"补不足"，主要是为老百姓们着想的，为的是切切实实地帮老百姓脱贫。吴起提出，"禁游客之民，精耕战之士"。把土地分给民众，让大家都有田地耕种。耕种所得，绝大部分归于民众所有。作为老百姓，平时耕作为民，战时为兵，兵民一体，实现"富国强兵"的目的。

　　吴起的变法改善了楚国的政治面貌，极大地提升了楚国的综合国力。以吴起为代表的改革派坚持发展农耕和强军并重的路线。吴起被任命为令尹（国相）后，即率军向更南部的百越地区进军，兼并了大片土地。接着又举兵北上，直接与三晋诸国对垒。公元前381年，与魏国大战于州西，号称——

饮马黄河

　　吴起在楚国的改革，一开始就阻力重重。楚国的那些旧贵族攻击吴起"阴谋逆德，好用凶器"，咒骂吴起是不利于楚国的"祸人"，预言"非祸人不能成祸"，意思是说"变革"会给楚国带来难以预料的祸害。保守派们还把矛盾直指支持吴起变法的楚悼王，说他在楚国搞变法是"逆天道"。面对这一切，吴起毫无畏惧。整个改革全过程得到了楚悼王的全力支持，因此吴起的改革很大程度上改善了楚国的政治面貌，极大地提升了楚国的综合国力，使之一度成为当时名副其实的强国。

　　依据中国古代经典兵法"国虽大，好战必亡；天下虽安，忘战必危"（《司马法》）的提示，吴起坚定地实行"禁游客之民，精耕战之士"的国策。"耕"是发展农业，改善民生。"战"是强化武备，提高国力。"耕战"的国策后来为秦国所继承，成为秦统一天下的立国之本。吴起的"精耕战之士"使楚国一度成为战国时期屈指可数的强国、大国。

　　当时楚国的周边地区还是很不安宁，为了给楚国民众创造一个和平安宁的生存环境，吴起率军南向，史书上有这样的记载："吴起相悼王，南并蛮越，遂有洞庭、苍梧。"（《后汉书·南蛮传》）"南平百越。"（《史记·吴起列传》）在古代历史上，所谓"蛮越""百越"是一个十分宽泛的地理概念，甚至可以泛指南部中国。吴起率楚军南下的巨大历史意义在于，现今的江西南部、湖南地区和两广地区的大部分并入了楚国的版图，融入了汉文化之中。从此，百越之地与中原地区的文化和经济交往大大频繁，这对统一的多民族国家的形成起了极大的作用。

强大了的楚国除了南向之外，还不断北征。这就是所谓的"北并陈蔡"（《战国策·秦策》）和"却三晋，西伐秦"（《史记·吴起列传》）。楚悼王十八年（前384）吴起入楚，楚悼王马上委以重任。楚悼王十九年（前383），中原地区风云突变，赵国、魏国、卫国之间展开了领土之争，战事绵绵。楚悼王二十年（前382），中原各国之间的战争形势更为恶劣，尤其是赵国与魏国之间打得不可开交。楚悼王二十一年（前381）战事发生了戏剧性的变化，赵国使者来到了楚国，要求楚国助它一臂之力。这在楚国引起了极大的反响，有的认同，有的反对。而作为国相的吴起力主出兵中原，认为这样可以伸张楚国的军威，之后晚年的楚悼王也赞同此说。这一年的秋天，楚军以救赵攻魏为名北上，"战于州西，出于梁门，军舍林中，马饮于大河"（《战国策·齐策五》）。这是吴起在楚国实施变法以来在军事上取得的最大胜利。

"马饮于大河"，这里的"大河"即指黄河，原意是地处南陲的楚军挥师北上，一直打到黄河边上，让战马可以在黄河中饮水。后来成语化以后，一般规范化为"饮马黄河"一语，意指从远方来的族种，一直征战到中原的黄河边上。在运用"饮马黄河"一语时，当事者往往充满着胜利者的自豪感，同时也有着对各族共同的母亲河——黄河的敬畏。

当然，吴起变法极大地触犯了旧贵族的利益。楚悼王一去世，楚国贵族乘机作乱。在楚悼王灵堂上，旧贵族们起而攻击吴起，吴起伏身于楚悼王尸体上，贵族们就把他乱箭射死。同时，一些箭头也穿刺到楚悼王的尸体上。按楚国法律，"刺兵于王尸者，尽加重罪，逮三族"（《吕氏春秋·贵卒》）。楚肃王即位后，一面是严惩"刺王尸"者，为此而被诛灭三族的贵族就有七十多家，有的贵族在楚国站不住脚跟了，就逃亡国外。同时，新登王位的楚肃王为了在旧贵族与革新派之间取得某种平衡，将吴起尸首施以车裂之刑（见《韩非子·和氏》《墨子·亲士》）。这是一个伟大的改革者的悲剧结局。

吴起在楚国的变法，在时间上是短暂的，但影响却十分深远。楚悼王十八年（前384）吴起入楚，到楚悼王二十一年（381）楚悼王去世，前后总共也只有大约三年的变革时间。但是，就是这三年间的变革，平定了内乱，改善了民生，强大了国力，扩展了领土，甚至实现了常人难以想象的"饮马黄河"的壮举，为世人所传颂。

可以这样说，吴起在楚国的变法失败了，但它的影响是久远的。1958年，在安徽寿县发现了一件《鄂君启节》，"鄂君启"是后世楚怀王时的一位封君，"节"是其外出时的通行证。在这份通行证上，注明了鄂君启外出时的车船的大小、载重、行程等方面的限制。据考证，这就是吴起变法留下的遗痕。当时吴起不是说楚国"大臣太重，封君太众"吗？那就要采取相应的限制措施。大量的封君被削去了，那是没有问题的；保留下的（如"鄂君启"）也在权益上加以限制。这种限制在吴起在职时当然是实行了的，不少限制措施就是在变法失败后也因为大受民众欢迎而被保留了下来。从楚悼王当政，到楚怀王之世，时间流淌了将近一个世纪，可"吴起法"还在部分地执行，这正好说明了变革进步是不可阻挡的历史的潮流。

战国时代的楚国，因吴起变法而一度十分强大，楚悼王时甚至"饮马黄河"，到了半个多世纪后的楚顷襄王时代（前298—前262）已经衰弱不堪了。当时，最为著名的人物是大诗人、大政治家屈原和他的弟子宋玉。宋玉是当时最了不起的辞赋家，曾任楚顷襄王的大夫。就因为他太有才了，招来了一些人的嫉恨。后来，宋玉在诗中有这样的感叹——

曲高和寡

一提起战国时的辞赋，人们常以"屈""宋"并称。"屈"指的是楚大夫屈原。鲁迅先生称，屈原的人格伟大，其辞赋韵言"逸响伟辞，卓绝一世"。而"宋"指的是屈原精神的主要承继者宋玉。《史记·屈原贾生列传》有言："屈原既死之后，楚有宋玉、唐勒、景差之徒者，皆好辞而以赋见称，然皆祖屈原之从容辞令，终莫敢直谏。"

宋玉的《风赋》《对楚王问》《登徒子好色赋》，都是在"莫敢直谏"的恶劣政治环境下，用"从容辞令"写出的一篇篇别具深意的"谏书"。

屈原和宋玉生活在楚国最黑暗的楚怀王（前328—前299）和楚顷襄王（前298—前263）时代。屈原是一位有着强烈的忠君爱国思想观念的士夫夫，而楚怀王则是楚国历史上有名的昏君。他起先在联齐抗秦上与屈原是一致的，对屈原也有着一定信任，但后来完全倒向了腐败贵族一边，对屈原加以种种迫害，而且不听屈原劝告，多次破坏齐楚联盟，为秦所利诱，最后国破家亡，身死于秦国。看到楚国一点点衰败下去，屈原就把自己一片爱国的赤诚之心，化成为传世的诗赋，正如李白在《江上吟》中所说的："屈平辞赋悬日月，楚王台榭空山丘。"屈原愤而投江自尽后，宋玉继承屈原的传统，仍然以诗赋为武器，倾诉了自己的心志和意愿。

在"众人皆醉我独醒"的社会大背景下，作为屈原思想的真正后继者的宋玉，其内心是极为痛苦的。在当时，楚王朝的颓势已定，连楚国的都城也多次被占领、被毁灭，大片国土丧失。而楚国的当政者——国君，大臣，权贵沉浸在醉生梦死之中。他们不仅不以醉生梦死为耻，还嘲笑正直的士大夫"何士民众庶不誉之甚也"。意思是说，你宋玉这样的人，整天忧国忧民的，可有几个人理解你们的啊？"不誉之甚"，是说人们都不怎么赞誉你们。

宋玉文才出众，能言善辩，一度楚王也非常赏识他，这就遭到了不少同僚的忌妒和怨恨。在群臣中，宋玉似乎是孤立的。在宋玉内心看来，这是一种"光荣的孤立"，可是，对这样的"孤立"，楚王不理解，人们也不理解。宋玉手里的唯一武器是笔，他要用自己手中的笔作答。

于是，宋玉作《对楚王问》，在"莫敢直谏"的特殊背景下，以一篇奇文予以回答。

在《对楚王问》中，宋玉设定了这样一个场景：

一天，有人在楚王面前说了不少宋玉的坏话，楚王听得实在有点不耐烦了。于是，便把宋玉叫来当面询问："这究竟是怎么一回事啊？为何会惹出了那么多闲言碎语呢？"宋玉为自己据理力辩。楚王听后，说："你说的，当然也有道理。可为什么会有那些人偏偏跟你作对，总在背后说你坏话呢？你若能讲出令人信服的道理来，我就认定那些人说的都是假话，要不然，你说得再好，也是没有用的！"宋玉立即回答道："大王，您不要先责怪我，让我讲个故事，也许能够代我回答您所提的问题。"

宋玉讲了这样一个故事：

有个外地人来到了都城，他在闹市里唱起歌来。开始唱的是楚国民间通俗歌曲，一曲叫《下里》，另一曲叫《巴人》。由于曲调通俗流行，会唱的人很多，跟着一起唱有好几千人，真可说相当热闹。

后来，他又唱起了格调稍微高雅一点的《阳阿》和《薤露》。这时，跟随他一起唱的人少了许多，大约就只有几百人了。

再后来，当他唱起了更为高雅的《阳春》和《白雪》的时候，难度更大，跟着唱的人就只有几十个人了。

最后，他将五音特色调和发挥，使乐声的和谐程度达到了极境。这时，能跟着唱的就只有极少数几个人了。

这里包含着怎样的道理呢？道理很简单，就是歌曲越高雅，难度越高，能跟着唱的人就越少！《宋玉·对楚王问》是这样给出答案的："引商刻羽，杂以流徵，国中属而和者，不过数人而已。是其曲弥高，其和弥寡。"这里说的"引商刻羽，杂以流徵"，是指讲究五音、完善声律，能达到这样高的境界的人，当然少之又少了。"曲高和寡"也是势所必然的事了。

"曲高和寡"作为一个妙喻，就首见于宋玉的《对楚王问》一文中。宋玉提出这一妙喻的本意在于阐明人世间一个基本道理："夫圣人瑰意琦行，超然独处，世俗之民又安知臣之所为哉！"意思是说，圣人有着高洁美好的情操和志趣，因而超然独处也就不奇怪了。正因为如此，那些平庸的人们不能够理解我宋玉的行为，甚至产生种种误会，也就没有什么好奇怪的了。

楚王听了这则故事之后，大受启发，觉得宋玉的话很有道理。宋玉这样"曲高和寡"的人才实在难得，也就不再追究他什么了。

由"曲高和寡"的故事，带出两个人们耳熟能详的成语："下里巴人"，本指流行于战国时期楚国民间的通俗歌曲，成语化后泛指一切通俗化的文化产品。与"下里巴人"相对的是"阳春白雪"，指战国时期楚国的高雅歌曲，成语化以后泛指一切高雅的文化产品。

在宋玉看来，"曲高和寡"并不一定是人所处的理想状态，如果有更多的人能同情、理解、赞许、认同"曲高"者，那该有多好呀！他把这种希望寄情于梦境，寄情于诗文。在他所著述的诸多诗文中，创造出了多个理想化的"美人"的形象，《登徒子好色赋》中的东家子就是其一。"东家之子，增之一分则太长，减之一分则太短；著粉则太白，施朱则太赤。眉如翠羽，肌如白雪，腰如束素，齿如含贝。嫣然一笑，惑阳城，迷下蔡。"简直是完美无缺的大美人儿。宋玉如此赞许和认同"东家子"，"东家子"是否懂得"曲高"的宋玉其人呢？作者没有明说，把答案给了历史，留给了后人。

当然我们完全有理由相信，人类社会是不断向前发展的。总有一天，"曲高"者会被世人所广泛认同。到那时，"曲高和寡"的成语将被废除，代之以"曲高和众"的新成语。

在吴起变法稍后，韩昭侯（前362—前333）任用"亡国贱臣"申不害实施大刀阔斧的变法。申不害主张加强君权，强调"术治"，讲求监控臣子的手腕，即所谓"操生杀之柄，课群臣之能"。而国君应该独视、独听、独断、独行，总而言之，是大权独揽——

独断独行

"独断独行"这一成语的出典，应与战国时期法家思想家申不害的主张有着密切的关系。申不害主张君王统治"术"的精粹是"独断独行"。这里所说的"独断"，就是君王独自作出判断和决断；"独行"，就是君王独自行动，不受守旧的臣属和他人的牵制。申不害是法家思想家，但他的理论又有别于传统意义上的法家，他强调"术"，强调以

"术"御臣。

　　关于申不害个人的文献资料很少，只在《史记·老子韩非列传》中有68个字的记述，其他都是一些零星资料。申不害是郑国京邑（今河南荥阳东南）人，从小家境贫寒，但爱书如命，读了很多书，尤其熟读了老子的书，后来融会在他别具一格的法家思想中。所以，他的理论"本于黄老而主刑名"（《史记·老子韩非列传》）。郑国被灭时，申不害大约已经成人，且在政府部门就职过一段时间，故被称为"亡国贱臣"。韩昭侯四年（前359），申不害来到了韩国国都。后受到韩昭侯的重用，并授以相位，开始了轰轰烈烈的变法运动。

　　申不害入韩之时，韩国正处于要不要变法和怎么变法的关键时刻。要不要变法？韩昭侯实在有点儿犹豫不决，民众也信心不足。以前韩文侯也进行过变法和改革，但效果不佳，"晋之故法未息，而韩之新法又生；先君之令未收，而后君之令又下"。（《韩非子·定法》）新法与旧法的交叉显现，使民众无所适从，当官的也不知该怎么办为好，有些奸佞之吏趁机从中渔利，最终受苦的还是万千百姓。韩昭侯苦着脸对申不害说："现在各国都在改革，我也想变革图强。但我害怕像以前那样越改越乱。"申不害告诉昭侯："那怎么可能呢？我分析过了，以前变法之所以失败，不在于变法本身，而在于国君治国无术，如果把法治和术治结合起来，那变革必有成效。"韩昭侯心中还是没有底："何为术治，我还是弄不明白，心中还是感到不踏实。"

　　为了让韩昭侯心中真正能踏实起来，弄懂术治的重要性，申不害提纲挈领地说了那么几句话："明君使其臣并进辐凑。""君设其本，臣操其末；君治其要，臣行其详；君操其柄，臣事其常。"（《申子·大体》）这是什么意思呢？第一句话是一个妙喻，他是说：君臣关系好比一只正常运转着的车轮，车轮的车辐分散向四方，但是最终辐条还是要凑集到车毂（车轮的中轴）上来，只有那样才能正常运行。所以

"明君使其臣并进辐凑"是生活中习见的常理，也是政治活动中的常理。第二句话是讲政治生活的常规，国君要坚持"设其本""治其要""操其本"，这些都要牢牢地抓在君主手中，一点也不得放松。对于臣者，不管你地位多高、权力多大，只能去做具体的事务性的工作。所谓"术"，就是要端正君臣关系，使国君真正能"操其本"。为了强化君权，君主在用"术"上甚至可以无所不用其极。韩昭侯听后高兴极了，说："你说得完全对，我们照你说的大干一番吧！"

当时韩国受实力比自己强得多的魏国的压迫，战事大有一触即发之势。为了做好国内的事，首先得稳定国与国之间的局势。申不害很聪明，主动要求与韩君细谈，并授之以"示弱"之术，告诉魏国，韩国不会对魏国有任何的非分之想。相反，是会像对待兄长一样尊重和帮助魏国。这样既使魏国感到很有面子，又使韩国近期不会受到外部势力的侵犯。由此韩昭公很赏识申不害，昭公十一年（前351）任之为相，授以变法图强大事。

韩国的君权衰微，地方势力十分强悍，侠氏、公厘氏、段氏三大族几乎控制了地方和中央的一切权力。"明主之道，在申子之劝独断也。"（《韩非子·外储说右上》）"独断"就是中央集权，就是中央对地方的绝对领导地位。申不害教韩昭侯要以"独断"之术除去这三大强族。他与韩侯做了许多准备工作，包括军事上的准备。当时，表面上好像一切都与往常一样平静，甚至韩君对三大族表现得更加谦卑。但时机一旦成熟，韩昭侯就以迅雷不及掩耳之势剿灭了三大族。这样，君权一下子提升了，韩国的社会风气大变。韩昭侯面对这一切当然很高兴。此时，申不害告诉韩君，这就是君主的"术"创造的奇迹。他说："独视者谓明，独听者谓聪。能独断者，故可以为天下王。"（《韩非子·外储说右上》）在这里，"独断独行"作为一个固定词组运用于韩国的政治生活之中。作为中央集权的一种手段，也渐渐为人们所认可。

申不害所讲的"术"，主要是指任用、监督、考核臣下的方法，即所谓"术者，因任而授官，循名而责实，操杀生之柄，课群臣之能"。（《韩非子·定法》）君主以"术"对臣下的考查主要有三个方面：一、工作是否称职，这主要是能力问题；二、言行是否一致，这主要是态度问题；三、对君上是否忠诚，这当然是最主要的。"术"与"法"是很不相同的。法面向大众，而术主要针对官吏臣僚；法要君臣共守，而术是国君独操；法要公开透明，甚至可以铸在刑鼎上公诸民众，而术则藏于君的胸中，不可示人，因此"术"又被称为"秘术"。申不害主张君主利用"独断独行"的秘术，维护君权，维护中央集权，从历史角度看，是有其积极意义的。

与申不害实施变法的同时，齐国用邹忌为相实行变革。齐国从田齐桓公（前374—前358）起实行文化开放政策，网罗了一大批人才，齐国的发展就快于周边一些国家。对此，继桓公之位的齐威王有点自以为了不得。为了让齐威王头脑清醒，有所省悟，邹忌讲了个有趣的故事，去"王之蔽"，其中涉及这样一个虚拟人物——

城北徐公

齐国原是太公望吕尚（姜尚）的封国。在文王兴周、武王伐纣的过程中，吕尚功垂千秋，被封于齐，成为齐这个诸侯大国的开国始祖。到齐桓公（前685—前643）时，国力达到鼎盛，成为"九合诸侯，一匡天下"的春秋霸主。公元前643年桓公去世，国力也随之衰微。桓公去世后约一个半世纪，姜氏齐国消亡，代之而起的是来自陈国的田齐政权。公元前481年，田常杀死了齐简公，史称"政由田氏"，从此齐国由田氏专政，奠定代齐的基础。到公元前386年，周王承认田和为诸侯，这是战国田齐之始。

田齐政权建立后，接受姜齐晚期政权腐败而亡的教训，重视人才，重视吏治，尤其重视文化开放。从田齐桓公起，就在国都临淄城西边的稷门外，设立"稷下学宫"，招徕各国学者和有志之士来齐论学，学风大盛。

据传，到齐威王、齐宣王时期，稷下学宫成了天下各学派活动的中心。应劭《风俗通》云："齐威、宣王之时，聚天下贤士于稷下，尊宠之。"《史记·孟子荀卿列传》："自邹衍与齐之稷下先生，如淳于髡、慎到、环渊、接子、田骈、邹奭之徒，各著书言治乱之事，以干世主。"这里所谓的"以干世主"，主要是指稷下学宫的学者对田齐"世主"的建言。宣王之世，前来稷下学宫讲学的著名学者就有七十六人之多，他们既是学宫的导师，又是王者的友朋和谋士，"学士复盛，且数百千人"。在稷下学习的学者，人数多达千人，可见当时文化之盛。至今留存的所谓"稷下亭"，实际上是当时学者讲学和议论的地方，很有纪念意义。

由于国力大增，文化昌盛，属下之人又多所赞誉，当政的齐威王很自然地流露出骄傲自得之态。

公元前357年，齐威王即位，年仅二十二岁的邹忌（约前385—前319）来到齐国。这和韩国用申不害，秦国用商鞅，几乎是同时。

邹忌虽说是个法家人物，可在与齐威王交往中，善于用隐喻的手法提示对方，这也算是一种循循善诱吧！

一到齐国，邹忌就表现出了自己的不凡身手。他"以鼓琴见威王"，也就是用"鼓琴"的琴理，来比喻"治国家弥（安）民众"的政理。他告诉齐威王，国君好比一把琴上的大弦，国相好比琴上的小弦，政令好比弹奏过程中的指法。琴音要协和好听，三者就要"大小相益""复而不乱"。治国平天下的道理也是一样的，贵在协调，贵在君臣配合。齐威王听了，觉得这个年轻人不错，有见地，就把他留在了自己的身边，据说三个月后就授之以相印。

与齐威王相处日久，邹忌愈来愈觉得对方身上有一种傲气，一种听得进好话听不得坏话的不良习气。为了去"王之蔽"，邹忌特意给齐威王编织了一个"我与城北徐公孰美"的著名故事。故事的梗概是这样的：

身长八尺有余的邹忌，的确可算是相当美的美男子了，而且家中人人都在夸他，说他比"城北徐公还美"。这使邹忌很自信，甚至可以说是自傲，以为自己果真是天下第一美男子了。但是有一天，邹忌亲眼见到了城北徐公，发觉若与城北徐公比较起来，无论是身材，还是相貌，实在比不上对方，真正当得起"齐国之美丽者"称号的，客观地说当属徐公，自己的确"弗如远甚"。

可是，邹忌这时再去问家人，要他们讲实话，我邹忌与徐公相比，究竟谁更美。问妻子，妻子还是说丈夫美；再去问小妾，小妾还是说自己的男人美；问客人，客人还是说"徐公不及君之美"。邹忌晚上睡不着，思之再三，得出了这样的结论："妻之美吾者，私我也；妾之美我者，畏我也；客之美我者，欲有求于我也。"（《战国策·齐策一》）其意是说，我的妻子赞美我，是因为偏爱我，妾室赞美我，是因为害怕我，客人赞美我，是因为有求于我。

想到这些，邹忌上朝拜见齐威王，说："我知道自己确实比不上徐公美。可是我的妻子偏爱我，我的妾害怕我，我的客人有事想求助于我。所以，他们都撒谎说我比徐公美。其实，我是根本比不上城北徐公之美的。这个道理用之于社会，用之于国家，也是有启示意义的。如今齐国有方圆千里的疆土，有一百二十座城池，有强大的国力。宫中的姬妾及身边的近臣，没有一个不偏爱大王的，朝中的大臣没有一个不惧怕大王的，全国范围内的百姓没有一个不有事想求助于大王。这样一来，你沉浸在一片赞扬声中也就不奇怪的了。由此看来，大王您受到的蒙蔽太严重了！"

经邹忌轻轻一点，齐威王从自得自傲中醒悟过来了。他赞扬说："你说的这番话很好！"齐威王起用邹忌实行改革，"谨修法律而督奸吏"。奖励群臣吏民进谏，修订法律，选拔人才，奖励贤臣，处罚奸吏，并选荐得力大臣坚守四境，从此齐国更加强大了。

这也许是邹忌出于政治的需要所杜撰的故事，其中人物子虚乌有。但是，这个故事一经名世，"城北徐公"就成了人们心目中美男子的代称了，而故事本身也成了提示人们不要沉湎于"亲爱者"颂扬声中的一帖清醒剂。

齐威王听懂了"城北徐公"这则故事的旨趣以后，改掉了拒谏饰非的不良积习，向"群臣吏民"公开宣布，以后只要敢于提出批评意见和建议的，都会得到重奖。命令一下，全国为之轰动。由此进谏的人极多，据说是——

门庭若市

"门庭若市"，是指门口和庭院里到处都是人，热闹得像在集市中一样。它出自齐威王起用邹忌进行改革的一段历史故事，十分耐人寻味。

邹忌向齐威王讲上面那则"城北徐公"的故事，是要齐王从私我、畏我、有求于我的人众中解放出来，听更多的人的真实声音。齐威王是个聪明人，听罢邹忌所讲述的故事后，马上回应邹忌："你说得很对，为了我们国家的兴盛，我会认真听取更多人的意见。只是不知道该如何听取大众的意见?"邹忌坦诚相告说:"想让大家敢于发表意见，莫如实行严格的奖惩制度。这要有大动作，要大王亲自下诏令。"齐威王高兴地说:"那就照你说的办，由我下诏令，凡是上谏书的都有奖。"事情就这样定下来了。

齐威王选了一个王道吉日，说在国都临淄城西边的稷门外广场上，由他亲自发布一项新的政令。那天，全体朝臣都参加了，稷下学宫的老师和学生几千人也参加了，还有赶来看热闹的为数可观的市民，甚至还有从郊外特地赶来的农夫，大家都在期待了解所谓的"新的政令"是怎么一回事。天刚蒙蒙亮，正是宫廷中点卯时分，齐威王已早早地站在了讲台上。等众人差不多到齐时，威王下令:"群臣吏民，能面刺寡人之过者，受上赏;上书谏寡人者，受中赏;能谤议于市朝，闻寡人之耳者，受下赏。"(《战国策·齐策一》)话不多，但言辞犀利，语意明确，态度恳切。

齐威王的这段话，其意是说，各位臣民，如有能够当面批评我的过错的人，予以上等的奖赏;能够上书直言规劝批评我的人，予以中等奖赏;能够在众人集聚的公共场所指责、议论我的过失，并将这些意见传达到我耳朵里的人，予以下等奖赏。总而言之，凡是提出有益于国家的批评建议的人，都会得到相应的奖赏。

"令初下，群臣进谏，门庭若市。数月之后，时时而间进。期年之后，虽欲言，无可进者。燕、赵、韩、魏闻之，皆朝于齐，此所谓战胜于朝廷。"(《战国策·齐策一》)这道命令一下，全国轰动。许多大臣都前来进献谏言，宫门和庭院像集市一样热闹;几个月以后，还不时地有人偶尔进谏;满一年以后，即使有人想进谏，也没有什么可说的了。燕、赵、韩、魏等国听说了这件事，都纷纷到齐国朝拜齐威王。

在齐威王的倡导下，进谏的人"门庭若市"。这是完全可能的。战国时期整个文化环境比较宽松，所以才有"百家争鸣"局面。倘若齐威王果有"刺寡人过"的书令，也就很有可能出现"门庭若市"的进谏场面。再说，在战国各国都比较宽松的大前提下，崇尚自由、广开言路的齐国威王、宣王时期可以说更有"门庭若市"地进谏的可能。看齐国的"稷下之学"是那么的多样化，那么的热闹，那些"稷下先生""以干世主"，毫无顾忌地自由自在地抒发着见解，门派众多，不就很有点"门庭若市"的味道吗？

"门庭若市"只是言其场面的热闹和参与者热情的高涨，而真正的变化在于齐威王治国理政水准的提高。

从此，齐威王真正意识到人才是国家之宝。齐威王二十四年（前334），齐威王与魏惠王一起到郊外去打猎，不知怎的，话题议到了"国宝"上来了。先是魏惠王发表自己的见解。魏惠王夸耀说："我有直径有一寸大的明珠十枚，那可了不得，如果把这十枚明珠放在一辆战车上，那可以照亮前后各十二辆战车。"然后，他问道："魏国有这样的宝贝，齐国有吗？"齐威王摇了摇头，说："没有。"魏惠王进一步追问："那齐国有什么？"齐威王说："你们的大明珠这样的国宝，我们是没有。但是，我们齐国有的国宝，你们魏国也未必有。"魏惠王接着追问："你们有何等样的国宝？"齐威王徐徐道来，他说："我们的国宝就是人才。我们有檀子，只要他守南城，则楚人不敢为寇东取。我们有盼子，只要他守护高唐，赵人就不敢东渔于河。我们有黔夫，则燕人和赵人不敢进犯一寸土地。我们有种首，有了他，盗贼不敢作乱，齐就道不拾遗。"说了这些之后，齐威王概括性地说："人才为真国宝。人才之宝将以照千里，岂特十二乘哉？"（《史记·田敬仲完世家》）

"门庭若市"式的群言堂，使齐威王对下情的了解更真切，治理举措也更恰当、更切合实际。当时齐国有两位各镇一方的诸侯，一位叫即墨大夫，另一位叫阿大夫。齐威王对两大夫的印象都不差。可是，

"门庭若市"式的群众举报把两大夫原先的形象完全打破了。于是，他亲自下去了解情况。即墨大夫的确是爱民如子的好大夫，自即墨大夫到任后，"田野辟，民人给，官无留事，东方以宁"，而那个阿大夫呢？治下的田野未开垦，人民贫困。他还重金贿赂威王左右来替他说好话。在充分调查研究掌握实情的情况下，齐威王把两大夫都召进京。先是齐威王奖即墨大夫以万家之封，也就是古文中常说到的封为"万户侯"，而且告示全民，树为典范。同时，又以迅雷不及掩耳之势，捉拿了阿大夫及其身边罪大恶极的二三个人，全部加以"烹杀"，同样也通报全国，以为"儆戒"。自此之后，齐国走上了数十年健康发展的道路。

进谏的人"门庭若市"，在一定意义上说明这是一种群言堂，是与当时比较宽松的文化环境相关的。就这点而言，值得后人加以借鉴和发扬光大。"门庭若市"一语成语化后，只着重于强调门前的热闹、来客的众多，而其原有的政治色彩被弱化了。

秦国崛起于西部中国，是战国史上的一件大事。秦孝公元年（前361），为秦国的发展作出巨大贡献的秦献公去世，雄心勃勃的秦孝公继位。即位第一年，便颁发了著名的"求贤令"。看到求贤令后的商鞅来到了秦国。经过短期考察后，秦孝公确信商鞅是个难得的改革人才，委以变法大任。其后，商鞅便紧锣密鼓地筹划变革事宜。为了树立法的权威，商鞅——

徙木取信

秦长期是一个相对落后的西方部族，"破西戎，有其地"，是从西戎群落中分化出来的。到了平王东迁时，因"救周有功，列为诸侯"，但其地位仍然比较低微。"秦僻在雍州，不与中国诸侯之会盟，夷狄遇之。"（《史记·秦本纪》）这里讲了两条：一是秦在平王东迁以后，名义上进入了诸侯行列，但是，"中国诸侯之会盟"仍然把秦国排斥在其外；二是一般的中原地区的诸侯国，仍然视之为"戎翟（狄）"，这当然是很伤感情的事。秦孝公是个有为之君，他立志要富国强兵，也干了不少利国利民的事，"孝公于是布惠，振孤寡，招战士，明功赏"。他是下了最大决心要改变秦国现状的。

孝公即位后，就发布了著名的《求贤令》，其中最打动人心的一句话是："宾客群臣有能出奇计强秦者，吾且尊官，与之分土。"远在魏国但没有得到重用的商鞅读到了这则《求贤令》，不远千里来到了秦国。

通过几次深入的交谈，商鞅与秦孝公君臣之间在变革的前提下达成了共识。于是，孝公就委托商鞅制定了一系列相关法规。经过约半年的努力，商鞅根据秦国的实际制定了若干法律文本，其中包括"僇力本业，耕织致粟帛多者复其身""有军功者，各以率受上爵""为私斗者，各以轻重被刑大小"等重要条文。

秦孝公看了所有的法律条文，认为很好，说道："这些法规都很切合秦国的实际，马上颁发施行吧！"

商鞅摆了摆手，说："不急，不急，现在公布和推行这些法律条文，我看为时还过早，条件还不成熟啊！"

秦孝公一听，心急如焚，他朗声说："在秦国这里颁布和推行变法，是我说了算。怎么还说条件还不成熟呢？"

商鞅耐着性子与孝公坦诚交流，说："颁发不颁发法律条文，在秦国的确是您说了算，所有的大臣再大的胆也不敢公然站出来反对。但是，能不能推行得下去，您说了不算数。真正能将变法推行下去的，是老百姓的觉悟。"

秦孝公显得有点为难了，说："那可怎么办？"

商鞅说："这事急不来，得有个过程。关键是要树立法令的信用，赢得民众的信任。"

在商鞅的精心设计下，于是，就有了"徙木取信"这样历史性的一幕。

据史书记载："令既具，未布，恐民之不信。已乃立三丈之木于国都市南门，募民有能徙置北门者予十金。民怪之，莫敢徙。复曰：'能徙者予五十金。'有一人徙之，辄予五十金，以明不欺。卒下令。"（《史记·商君列传》）

这是取信于民的一个很完整的认知过程。其意是说，法令已经制订完成，但尚未马上公布，恐怕老百姓不相信那些法律条文。于是，就在都城市场的南门竖起一根三丈长的大木头，招募百姓中有谁能把木头搬到北门去的，就给十金的奖赏。人们觉得奇怪，也没有人相信，过了好长一段时间，始终无人"徙木"。于是秦孝公又下令说："能把木头搬到北门的，赏金更改为五十金。"大家还是不信。但有一个敢于冒险的人，站出来把木头搬走了。为了表示说话算数，官府当即赏给他"五十金"，以表明决不欺骗。然后法令终于发布。

事实往往比道理更雄辩，也更具说服力。民众是讲求实在的，要老百姓相信，就要拿出具体的事实来兑现。"徙木"是一件看得见、摸得着的事，"能徙者予金"也是很具体的事。商鞅就是要用具体的事来取信于民。这中间也有曲折。把一根三丈之木从南门徙到北门去，只要有力气是不太吃力、繁难的。而"予十金"则在老百姓看来是一笔不太小的财富，难以置信，因此"民怪之，莫敢徙"。"莫敢徙"，表明了百姓的怀疑心态、怕惧心态。商鞅看到大家不信，就偏要让你信，他为了消除百姓的怀疑心态、怕惧心态，赏金从十金加到五十金。大部分人当然更"怪之"了。但重赏之下，必有勇夫，这时"有一人徙之"——也就是说，第一个敢于吃螃蟹的人出现了，商鞅懂得因势利导，马上兑现了诺言，"辄予五十金，以明不欺"。

"徙木取信"这件事具有深远的意义。其一，在民间树立法令的信用，就要讲道理。但是，光靠讲道理是远远不够的，最终还是要靠事实说话。"徙木取信"自始至终都是在用事实说话。三丈之木，由南门徙向北门，予十金，后来增加到予五十金，这些都是铁板钉钉的"事实"，只要当事者完完全全尊重事实，按法令办事，民众就信。其二，坚持公开、公平、公正原则。老百姓最怕暗箱操作，而"徙木取信"自始至终都是在阳光下运行的。"徙木"的奖赏规则见之于公告，完全公开；谁"徙木"谁有赏，完全公平；"徙木"后得到的赏金分毫不差，如期兑现，完全公正。其三，经"徙木取信"一事的大肆渲染，达到人人知晓的效果。

这件事在民间的震动很大，大家由具体的"徙木取信"，进而相信商鞅的变法是言之必信的。

商鞅将"信"字作为变法的切入口，这一点是完全做对了。事实证明，商鞅变法是列国变法中最成功的，其原因就是它得到了绝大多数民众的真心拥护。史载，"行之十年，秦民大说，道不拾遗，山无盗贼，家给人足"（《史记·商君列传》）。这些都与商鞅一开始就取信于民密切相关的。

商鞅变法的历史性功绩不可否认，但也有它的局限和偏颇。严刑峻法是商鞅变法的一大特色，也是它的偏颇和失误。商鞅及其支持者主张轻罪重刑，认为如果社会上人们轻罪都不敢犯，则重罪更不会去犯了。在这种偏激思想观念的支配下，至有如此严而失当的规定——

弃灰斩手

　　"弃灰斩手"说的是秦国商鞅变法时具有典型意义的轻罪重罚条款，意谓如谁在国道上乱撒灰土的话，按法律规定就要将此人的双手砍掉。后世用此语时往往泛指酷刑虐民、滥杀无辜。

　　当时秦统治者为了政治和经济发展的需要，建筑了不少交通大道。这些交通大道既是人流和物业运行的要道，又是经济的命脉。因此，商鞅也就对大道的护理特别关注。据说，商鞅变法有这样的规定："商君刑弃灰于道而秦民治，故盗马者死，盗牛者加，所以重本而绝轻疾之资也。"（《盐铁论·刑德篇》）这里记述的是一系列的轻罪重刑的法规。

　　其大致意思是说，谁要是弃灰于大道，得斩掉他的双手。谁要是偷盗了一匹马，就得处死。谁要是偷盗了一头牛，除处死之外，还要对其家属追加其他处罚。商鞅自己说，重罚不是目的，真正的目的是"以刑去刑"（《商君书·画策》）。

　　商鞅变法过程中"轻罪重罚"论的出台，自有其深厚的时代和历史背景。

　　商鞅于秦孝公元年（前361）入秦。之后，为孝公任用，实行变法。可以说，变法每前进一步，都遭遇到旧贵族的拼死抵抗。在商鞅看来，"轻罪重罚"正是对付旧贵族的一柄利器。变革一开始，甘龙、杜挚等这样一些极端守旧派老臣就跳了出来，声嘶力竭地反对改革，说什么"法古无过，循礼无邪"，"知者不变法而治"。针对甘龙、杜挚等这些保守谬论，商鞅明确提出，"三代不同礼而王，五伯不同法而霸"，你们说要"法古"，是要法哪位先圣的"古"呢？并且强硬地指出，"汤武不循古而王"，商汤和周武这两位大圣人就是"不循古"的改革家，为了革命，还杀得敌人"血流漂杵"呢？在辩论中商鞅特特提到"汤武革命"，这也可以看成是在为"轻罪重罚"打伏笔。

商鞅强调"轻罪重罚"，也是为"重农"国策服务的。这方面的例证很多。为了鼓励小农生产，凡是一家有两个或两个以上成年男子的，必须分家；不分家，地方政府就可以加倍收取赋税，甚至采取更加严厉的举措。随意脱离自家的农田而去经商的，可以把全家罚作"官奴"。当时统一了度量衡，目的是为了方便丈量土地，如果有人不听话，"步过六尺者有罚"，罚的尺度全由地方官决定。耕牛和马匹是农业劳动的主力牲畜，谁要是偷盗了耕牛和马匹，那是必处死刑的，有的还要连累父母或子女。"轻罪重罚"的结果是一段时间内"道不拾遗，山无盗贼"。

当然，"轻罪重罚"体现了商鞅其人思想上的偏激。他的思想本身就是一个矛盾体。为了推行变法，他一方面认为必须取信于民，自己的所作所为必须获得大多数民众的支持和同情，于是才会有"徙木取信"的举措。另一方面，他又自以为自己是"有高人之行"的智者，而"成大功者不谋于众"。自己是"智者"，而众人是不足与谋的"愚人"，对"愚人"只有通过"轻罪重罚"之类的非常之举，才能使其猛醒过来。这样一种观念，在商鞅身上也可以说是根深蒂固的。

像"弃灰斩手"这样的轻罪重罚从法律本身而言，意不大，甚至可说是错误的。但在当时中央集权和法治初创之时，起到了某种程度的社会威慑作用。

商鞅变法一定程度上得到了广大民众的拥护，"秦民大说"，也不可避免地会触犯秦国旧贵族的利益，引起这些人的憎恨和反抗。秦孝公在世时，他是变法的最主要支持者。孝公二十四年（前338），孝公去世，旧贵族马上疯狂反扑，"孝公卒，子惠文君立。是岁，诛卫鞅。"致使商鞅——

车裂以徇

车裂，又称"五马分尸"，是战国时期极端严酷和残忍的刑罚。秦孝公死后，商鞅被保守旧势力所杀，其尸身被处以车裂。人们以"车裂以徇"纪念商鞅，再好不过地说明了任何变法都要付出巨大的代价，甚至是生命的代价。

在商鞅的主持下，战国时期秦国实行了两次变法。经过一番斗争，商鞅在秦国站住了脚跟。孝公十年（前352），秦孝公封商鞅为大良造。此职既是高级的爵名，又是掌军政最高权力的官职。作为大良造的商鞅，马上着手开展第一次变法事宜。这次变法的主要内容是：其一，编制民户，加强统治。以五家为一伍，十家为一什，什伍内的各家互相纠察。一家犯罪，其余九家必须告发，如不加告发，以同罪处置，名为"连坐"。如果有藏匿奸人的，要与投敌同罪。其二，崇本抑末。在当时，"本"指的是农业，"末"主要指的是经商。商鞅在这方面的措施是全方位的。既重视生育的奖励，又重视对男耕女织方面有杰出贡献者的表彰。至于对擅自离开本乡本土去经营商务的，则予以严惩。其三，奖励军功。当时正处于战国七雄的争霸时期，军功不论是对个人还是国家，其重要性就显而易见了。当时规定：凡在战争中斩得敌一首级，可赏给爵位一级，也可委任五十石俸禄的官。斩敌两人，可赏爵位二级，委任其一百石俸禄的官，以此类推。没有军功的宗室弟子，一律废除他们的名位，若日后有了军功，再授予常人一样奖励。这是对世官世禄制的沉重打击。

在秦孝公的积极支持下，秦孝公十二年（前350）商鞅又着手进行第二次变法。这次变法更深刻，对旧贵族的触动更大。为了发展农业生产，商鞅对农村土地制度动了大手术，"开阡陌封疆"。"封疆"就是田界。"开"就是铲除。商鞅要铲除的是原先井田制的那一套"封疆"，而在土地"民得买卖"的前提下建立新的"封疆"。商鞅的这次土地制度改革，实际上是对旧贵族以井田为基础盘剥百姓的最彻底的打击。在行政上，建立军、政、民合一的县制。把乡、邑、聚（村落）合并起来，使全国建立起41个县，其县令、县丞、县尉都由国君直接任命，并对国君负责。县制是中央集权的最重大举措之一，后来一直被沿用下来了。同时，还在全国范围内统一了度量衡，这对秦国的统一赋税制度，统一俸禄制度，都大有好处，也颇得民心。

秦孝公二十二年（前340），商鞅以计擒获了魏公子，大破魏军，迫使魏国交还了过去占领的一部分西河地。由于这一功劳，"封鞅为列侯，号商君"（《史记·秦本纪》）。商鞅被封于商地（今陕西丹凤西北）、於（今河南西峡境）十五邑。商鞅的事业达到了顶峰。

其实，商鞅的事业是在艰辛中前进的，每前进一步，都受到旧贵族的反抗和抵制。在一二十年间，商鞅与旧贵族之间至少大战了四个回合。

第一回合发生在变法之初。

变法的相关法令一颁发，那些旧贵族就大呼"初令（即新令、新法）之不便"，意思是说新法对人们的生活造成了困难。于是，各地的旧贵族不约而同地结集到国都，人数至少有上千人，太子成了他们的代表。商鞅说："法之不行，自上犯之。"意思是说，法令不能推行，根子是在上头，来自上位的人在非议变法。这对敌对势力来说是一种警告，对广大民众来说是一种提示，要人们把头脑放清醒些。

接着，出现了"太子犯法"的事件。商鞅手里是有证据的，说明太子的确是被那些来京闹事的人所利用了。商鞅毫不手软，"刑其傅公子虔，黥其师公孙贾"，那个纵容太子犯法的公子虔判了徒刑，那个教唆太子犯法的公孙贾脸上被刺了花纹（黥刑）。这样一来旧贵族势力退避了，"秦人皆趋令"，风潮是暂时平息下来了。

第二个回合发生在第一次变法初见成效后。

变法初见成效后，旧贵族们就改变了策略，不再采取硬顶的方式，而是表面上说"好话"，暗地里施毒计。许多地方甚至出现了改革派被暗杀之类的恶性事件。这时，商鞅将国都和重要地区的死硬守旧派全数迁徙到边远地区。

第三个回合是在第二次变法实施后。

第二次变法比第一次变法对权贵的冲击更大。统一度量衡当然有利于民生，但也进一步剥夺了权贵盘剥民众的手段。移风易俗、革除戎狄残余习俗等矛头明显指向权贵。至于将国都从雍（今陕西凤翔西南）迁到咸阳（今陕西咸阳东北），则显然是为了最后斩断权贵盘根错节的根脉，以便于彻底清算旧贵族。实行县制，由国君委派官员，这当然更是对旧贵族权力的一种剥夺。被清算的旧贵族坐不住了，对改革派进行明目张胆的反攻倒算，还口口声声说要杀了商鞅。

秦孝公的改革决心是大的，一方面指示增加商鞅的警卫，尤其是出门时要"增益卫士"，一面又要求商鞅严惩守旧派。在这背景下，商鞅"杀祝懽而黥公孙贾"。祝懽是旧贵的代表人物，这时正跳得很高，声言要杀商鞅，叫嚷"非杀不可"。公孙贾是公子之师，是幕后策划的军师，重处公孙贾也有利于教育公子。

第四回合是舌战游士赵良。

赵良其人的背景至今不清，但他在秦孝公病重、改革派与守旧派斗争得不可开交之时现身了，令人怀疑他就是守旧派的说客。赵良见商鞅，商鞅要他说说"子观我治秦也，孰与五羖大夫贤"？赵良把五羖大夫说得贤良无比："五羖大夫之相秦也，劳不坐乘，暑不张盖，行于国中，不从车乘，不操干戈，功名藏于府库，德行施于后世。"而把商鞅说成"南面而称寡人，日绳秦之贵公子"的小人。商鞅听了这些含血喷人的话，也不生气，任凭他讲下去。

赵良一听说要他讲下去，劲头可上来了。他说："秦国人对你是恨透了，我看你的处境很危险，像早晨的露水一样，时间是长不了的。我认为，你倒不如把封邑还给国君，隐居到没人知晓的地方去，过几天安稳日子为好。否则，如果秦王一旦死去，秦国用以拘捕你的罪名难道还少吗？"

对赵良这一番又是恐吓，又是攻击的言辞，商鞅会如何动作呢？史书对此记述得很微妙，只是写上了"商君弗从"四个字，至于其中的情景意味，就让后世的人们去揣摩和体会了。

在变法顺利推进的时候，守旧势力并没有死心，"宗室贵戚多怨望者"，这是实情。他们是在等待时机。变法到了第二十四个年头，秦孝公去世了。赵良说得没错，"君之危若朝露"，从赵良找商鞅谈话，到秦孝公去世，只有短短的五个月的时间。秦孝公尸骨未寒，旧贵族马上全力反扑，对商鞅加以"谋反"的罪名。商鞅当然不服，毅然决然地起兵应战，但势单力孤，终于被杀于渑池（今河南渑池西）。其尸身被带回新都咸阳，处以车裂，示众三日。秦惠文王（秦孝公之子）同时下令诛灭商鞅全家，连小孩也不放过。但商鞅虽然被害，新法并未被废除。

"商鞅相孝公，为秦开帝业。"（《论衡·书解》）在中国历史上，商鞅是不朽的。他不屈不挠的改革精神，他与旧贵族势力拼死奋斗的无畏精神，以及二十多年间的种种行之有效的改革举措，都将永垂史册。人们永远地记住了他。

公元前337年，秦孝公去世，在保守势力的驱动下，商鞅被杀。这对商鞅个人及其家庭来说，当然是个大悲剧。但秦国的变法大业并没有因此而失败，秦惠文王是"不用其人而用其法"，秦国的变法还在继续，还在推进，甚至在影响天下。就当时天下范围的大势而言，改革潮流势不可当。整整三十年后，赵国的赵武灵王十九年（前307），也举起变革大旗，名之为——

胡服骑射

"胡服骑射"，指的是改易传统的中原服饰而穿戴北方少数民族的服饰，改易传统的中原步兵和兵车作战模式为北方少数民族的骑兵、弓箭作战模式。这是民风民俗和军事领域变革的大手笔。"胡服骑射"一语成语化以后，往往泛指总体先进的民族也可从总体后进的民族那里学得某些有用的东西，亦含有改革陈规陋习，引进外部鲜活习俗的意思。

实施胡服骑射变革的领军人物是赵武灵王。赵武灵王即位的时候，赵国在所有的列强中，是相对衰弱的国家。前文不是说三家分晋过程中赵国得利最多吗？不是说它在三晋中地大物博吗？怎么一下成了相对衰弱的国家了呢？事物总是辩证地发展的。赵的确在三晋中地最大、物最博，但正因为这样，它变革的驱动力往往最弱。被称为"四战之国"的魏国懂得自己的弱势之所在，于魏文侯四十年（前406）就以李悝为相实行"尽地力之教"的改革。这在列国中起步是最早和最坚决的。地小而狭的韩国，懂得不变革就会垮台，于韩昭侯八年（前355）便起用申不害为相，实行"君操其柄，臣事其常"的大变革，也搞得轰轰烈烈，有声有色。可是，自以为"地大物博"的赵国基本上按兵不动（赵烈侯时用公仲连推行过一点小改小革），如此一来，怎么可能不落后呢？从魏国变法算起，到赵武灵王元年（前325），赵国在变革上已经滞后了近一个世纪。

不进则退，是万物发展的当然之理。国家也如此。当年赵分得晋的北部大片地域，位置上接近于蒙古高原，那里居住着东胡、匈奴、楼烦等北方游牧民族。他们精于骑射，善于流动作战，神出鬼没，根本不按中原作战模式的常规出牌。但无论如何，应该承认他们的战斗力是很强的。为了掠夺财富和人口，这些游牧民族常常侵扰赵国。习惯于中原作战模式的赵国军队尚未完成布阵列队，游牧民族的军队早已攻掠而去、满载而归了。就是与同样是汉民族的列国作战，赵国也常以败退告终。

即位时虽只是个少年，但随着岁月的流逝，已经成年的赵武灵王，便面临更多耻辱和难堪的国事。赵武灵王八年（前318）"五国相王，赵独否"。这是一件大事，五国相互承认对方为"王"，而独独把赵国排斥在外，这会是怎样的滋味？赵武灵王九年（前317），与韩、魏一起击秦，结果是"秦败我，斩首八万级"，可称得上是惨败；又"齐败我观泽"。这一年，在与北方的匈奴、林胡的战斗中也是一败涂地，损兵折将。赵武灵王十年（前316），"秦取我中都及西阳"。十三年（前313），"秦拔我蔺，虏将军赵庄"（《史记·赵世家》）。可以说，赵武灵王在从少年走向成年的历程中，所见所闻就是一个"败"字。别国在强大起来，而赵国是越来越弱。

这对赵武灵王来说，既是精神上极大的刺激，又是变革的缘由。

从十七年（前309）起，赵武灵王就开始筹划富国强兵的变革事宜。赵武灵王十九年（前307），把最信任的大臣肥义请来深谈，"召肥义与议天下，五日而毕"。一谈就是五日五夜，可见把变革的方方面面都想到了，议透了。第六天一大早，赵武灵王亲自发布了命令："今吾将胡服骑射以教百姓。"（《史记·赵世家》）所谓胡服，就是效法胡人，改穿短装，束皮带，用带钩，穿皮靴，改变原先中原华夏族的宽衣、博带、长袖的穿戴习俗。所谓骑射，就是效法胡人，用骑兵，使弓箭，而改变原先的步兵作战用刀枪的单一模式。这本是取人之长、补己之短的大举措，好得很，可受到了来自各方，尤其是贵族阶层的非难。

在一片反对声中，许多自以为"气度不凡"的大臣连上朝都拒绝了。而其中反对最激烈者是赵王的叔父公子成。赵武灵王派得力助手去说服叔父，没有成功。赵武灵王只好亲自拿了胡服上门去说服。他向叔父说明了赵国面临的困境和危局，这样做的目的完全是为了国富民强，为此不必拘于古人。两人说了一天一夜，赵武灵王最后说："我下决心穿胡服，学胡骑，是想抵御四面危机，为国雪耻。而叔父一味依循旧制，忘记了国家的奇耻大辱。叔父，我对你很是失望啊！"说罢，赵武灵王留下胡服，快快而去。

经过又一个晚上的深思，叔父公子成终于想通了。第二天上朝时，他出乎人们意料地穿着赵武灵王赐给的胡服上朝了，使满朝文武大为惊奇。赵武灵王见此，高兴极了，走下台阶来迎接。赵武灵王十九年（前307）宣布了"胡服骑射令"。在赵武灵王的亲自教习下，赵国的胡服骑射蔚然成风，国力也很快有了很大的提升，成为战国最强盛的国家之一。

赵武灵王"胡服骑射"是中国古代军事史上的一次大变革，被历代史学家传为佳话。特别是赵武灵王以敢为天下先的进取精神，在中原王朝把少数民族看作"异类"的政治背景下，在一片"攘夷"的声浪中，力排众议，冲破守旧势力的阻挠，坚决实行向夷狄学习的国策，表现了作为古代社会改革家的魄力和胆识。赵武灵王不愧是一位值得后人纪念和效法的杰出历史人物。

一个文化灿烂、
百家争鸣的大时代

前面说到，公元前 500 年前后被世界上的多数学者认为是学术繁荣的"轴心时期"，东西方世界全都一样。但是，一个不争的事实是，这个学术繁荣期在古代中国延续的时期更长，取得的成就更大。在古代西方世界，亚里士多德去世后，西方世界古典的学术繁荣期基本终结，之后再无值得记述的人物和学派。而在古代中国，此时正是"学术下移"的鼎盛期。整个战国时期，学士游说，贵族养士，文化生活开放和活跃，渐次形成了众多的学术大家及其学派，据说当时较为闻名的学派就有一百八十九家之多。各学术大家广收门徒，以私学的形式办学，宣传各自的文化主张和学术宗旨。在战国时期的两百五十余年间，各学术流派之间相互争辩，各抒己见，世人称之为——

百家争鸣

"百家争鸣"，指的是思想上、学术上、文学上、艺术上各个流派之间的竞相争论鸣放。在中国历史上，春秋战国时期被称为"百家争鸣"的时期，而又以战国时期为尤。后世"百家争鸣"充分被成语化，一般文化学术领域内的各抒己见、自由辩论，皆可名之为"百家争鸣"。

在夏商周大一统的局面下，思想文化和意识领域必然是高度统一的。"养国子以道，乃教之六艺：一曰五礼，二曰六乐，三曰五射，四曰五驭，五曰六书，六曰九数。"（《周礼·地官·保氏》）不管谁当老师，整个教学框架、教学内涵是定了的。从春秋开始，直至战国，"礼崩乐坏""学术下移"，学术一统的局面彻底被打破了。再加上私学的兴起，那些地方上的教书先生各说各的一套。这就为形成不同的学术流派及其相互之间的争鸣创造了不可或缺的条件。

关于"百家之学"的说法，生在战国当世的庄子早在《天下篇》中已说到了。他说："其数散于天下而设于中国者，百家之学时或称而道之。天下大乱，贤圣不明，道德不一，天下多得一察焉以自好。譬如耳、目、鼻、口，皆有所明，不能相通，犹百家众技也，皆有所长，时有所用。虽然，不该不偏，一曲之士也。"庄子说得很实在、很通脱。他认为百家中的每一家都有一套学说，但又都不全面，都是"得一察焉以自好"，这实际上承认了"百家争鸣"的必要性与合理性。汉代人在回望春秋战国时的"百家之说"时，解说得更具体："凡诸子百八十九家，四千三百二十四篇。诸子十家，其可观者九家而已。皆起于王道既微，诸侯力政，时君世主，好恶殊方。是以九家之术蜂出并作，各引一端，崇其所善，以此驰说，取合诸侯。其言虽殊，辟犹水火，相灭亦相生也。"（《汉书·艺文志》）认为诸子之间的关系是"相灭亦相生"的关系，这个观念还是很辩证的。秦代以为"诸子之言纷然淆乱"，乃"燔灭文章"，汉初"大收篇籍，大开献书之路"，《汉书》作者在对存书作了检阅校核后说的上面这段话，应当说是很有见地的。

庄子是以战国时期当世人和当事人的身份解说"百家之学"的，而《汉书》作者是东汉初年人，离战国之世已近三个世纪，他所谈说"百家之说"多属于历史的回望和历史经验的总结，可能更客观一些。把庄子《天下篇》中的观念和《汉书·艺文志》中的说法融合在一起，我们至少可以对"百家争鸣"获取这样一些结论。

其一，关于对"百家"的认知。

从庄子到《汉书》作者班固，对"百家"的认知是有所深化的。庄子是道家思想的继承人，他深居简出，多所思考而少于出行。从他一生的行止看，他不可能对"散于天下而设于中国"的百家之学做实地的调查研究，更不可能有统计学意义上的实际数据。他说的"百家"，只是对学术门派众多的一种约略说法，而绝不可能是一种实指。这是概数，言其多也。《书·盘庚》："邦伯师长百执事之人。"这里的"百执事之人"就是概数。而班固是认真的。他把"百家"演进为有数有据有人物的实指，"儒五十三家，八百三十六篇"；"道三十七家，九百九十三篇"；"阴阳二十一家，三百六十九篇"；"法十家，二百十七篇"；"名七家，三十六篇"；"墨六家，八十六篇"；"从横十二家，百七篇"；"杂二十二家，四百三篇"；"农九家，百一十四篇"；"小说十五家，千三百八十篇"。得出的结论是："诸子百八十九家，四千三百二十四篇。"这样看来，"百家争鸣"的"百家"，既可看成是言其众多的虚指，又是有数有据的实指。

其二，从"百家"到"九家"到"六家"。

当时诸子百家，按班固的记述，"百家"的实际数是一百八十九家，可分为九家（或十家），其中排在首位的是儒家，占了五十三家，接近于总数的三分之一。排在第二、第三的，分别为道家三十七家和杂家二十二家。儒家居首，既符合战国时的文化实际，又与汉时推行"独尊儒术"方略相吻合。而道家居次席，则与汉初统治者尊崇黄老思想不无关系，与战国时实际的状况不尽相符的。韩非子说过："世之显学，儒、墨也。儒之所至，孔丘也。墨之所至，墨翟也。"（《韩非子·显学》）韩非说的"世"，应该既指春秋之世，又指战国之世，因为韩非本身就是战国当世之人。《汉书》搜集到的资料道居次席，无疑反映了汉时的情况。

"百家"是总体上说的，从思想倾向而言，《汉书》将它归结为"九流"或"九家"，即儒、法、道、墨、名、阴阳、纵横、杂、农。可是，司马谈在著《六家要旨》一文时，是把"百家"归结为阴阳、儒、墨、名、法、道德六大家。可能司马谈的分类更精到些，也更具科学精神。

其三，关于对百家"各引一端"的认知。

在《汉书·艺文志》中说到诸子在争鸣中"各引一端，崇其所善"的问题。语意多有批评。庄子在《天下》篇中也指出，当时是"天下大乱，贤圣不明，道德不一，天下多得一察焉以自好"，这里也有批评的意思，是说诸子中不少人有了一孔之见就自以为是了。但是，"各引一端"也好，"得一察自好"也罢，首先说明的是，创建学派的诸子不是在胡说八道，不是在凭空拍脑袋，而是有传世的经典为据的，而是有"一察"的心得为前提的。只是他们各引各的经典，解读不一样罢了。

庄子，还有《汉书》的作者班固，都对诸子提出了批评。但这是一种善意的批评。是提醒诸子不要有片面性，要在争鸣中不断前进。庄子提示得好，说诸子要不断学习，不要安于当"一曲之士"，而要学会"判天地之美，析万物之理，察古人之全"，最终应追求的是"内圣外王之道"——内修养到心灵圣明，外追求于成就王道大业。

其四，关于对诸子"取合诸侯"的认知。

战国时期的政治特色是诸侯当道，作为天下共主的"天子"只是个政治摆设。既然如此，诸子要有所作为，就得与诸侯打交道。《汉书》作者提出了"以此驰说，取合诸侯"的命题。

问题在于，"取合诸侯"作何解？

有一些学者认为，所谓"取合诸侯"，就是说，诸子为了"驰说"的成功，迎合诸侯口味，以取得自身的功名利禄。这样的解读显然是不够精准的，也是不符合绝大部分人的品性的。诸子中，不管是儒家人物、墨家人物，还是法家人物，都是极有志向追求且能矢志不渝的人物，他们的"取合诸侯"，目的就是要让那些诸侯采纳自己的主张，并以此为基地，实现自己的志向。因此，所谓"取合"，大致上与联合相当，利用诸侯所拥有的丰厚的人力、物力、财力，为实现自己的理想而奋斗。

墨子是"取合诸侯"的典范。在攻伐不断、弱肉强食的乱世，墨子穿梭于各诸侯国之间，坚守着平民圣人、和平使者的身份。他追求和坚守的就是"一天下之和"的大原则。诸侯中哪个违背了"一天下之和"的大原则，墨子就要与之相抗，也不管这个诸侯势力有多大。墨子原先与楚国关系不错，但听说楚莫名其妙地攻宋，触犯了墨子规定的"非攻"的这条底线，他马上宣布助宋抗楚，并尽力规劝楚王"止战"。事成后，才恢复了与楚王的友谊。墨子的"取合诸侯"是讲原则的。

商鞅也是"取合诸侯"的典范。奋勇前行、矢志不渝的商鞅，一生充满着传奇和悲情色彩，足以惊天地、泣鬼神。有人说，商鞅的一生，大致上可归结为"人生十步曲"：他原是卫国的"庶孽公子"，"少好刑名之学"，迈出了人生艰辛的第一步。第二步是"事魏相公叔痤为中庶子"，在魏国干了十来年，想在那儿变法，谈不拢，就走人了。"西入秦"是他人生的第三步，他感慨于秦孝公的"求贤令"，从此引为知己。第四步是舌战群臣，毫无保留地与保守派战斗。第五步是"徙木取信"，争取老百姓的支持。第六步是严惩违法者，甚至动到了太子头上，一点也不给自己留余地。第七步是被孝公封为大良造，有了更大的权力，于是推行第二次变法，向权贵进一步开刀。第八步是以计大胜魏军，孝公封之为"商君"，也就达到了人生权力的峰巅。第九步是不接受赵良的"好意"相劝，决意涉险前行。第十步是孝公亡，被加以"谋反"的罪名，被杀，"车裂商君以徇"。在商鞅的一生中，没有一丝一毫从诸侯那里"讨生活"的印迹。相反，他时时处处驱策着诸侯们在变革道上前行。他的精神是永远值得纪念的。

战国时的"百家争鸣"，宣示着一个思想大解放大时代的到来。高举儒、法、道、墨、名、阴阳、纵横等各式旗号的诸子一马当先，冲锋在前，他们著书立说，游说各诸侯国，民众起而响应，时不时掀起一个又一个文化浪潮。"百家争鸣"的文化景象，值得人们永远追怀。

《非十二子》是荀子晚年写的文稿，文中评述了它嚣、魏牟、子思、孟轲等当世的十二位文化名家。这里的"非"绝无全盘否定的意思。除了对各家较多地提出批评意见之外，也对争鸣中的各家给予了足够的肯定，他们的共同特点是——

持之有故，言之成理

"持之有故，言之成理"这句成语是说，说话和辩说时所持的见解、主张都有一定的依据，而且其言论说得有相当的道理。此成语的语源来自战国时代百家争鸣中诸家的基本情况。那些百家中的任何一家为了取悦于民众，取信于诸侯，都在论说上做到"持之有故，言之成理"。如果连这一条都做不到，那么你这一家的理论就站不住脚，就会被时代所抛弃。此语成语化以后，是说人不管是说话还是作文，都要有客观的事实根据，都要符合基本的文理。

荀子，名况，是战国末期赵国人，学术上同时代无人可与匹敌，是个了不起的学术大家，时人尊称其为"荀卿"。荀子生卒年与孟子相较大约要晚近一个世纪，与楚国大诗人屈原应当是同时代的人物。

有一种说法，五十岁之前，荀子西行，到秦国游历和考察，见过秦昭王和应侯范雎，还与之进行了交流。在当时社会环境比较宽松的情况下，那也不是不可能的。荀子既写了《强国》篇，又写了《富国》篇，与他访问秦国大有关系。当应侯问他"入秦何见"时，荀子对秦的赞许是全方位的，而尤为赞赏的是其吏治，"及都邑官府，其百吏肃然，莫不恭俭敦敬忠信而不楛，古之吏也。入其国，观其士大夫，出于其门，入于公门，出于公门，归于其家，无有私事也；不比周，不朋党，偶然莫不明通而公也，古之士大夫也"（《荀子·强国》）。入秦一趟，使荀子学到了许多书本上根本读不到的东西。

五十岁之后，荀子游学于齐国的稷下学宫，时间当有一二十年之久。稷下学宫是当时各家各派汇聚的地方。在"稷下"，荀子的学识及见闻令人叹为观止。他的才学马上得到了学界的普遍认同，他曾三次出任齐国稷下学宫的祭酒，相当于后世学府中的教务长，被人们尊称为"最为老师"，是资格最老、成就最大的一位。后为楚兰陵令，后著书终老于兰陵（治今山东兰陵县兰陵镇）。

荀子一般都被列于儒家，是中国历史上儒家学派的最主要代表人物之一，但其思想多变，大量吸收了诸子中其他学派的思想精华，尤其是法家思想的某些要素。他是伟大的教育家，他的弟子中以儒见长的似乎不多见，而他晚年培养的两个著名弟子——韩非和李斯，却成了法家学派的最杰出代表。韩非为战国后期法家思想的集大成者，建立了法、术、势三位一体的法治思想体系，为秦始皇的一统天下奠定了理论基础。而荀子的另一杰出弟子李斯是帮助秦始皇一统天下的践行者。明白了这些，可见荀子作《非十二子》，他的"非"这、"非"那，不仅是为了批判，也是为了吸收。

《非十二子》是对当时十二位有一定名望的学人展开批评和争鸣。

可有意思的是，这种"争鸣"既有批评，又有肯定。如它嚣、魏牟之属，荀子认为是"纵情性，安恣睢"，有太多的自然主义倾向，可在论说上"其持之有故，其言之成理"。陈仲、史鳅之属，荀子认为是"苟以分异人为高，不足以合大众，明大分"，在论说上也是"其持之有故，其言之成理"的。墨翟、宋钘之属，荀子看来是"不知壹天下，建国家之权称，上功用，大俭约而僈差等"，但在论说上也是"其持之有故，其言之成理"的。慎到、田骈之属，在荀子看来是"尚法而无法，下修而好作，上则取听于上，下则取从于俗"，但在论说上更是"其持之有故，其言之成理"。至于对同属儒家的子思和孟轲的批评，本身就是褒贬参半的。比如，说思孟"略法先王而不知其统"，前半句是盛赞其"法先王"，也就是弘扬了孔圣精神，后半句是批评其"不知其统"，即没有抓住传统文化的要领。说思孟"材剧志大而闻见杂博"，"材剧志大"，显然是表彰，言其才华横溢、志向远大，而"闻见杂博"又是批评，言其不懂得取舍。

站在儒家立场上，对其他诸子百家进行既批评又吸纳的评述，这对荀子来说，可以说是一种学术常态。他对同是儒家的孟轲多所批评，在《非十二子》中言辞相当激烈，但对孟轲的"民为本"的思想却多所吸纳，在《强国》篇中说出了"百姓贵之如帝，高之如天，亲之如父母，畏之如神明"的话，还说，"故人君者，爱民而安，好士而荣，两者无一焉，而亡"。这不也正是从孟子那里"拿来"的吗？再如，荀子对墨子的批评也不少，甚至说出了"墨术盛行，则天下尚俭而弥贫"的话，可是，就整体而言，荀学是接纳了墨术的，从而形成了"足国之道，节用裕民"，"节其流，开其源"（《荀子·富国》）的主旨思想。荀学是丰富的，而其丰富在于批判基础上的大开放和大吸纳。正如马积高先生所说："荀子是孔子、孟子之后的儒学大师。他继承了儒家以礼义治国的思想，又兼采道、名、法、墨诸家之说，是战国末期一位集大成的思想家。"(《荀子源流》) 这种集大成精神在《非十二子》一文中得到了充分的体现。

《非十二子》中"持之有故，言之成理"本身是对人很高的评价。"持之有故"的"故"，在这里至少有三义。其一，"故"为缘故，原因。事物都有它发展的来龙去脉，"有故"是既知其来龙，又知其去脉。其二，"故"为事由。《易·系辞下》："仰以观于天文，俯以察于地理，是故知幽明之故。"要知故，就得像古人那样"仰观"和"俯察"。其三，"故"为过去。事物的发展都有其过去、现在、未来的，知故（过去），才能明今，才能展望未来，三者是不可分割的。"言之成理"的"理"，至少有两义。其一，"理"为条理。经过观察、思考、分析，对事物理出头绪来，一二三四，能讲出个道道来。其二，"理"为道理。我们见到的事物总是具体的，经过我们头脑的思考、分析、研究，从中抽象出一定的道理来。这样看来，要做到"持之有故，言之成理"还挺不容易呢！

由于荀子作本文的主旨是在"非十二子"，荀子在立论上是有一定偏颇的。如为了证明自己的正确，一律给对方戴上"欺惑愚众"的大帽子，还给墨家加之以"不知壹天下"，给法家加之以"尚法而无法"的罪名。这种"走极端"的争鸣方法似乎是当年论者的通病。但是，在文中对各家各派都赞之为"持之有故，言之成理"，这倒是符合实际的。说话要有根据（即所谓的"故"），论理要自圆其说（即所谓的"理"），这也可以说是战国时期百家争鸣留给后世的良好传统。

上面说到了诸子百家的"持之有故"，这里说的"故"，就是缘故，就是原委，就是来龙去脉。要弄清这些"故"，单靠亲身践行是不行的，更多的是要读书，学习文献经典。为了说服对方，包括说服当政者，争鸣者首先得有学问，得有本事。他们一个个都——

学富五车

学富五车，指读书和著述十分多，知识面极广。形容博学且多能。出自《庄子·天下》："惠施多方，其书五车，其道舛驳，其言也不中。"意思是说，惠施这个人说话好打比方，所读和所著的书大约可装满五大车，他宣扬的那些道理十分驳杂，甚至显得有点儿荒谬，人们以为不合于大道。这里在中华典籍中首次出现了"其书五车"这个提法，后来渐次演化，就有了"学富五车"的成语，用以形容某些知识者的大学问、大境界。

当时纸张还没有发明，人们便把文字书写（或刻写）在竹简上，以便于传世。几十字或上百字的文稿尚可背着走，如果再多些，就得装上牛车了。当时有两种车，一种是牛拉的车，即牛车，主要拉重物用，因称"大车"；另一种是马拉的车，即马车，主要是战备或长途跋涉用，称"小车"。用牛皮条串联起来的书简是重物，当然要用大车拉。一个读书人拉着五牛车的书稿外出，那可见其学问是很大的，至少在当时是少之又少的大学问家了。

不过，对"其书五车"这句话，学界也有不同看法。有的说，这些话是在批评惠施的，翻译过来是说，惠施这个人懂得很多方术，虽然他撰写的著作很多，但是他的书中宣传的道理有许多是杂乱的，其言辞也有不当之处。"其书五车"的"书"是动词，就是书写。书写了那么多"其道舛驳，其言也不中"的著作，值得后人加以肯定和宣扬吗？当然也有不少人不能认同上述的看法，认为不管是著述的，还是读过的书，在古代"其书五车"就了不得。至于"其言也不中"云云，要作具体分析，不能因为庄子在《天下》篇中说他"不中"于大道，就全然抹杀了其著述的价值。其实，庄子说他的"不中"只是说他的学说和言论大不同于一般人，并非贬义。至于文中所谓的"其书"，就是指"他的书"，这五车"他的书"中，会有他的著述（简策），也有他读过的书，孰多孰少，就不必那样拘泥了。因为"其书五车"，已足证其是一位大学问家了。

惠施是战国中期宋国（今河南商丘及附近）人，与庄子同时，他们是要好的朋友。惠施是战国时期著名的辩客和哲学家，是名家思想的开山鼻祖和主要代表人物。名家又称"名辩家"，还称为"舌辩之士"。为了舌辩，就要寻找辩题，并环绕辩题展开论辩，这些都需要知识。所以，舌辩之士是最重视知识的学习和积累的。惠施以好辩、好学闻名，"学富五车"落实在他的身上并非偶然。早年，庄子与惠施之间就有著名的"濠梁之辩"。两人来到濠水（今安徽凤阳境内）上的一座大桥上游玩，庄子先开了口："看那鱼儿自由自在地在水中游动，好快乐啊！"惠施说："你不是鱼，怎么知道鱼是快乐的？"庄子说："你不是我，怎么会知道我不知鱼之乐？"……两个好朋友怎么也辩不出个所以然来，却其乐融融。（《庄子·秋水》）其他还有"泛爱万物，天地一体""飞鸟之景未尝动也""狗非犬""一尺之捶，日取其半，万世不竭""白狗黑"这样一些著名的辩题，其中有着唯物辩证的观念，很有价值。

惠施还是杰出的政治家、军事家。公元前341年，齐魏两国大战于马陵，结果魏军大败，魏国的太子也为此丧命。魏惠王欲倾全国之力攻齐，这时惠施站了出来，力主表面屈膝事齐，而挑动楚国与齐国的矛盾，"齐楚两强相斗，魏国可坐收渔人之利"。魏惠王听从了惠施的话，结果在数十年间齐楚间打得不亦乐乎，而魏国少受了不少损失。以后，惠施又成为合纵抗秦的最主要的支持者和组织者，他主张魏国、齐国和楚国联合起来对抗秦国，这样做大大延缓了秦国并吞六国的步伐。庄子对惠施的政治和军事才干给予非同一般的评价："惠施日以其知，与人之辩。"为了舌辩的需要，惠施每天都在学习，这叫"日以知"。"遍为万物说，说而不休，多而无已，犹以为寡"，为了回答"万物说"种种命题，他必须坚持学习。这种生命不止、学习不休的积极进取的精神，可以说是当年诸子百家的共同精神。

"学富五车"的学习精神，不仅体现在惠施身上，也体现在其他各家身上。孔子及其弟子（包括再传弟子）外出所乘坐的牛车不是也装满了书简吗？墨子与孔子一样"弟子三千"，他们外出时行囊中少不了两样东西：一是"守圉之器"，也就是教人守城的利器，另一样就是各种各样的书册。荀子是战国时期诸子中的大学问家，《荀子》中的第一篇就是《劝学》，第一句就是"学不可以已"，也就是说学习是人一生中不能停顿、不能中止的要务。

孟子所处的时代，比古希腊哲学家、思想家普罗塔戈拉、苏格拉底晚了不过一百来年。古希腊时期被认为是文化繁荣和相对思想自由的时期。但铁一般的事实告诉我们，那时所谓的"自由"是有限度的。普罗塔戈拉因主张无神论，宣扬"人是万物的尺度"而被当局追杀，结果在逃亡中溺水而亡。苏格拉底因主张"自由辩论"，主张"独立思考真理""抛弃无灵魂的生活"，而被处死。而孟子的言论激烈得多，却能为当时的社会上下所接纳，成为百家争鸣中显赫的一家。在当时，战国时期的中国所处的文化生存环境要更好些，那是不言自明的事。在中国文化发展史上，孔子称至圣，孟子称亚圣。孟子大约生于公元前390年前后，比孔子晚生了160年左右。孟子与孔子的思想一脉相承。孔子倡言仁学，孟子力主仁政。孟子的民本思想体现得最为强烈。他一反"君为国本"的旧观念，明确道出了这样的千古名言——

民贵君轻

在古代社会，流行君权神授、君权至上的观念。因为神授，所以君权不可抗拒，甚至是神圣不可侵犯的；因为至上，所以臣民应无条件拜服于君王的膝下。而孟子反其道而言之，明确提出："民为贵，社稷次之，君为轻。"（《孟子·尽心下》）他的意思是：民众是最重要的，是立国之本；社稷（国家政权）靠民众支撑，民众安居乐业国基才稳，因此它是第二位的；国君比起民众来当然要轻得多。这就是中国历史上首次提出的"民贵君轻"思想。"民贵君轻"思想是孟子思想的核心，也是孟子留给后人的最可珍贵的思想文化遗产。

孟子，姓孟，名轲，战国时邹国（今山东邹城东南）人。孟子大约生于周安王十二年（前390），比孔子晚生了一个半世纪左右。他对孔子及其学说极为崇敬，认为"自有生民以来，未有孔子也"（《孟子·公孙丑上》）。孟子把孔子看成是古今第一人，每每以不能亲身成为孔子的门弟子而深感遗憾，从而以孔门"私淑弟子"自命。孟子幼年丧父，由其母抚育成人，世间有"孟母三迁""断机教子"的动人故事流传。长大以后，据《史记》相关资料说，他"受业于子思门人"，学习诸子中的儒学。从文化传承角度看，可这样概括：孔子—曾子—子思—子思门人—孟子，俗称"思孟学派"，他是孔子思想的第五代传人。

孟子的学术之路完全是循着孔子的道路前行的。先是苦读儒家经典，打下了坚实的文化基础。然后教书育人，把"得天下英才而教育之"视为君子之乐之一。他有多少弟子？是否像孔子一样也有弟子三千？现在已说不清了。后来，他也带着弟子们周游列国，"后车数十乘，从者数百人，以传食于诸侯"（《孟子·滕文公下》）。孟子在齐威王时到过齐国，不久去齐之宋，在宋只住了几个月，又回到母国邹，劝邹穆公施行仁政，后不得要领而放弃。之后离邹去鲁，又去滕，小国之君滕文公对孟子十分敬重，请教了诸多治国之道，但由于思想认识上的巨大差距而难成同道。后孟子又到了魏国，魏国建都于大梁，因此又称梁国，《孟子》七篇中的《梁惠王》篇当是出游中的实录。孟子在梁国停留的时间相当长，一直到梁襄王继位时还没离开。孟子离梁后又到了齐国，晚年回到了邹国，著书立说，遂有了彪炳千秋的《孟子》七篇。可以说，孟子的许多思想，包括"民贵君轻"的重要思想，都在周游列国过程中逐渐形成和成熟起来的。

民本思想是中国传统文化中最可宝贵的珍宝。早在《尚书·五子之歌》中就有"民惟邦本，本固而邦宁"的说法，把民众看成是唯一的安邦立国之本。老子则有"绝智弃辩，民利百倍"（《老子·第十九章》）。其意思是说，当国者只有抛弃和断绝小聪明小智慧，才能让百姓享有百倍的实利。有人还特别强调说："王者以民人为天，而民人以食为天。"（《史记·郦生贾谊列传》）"天"是至高无上的，而我们的古人竟敢说民众就是天，这是何等的气概。孟子正是吸纳了这样一些思想养料，明确提出了这样的思想观念："孟子曰：'民为贵，社稷次之，君为轻。是故得乎丘民而为天子，得乎天子为诸侯，得乎诸侯为大夫。诸侯危社稷，则变置。'"（《孟子·尽心下》）这里用了"孟子曰"一语，说明这是孟子教导弟子的话，后被弟子记录下来的。这段话的意思是说，民众最高贵，社稷（国家政权）其次，那当国君的就微不足道了。谁能得到民众（丘民）的拥护和爱戴，谁就可以当天子。谁得到天子的信任，谁就可以当诸侯。谁得到诸侯的重用，谁就可以当大夫。如果哪个当道者无道，敢于逆天行事，就可以废黜掉它（"则变置"）。说得是那样的痛快淋漓，把民众这个"天"的能耐、力量、威势说得再清楚不过了。

梁惠王三十五年（前335），"惠王以厚币招贤者，邹衍、淳于髡、孟子皆至梁是也"(《史记·魏世家》)。当时的孟子已年近花甲,因此梁惠王尊称其为"叟",用现代话来说就是"老先生"。孟子这次在魏停留的时间很长,直至梁惠王去世,梁襄王继任,才转而来到齐国,与齐宣王多次问答。

有一天,齐宣王问了这样一个问题:"商汤流放夏桀,周武王讨伐商纣,历史上真有这样一些事吗?"

孟子回答说:"我查阅过了,文献史料中确有这种记载!"

齐宣王又问:"这两件事说的都是臣子犯上杀死君主。他们这样干,你说能行吗?"

孟子回答道:"这要作具体分析。首先是夏桀、商纣这样的人配得上'君主'的称号吗?我以为,破坏仁的人应该叫'贼',破坏义的人应该叫'残',毁仁害义的残贼,应该叫'独夫'。只听说处死了独夫纣,没有听说是君主被臣下所杀。"(《孟子·梁惠王下》)

由是,孟子进一步阐述道:"桀和纣之所以失去天下,就是因为失去了老百姓的支持;之所以失去老百姓的支持,是因为失去了民心。"

民贵君轻的核心是民贵。"民为贵",这里说的"贵",既是宝贵,又是尊贵。民众不仅是物质生产的承担者,也是国家与君权的真正支柱。最有力量的永远是民众。民众背离"独夫"商纣王,"箪食壶浆以迎王师"促成了商王朝的垮台和周王朝的创立。当君主的只有站在民众的立场上,为民众办好事,他的统治才维持得了,孟子有句话,叫做"保民而王,莫之能御也"(《孟子·梁惠王上》),其意思是说,在位的王者只要真心实意保护民众,他就什么都不用害怕了。

出游天下是诸子的常态,单纯"坐而论道"很难在诸子百家中有立足之地。孟子也像孔子一样周游了列国,在周游中宣传自己的学说和政见，并使自己的理论体系进一步得以完善。不少当政者，都以"何以王天下""何以得天下"询问于他。他讲了很多，包括统治者要行仁政，要为民办实事，要让老百姓吃饱穿暖，等等，而最后归结起来的一句话是——

得民心者得天下

可以说，孟子的"得民心者得天下"这一思想，是直接从"民贵君轻"思想观念中演绎和生发出来的。谁可得天下？谁不能得天下？谁得天下后又必然会失去天下？此不在天意，而在民意。从根本上言之，在于你是否真正懂得"民为贵"这样一个大道理。

孟子说得好极了："得天下有道，得其民，斯得天下矣；得其民有道，得其心，斯得民矣；得其心有道，所欲与之聚之，所恶勿施，尔也。"（《孟子·离娄上》）这里把逻辑顺序梳理得十分清晰：何谓得天下之道？就是要得到民众，得民众是得天下的唯一途径。何谓得到民众之道？就是要得到民心，得民心是得民众的唯一途径。何谓得民心之道？就是民众需要的要满足它，民众厌恶和讨厌的要坚决去除它，如此而已。得天下，要得民众，得民众，要得人心，得人心，要满足民众的基本要求。这个道理似乎很简单，但能否真正做到、落实，不简单。

孟子还说过："得丘民者，得天下。"（《孟子·尽心下》）此言是对"民之所欲与之聚之"的最贴切的解释。有人一定会想，"民"何以又谓之"丘民"？原来中国古代距今一万到五千年间长期洪水滔天，不少人是被淹死了，余下的人们在大禹等几代部落联盟领袖组织下，上山丘，开山造田，重建家园，从此广大民众有了一个中国式的名字，叫"丘民"。"丘民"经历过大灾大难，有巨大的忧患意识，他们不怕牺牲、不惧艰难，是民众中的主干。能得到"丘民"真心拥戴，还怕个啥？一句话，要想得天下，就须得民心。"丘民"们在想什么、憎恶什么、喜欢什么，眼下迫切需要解决什么……弄懂了这些，并切切实实地为他们办事，这样的领导人还怕得不了天下吗？

这又使我们想到"大禹治水"以后，大禹为"丘民"所做的那些事。大禹治水十多年而后成，洪水被止住了，原先被淹没的大片大片的土地终于露出了水面，见到了天日。可是，禹是个深爱着民众的人，他还是不放心。他要去九州，看看老百姓生活得怎么样了。他"行自冀州始"，接着是兖州、青州、徐州、扬州、荆州、豫州、梁州，最后是雍州，一路走，一路访贫问苦，每到一州，他最关心的是"民得降丘宅土"（《尚书·禹贡》），意思是询问各州的首长们：当年洪水滔天，人们不得已而逃上山去，成了"丘民"，现在洪水治平了，这些"丘民"怎么了？他们是否"降丘"（离开山丘），回归平原地带"宅土"了？大禹走遍了九州，也问遍了九州。想想吧，这样一心一意将民众"所欲与之聚之"的王者，还会得不到天下吗？还会得不到民心吗？

"得民心"不是一句简单的口号。要想"得民心"，你就得先懂民心，懂得老百姓在想些什么，急切需要些什么。对于洪水治平后的民众来说，他们迫切需要的是什么呢？毫无疑问，那就是回归家园。大禹是最懂得"丘民"们的心的，他们急切地想回归故乡故土，重建家园。明乎此，大禹适时地提出了"民得降丘宅土"，这正与民所思所想十分契合，他这样做，怎么可能不得民心呢？

"得民心者得天下"集中反映孟子的民本思想，这主要表现在如下几个方面：

其一，对统治者荒淫无度的批判。

不少统治者无视民众利益，"狗彘食人食而不知检，涂有饿莩而不知发"，统治者的无耻腐败和无视民生，造成了民众的苦难。民众没有粮食吃，可供统治者玩耍的猪狗却可以"食人食"，道路上有那么多饿死者的尸首，统治者却不愿去开仓赈济。孟子气愤地写道："庖有肥肉，厩有肥马，民有饥色，野有饿莩，此率兽而食人也。"（《孟子·梁惠王上》）这里是一种对比描写，也是血泪控诉：国君的厨房里有不少大肥肉，马圈里有不少大肥马，可民众脸有菜色，野外随处可见饿死者的尸体，这难道不可以说是国君牵着野兽在吃人吗？

其二，对统治者好战的批判。

梁惠王曾经对孟子说："我对我们这个国家啊，算是尽心尽力的了。河内发生饥荒的时候，我把那里的民众迁到河东去，把河东的粮食运到河内去赈灾。如果河东发生饥荒，我也这样做。可是，我就不明白了，民众为何还是不领我的情呢？为何我管辖范围内人口不增反减呢？老百姓为何那样不喜欢我呢？"孟子直截了当地告诉他："道理很简单，你好战。为了一己之私利，为了个人的好恶，你连年征战。连年征战要死好多人，这和有些国君让民众贫困而饿死，两者本质上有什么区别？没有区别的！正像战斗中，有的士兵后退了一百步，另有的士兵后退了五十步一样，能够以五十步笑百步吗？"梁惠王听了这番话，无言以对。

孟子把虐杀百姓者，称为"嗜杀人者"；把好战者，亦称为"嗜杀人者"。他这样批评道："今天下人牧，未有不嗜杀人者也。如有不嗜杀人者，则天下之民皆引领而望之矣。诚如是也，民归之，犹水之就下，沛然谁能御之？"（《孟子·梁惠王上》）这里有对国君（人牧）的批评，更多的是一种期待，希望有更多爱民君主的出现。

其三，对民生理想状态的向往。

孟子强调主政者应设身处地为民着想，忧民之忧，乐民之乐，把民本思想升华到一个相当自觉的政治道德境界。中国传统的民本思想，在古代历史发展中一直保持着其思想的先进性，是中华民族很早就留下的一笔宝贵精神财富。在孟子的心目中，有着一幅民生理想状态的美好图景。

孟子有这样的设想：一个从国家那里拿到百亩农田的农户，只要不失农时，认真劳作，那么数口之家是不会受饥饿之苦的。解决了温饱之后，再办好教育，让大家懂得孝敬父母友爱兄弟的道理。这样，头发苍白的老人就不会肩挑背驮奔走于道了，七十岁以上的老人也可以穿绸缎吃肉食了。青壮年更无冻馁之苦了。再加上每家每户有宅基地搞副业，栽上桑树，养鸡、养猪、养羊、养牛、养鱼，这样农户的日子更好过了。

孟子认为，"谷与鱼鳖不可胜食，材木不可胜用，是使民养生丧死无憾也。养生丧死无憾，王道之始也。"（《孟子·梁惠王上》）当然，如此的理想状态，只存在于他的想象之中。后人如唐代魏徵也在谏疏中再提"水能载舟，亦能覆舟"之说，是对"得民心者得天下"的形象解读！

孟子是雄辩的，他不仅热诚地赞扬了"得民心"的"先圣后圣"，还无情地批判了"逆民心"的"无道之君"。孟子在一次与齐宣王的交谈中，明确提出了这样的观点：如果当君主的把老百姓当作"土芥"一样的小草随便践踏的话，那么，老百姓就可以把这样无道的国君当作"寇仇"加以讨伐。这就是在中国历史上使所有统治者引起巨大震动的宏论——

土芥寇仇

孟子与齐宣王互相很熟悉。在一次交谈中，他告诉齐宣王这样一个"为君之道":"君之视臣如手足,则臣视君如腹心;君之视臣如犬马,则臣视君如国人;君之视臣如土芥,则臣视君如寇仇!"(《孟子·离娄下》)表面上这里说的是君臣关系,实际上是讲君民关系。孟子说,君臣(民)之间有这样一种对应关系——如果君王把民众看成是手足,那么,民众就会把君王看成是自己的心腹。如果君王把民众当成是犬马一样的牲畜,民众则一定会把君王当成陌路人(朱熹注:国人,路人也)。如果君王把民众看成是一株小草(朱熹注:土芥,小草也),那么,民众就可以把君王看成是寇仇。

这段话影响至深至远。尤其是最后两句:"君之视臣如土芥,则臣视君如寇仇。"把这句话简化,就成了一句有名的历史成语"土芥寇仇"。此成语蕴含的基本观念仍然是民为邦本。

上面这段话讲的是原则,孟子与齐宣王之间的交谈没有到此为止。接着,两人又讨论了两个话题。

第一个话题是:齐宣王提出来,《礼记》上有一种说法,对死去的旧君,臣民要为他服孝三月,我想知道,怎样的国君才有资格享有这样的待遇?孟子认为这个问题提得好。孟子的答案是这样的:当国君有错误的时候,臣民的批评意见听得进去;臣民的合理化建议,国君能采纳,并得以切实推行;当臣民有事需要外出,国君能给予方便。"如此,则为之服矣!"其意思是说,只有这样的国君,臣民才应该为他服孝。接着,孟子又不客气地说,现在有许多国君是相反,有错不改,有忠言不听,臣民有事外出不加保护,"此之谓寇仇,寇仇,何服之有?"孟子说得十分强硬,说那样的国君是民众的"寇仇",既是"寇仇",为何还要为他服孝呢?

第二个话题是:齐宣王又提出来,如果有一个国王,莫名其妙地"杀士"和"戮民",那人们该怎么办?孟子回答:"无罪而杀士,则大夫可以去。无罪而戮民,则士可以徙。"(《孟子·离娄下》)意思很清楚，如果国君无罪杀士人，那卿大夫可以带着士人离职（"去"）；如果国君无罪杀民众，那士人可以带着民众出国离境（"徙"）。孟子在此说的"去"和"徙"是隐语，实际上是提倡一种反叛精神，他在另一处就说过面对"暴君"可以"亲戚畔（叛）之"的话。

但是，孟子说过的这些比孔子更激进的话，是被后来的帝王所不容的。这里可引出一则著名的掌故来：草寇皇帝朱元璋登上皇位以后，也故作斯文起来，他请来名师，诵读经典，其中包括《孟子》一书。但是，当他读到文中有"君之视臣为土芥，则臣视君如寇仇"一语时，大发雷霆，说"此非人臣所言也!"认为这不是当臣子的人应该说的话，马上命令把孟子的牌位逐出孔庙，连四时八节的配享也取消了，《孟子》这书也一度成了禁书，不准民间人士阅读了。但过后在朝臣的规劝下，朱元璋又感到这样做并不妥当，因为孟子亚圣的地位是民众公认了的，不是说取消就取消得了的。朱元璋就想出了个新招，令御用文人细读全书，删去涉及批评帝王的八十五条，然后出了《孟子》节本。从这一举动中可看出朱元璋思想上的局限性，他所删去的正是体现民本思想的那些最可珍贵的思想文化遗产。

真正的优秀历史文化，是怎么也删不去的，因为它早已深深地铭刻在民众的心碑上了。"土芥寇仇"吗？历来如此！春秋战国时期各学派的思想家都提出了自己的想法。不仅儒家，包括道家、墨家以及《左传》《国语》《管子》等著作中，都不同程度地蕴含着"民为邦本"的思想，或直接阐发本思想。如《老子》中就有"爱民治国"的主张，又明确宣称："圣人无常心，以百姓为心。"从先秦著作中可以看出，民本思想已成为当时的一种时代最强音。

相比较而言，以孔孟为代表的儒家所反映的民本思想，最强烈，也最集中。孔孟的思想核心是"仁"，仁者爱人，这是民本思想的根本出发点。孔子曾提出"节用而爱人，使民以时"、"修己以敬，修己以安人，修己以安百姓"（《论语·宪问》）、"博施于民而能济众"（《论语·雍也》）的主张，要求统治者克制私欲，广施恩泽以让民众安居乐业。孔子以民为本的思想，经孟子继承，并发扬光大为"仁术"和"仁政"，进而提出"保民而王，莫之能御"和"仁者无敌"（《孟子·梁惠王上》）等观念，要求王者把自己的身位切切实实地移到民众一边来，那样的王者才是"无敌"的。这些话，就是两千年后的今人读来，也是颇受启示的。

从民本思想出发，孟子阐说了一个光辉的论点：天时不如地利，地利不如人和。在孟子心目中，民众人心的向背，永远是第一位的。儒家与道家都讲"道"，而儒家的"道"含义更明确，更切合社会生活的实际。孟子说的得道，就是得民众，得民心，由此引申出这样一个千古真理——

得道多助，失道寡助

"得道多助，失道寡助"这句成语中的"道"，指的是正义，意谓站在正义方面就能得到大多数人的支持和帮助；而违背正义，即使一时貌似十分的强大，到头来也会由于陷于孤立而失败。孟子说此语，专指的是战争。认为战争的最后胜负，取决于"得道"，还是"失道"，"失道"者因寡助而必败。此语成语化后，则泛指一切事物的成败得失，最终取决于"得道"还是"失道"。如果失去了"道"，即失去了"人心"，那就一事无成了。

孟子是这样认为的："得道者多助，失道者寡助。寡助之至，亲戚畔（叛）之，多助之至，天下顺之。"（《孟子·公孙丑下》）主持正义的得民心，得民心的就会得到绝大多数人的助力；而反对正义的是不得民心的，不得民心的人就少有人会帮助他。寡助的人，最后谁都不会随从他，甚至连亲戚也会叛离他；多助的人，最终普天下的人都会应顺他。

"得道"与"失道"这个社会课题，孟子是从"天时不如地利，地利不如人和"说起的。他说，有利于作战的天气条件，比不上有利于作战的地理形势，有利于作战的地理形势，比不上作战中士兵的人心所向、内部团结。如果失道，就是三里的内城、七里的外城这样的小城市，包围着攻打它却不可能取胜。包围着攻打它，必定是得到了有利于作战的天气，这样却不能取胜，那是因为有利于作战的天气条件比不上有利于作战的地理形势。城墙不是不高，护城河不是不深，武器装备不是不精良，粮食不是不多，但是守城者弃城而逃走，那是因为对作战有利的地理形势比不上作战中的人心所向、上下团结。所以说，要使老百姓定居下来，不能单纯依靠疆域的界限；巩固国防，不能单纯依靠山河的险要；威慑天下，不能单靠武器装备的强大。若是施行仁政的人，帮助和支持他的人就多；若不施行仁政的人，帮助和支持他的人就少。帮助他的人少到了极点，兄弟骨肉都会背叛他；帮助他的人多到了极点，天下人都归顺他。所以，施行仁政的人要么不作战，一作战就一定胜利。

孟子在这里讲到了天时、地利、人和三者及其相互之间的关系。天、地、人这个议题是老旧的，几千年来人们都在谈论这个议题。可是，孟子谈论这个议题时谈出了新道理和新境界。历来的人们把天和天道看得至高无上，什么天轨、天道、天则、天威、天怒，还有天皇、天帝云云，都是高不可攀的，都是神圣不可侵犯的，现在孟子说"天时不如地利，地利不如人和"，这两个"不如"，一下子把"天威"打得落花流水了，一下子把"人""人和"与"人道"抬到比天还高的地位上去了，这不是理论上的翻天覆地吗？

作者不是简单地从人与人之间是否和睦相处提出问题，而是从更深层次的角度讲人际关系。孟子说，如果你是一个治国理政的人，所谓能"得道"，就一定要站在真理和正义一边，站在民众的切身利益一边，只有那样，你才能赢得"人和"，赢得广大民众的拥戴。相反，你的手中如果没有真理和正义，身为"人牧"而不为民众办实事，那么你就失去了"人和"，你就成了民众的罪人。明明是罪人而不承认自己有罪，那就是罪上加罪，寡助是不用说的了。"寡助之至，亲戚畔（叛）之"，如果那样，真是成了孤家寡人了。

为了把"得道多助，失道寡助"讲得深刻一点。孟子还到平陆（今属山东，齐国边邑）去调查军情实况。孟子到了平陆以后，马上着手了解那一带现役士兵的思想和生活情况。过了几天，孟子问平陆大夫："现在你的军队中士卒逃失很多，我听说，你下了道死命令，如果有士兵一天之内三次逃脱，就要把他杀掉，果真有这样的事吗？"

平陆大夫义正词严地说："你听到的消息不完全准确。我治军很严，一般逃跑一次，最多两次，我就要把他处死了，怎么可等到第三次？"

孟子突发奇问："那你为何不把自己也杀了呢？"

平陆大夫惊异地瞪大了眼，说："为何要自杀？我可无罪啊！"

孟子气愤地说道："你的脸皮真厚，还敢说自己无罪？你身为一方长官，失职处可多着呢！在凶荒之年，你治下多少年老体弱的人辗转死于沟壑？至少有数千人迫于生存到外地逃荒，而那些士兵之所以一日三逃是因为军粮不足，饿着肚子没法上战场打仗，这些你能说不是事实吗？"

平陆大夫忙说："这些是事实，可那罪责不能算到我头上啊！那是齐国国家的大政，是国家不肯赈灾造成的。"

孟子开导他："国家把一方土地和百姓交给你了，出了问题怎能说没有罪责呢？我打个比方吧，某人接受了主人要他代为牧养的牛羊，那他的责任就是要为牛羊寻找牧场和草料，如果既不去认真找牧场和草料，又不把牛羊还给主人，结果让牛羊死去了，你说这位代为牧牛羊的人有没有罪呢？"

平陆大夫深感惭愧，低着头说："我明白了，这么说来，的确是我的罪过！"

过了些天，孟子去见齐宣王，说："大王派我去调查城邑大夫的情况，我认识的有五位，能认识到失职造成自己有罪过的，只有平陆大夫一人。"接着把平陆大夫前后思想的变化说了一遍。齐宣王听后说："这也是我的罪过啊！"

这则故事告诉人们，"得道多助，失道寡助"说起来容易，做起来可难啊！要真正成为一个"得道者"，不仅要有清醒的认识，而且还要有实际的行动。像平陆大夫那样不贪不挪，但又"不作为"的人，还是不能算得道者，严格说还是罪人呢。

"得道多助，失道寡助"这句成语已广泛地运用于现代社会。对于弘扬社会的正义和正气具有重大的召唤作用。无数事实证明，得道多助，失道寡助，弱国能够打败强国，小国能够打败大国。历史和现实一再证明了这一点。

孟子不满于当时的现实社会，认为那是一种"庖有肥肉，厩有肥马，民有饥色，野有饿莩"的极为不合理的社会。"庖有肥肉，厩有肥马"是贵族社会的生活状态，"民有饥色，野有饿莩"是贫民社会的生活画面。孟子亟待改变这种状况，他在答齐宣王问时，说出了自己对美好理想社会的粗线条设想——

老吾老，以及人之老

　　孟子去见齐宣王，要他施"仁术"，行"仁政"，带头为天下人办好事。可是，齐宣王推三阻四，不肯按孟子说的去做。孟子单刀直入，指出："王之不王，不为也，非不能也。"为了说明问题，孟子接连用了两个千古妙喻。

　　第一个千古妙喻是这样说的：孟子对齐宣王说："有一个人，他的力气足以举起三千斤的重物，却不能举起一根羽毛；他的目力可以明察秋毫，却看不到一整车的柴草，你相信吗？"齐宣王回答："我当然不相信！"孟子说："我说的就是你呐！看，当你看到牛上祭台被杀的时候，你会产生不忍之心，这叫恩泽施及禽兽吧，可是功德却不能施及百姓身上，这等于一根羽毛也举不起。不是举不起，是不想举。老百姓的苦难像一整车的柴草，你却说看不见，实际上不是看不见，是不想看。是不是这样的情况？"齐宣王无言以对。最后孟子说："所以呀，大王你未能称王统一天下，是因为你没朝这个方面去努力，而不是不能做！"

　　第二个千古妙喻是这样说的：齐宣王问："那么，所谓的不肯做和不能做，该如何去区别呢？"孟子回答说："还是打一个比喻吧，要求一个人双手挟着泰山跃过那么宽广的北海去，这人说'我做不到'，那是真的做不到，是不能做；如果要求一个年轻人为老年人去折一根树枝当拐杖用，年轻人却说'我做不到'，那是不肯做，而不是不能做。这种区别懂了吗？"齐宣王点点头，说："懂了。"孟子接着明确告诉齐宣王，说："王之不王，非挟太山以超北海之类也；王之不王，是折枝之类也。"

　　讲出了这两个千古妙喻之后，接着，孟子说出了他的伟大的社会理想："老吾老，以及人之老。幼吾幼，以及人之幼，天下可运于掌。……故推恩，足以保四海；不推恩，无以保妻子。"（《孟子·梁惠王上》）孟子的意思是，在理想的社会中，人们既敬重自己的父母长者，又推而广之敬重他人的父母长者；既爱护自己的子女，又推而广之爱护他人的子女。能做到这样，统一天下的大业就像运之于手掌中那样容易了。这里有几个要点是值得引起注意的：

第一，孟子把理想社会需要关注的重点对象说得十分明确。

对于理想社会图景的描绘，当然是首推《礼记·礼运》篇了。该文写道："大道之行也，天下为公，选贤与能，讲信修睦。故人不独亲其亲，不独子其子，使老有所终，壮有所用，幼有所长。"但是，《礼运》篇写的是对美好的"昨天"的眷顾和回忆，当下该怎么办？没有讲。

后来孔子在与弟子的一次"盍各言尔志"的交谈中，谈得就比较具体了。先是子路发言，他说，他的志向是拿出自己的车马衣裘，让朋友们一起享用，"敝之而无憾"，大家使用坏了也就算了。接着是颜渊说自己的志向，他说，希望能做到如果自己做了什么善事的话，不夸大其词地宣扬，对人有了施与，不追求图报。最后是孔子说话，他说了著名的三句话："老者安之，朋友信之，少者怀之。"（《论语·公冶长》）这里他讲了三个层面：让老人过上安稳日子，在朋友间建立起信誉，使孩子们受到应有的关爱。这是相当完整的社会理想观。

《礼运》篇的理想观，孔子的理想观，还有孟子的理想观，有一个共同点，都十分关切弱势群体——老人和孩子。可以看出，孟子的理想观中，既有《礼运》篇的影子，又有孔子思想的内涵，他是在两者的基础上进一步前进了。大胆地提出弱势群体社会要重点关怀，而要使弱势群体不再弱势，关键是人的观念形态上的升华和行为上的落实，"老吾老，以及人之老。幼吾幼，以及人之幼"。这是多么大胆又美好的设想啊！

第二，孟子在社会生活中首次运用了"推恩"这个观念。

儒家学说历来是既讲"亲亲"，又是讲"推恩"的。"亲亲"就是讲血缘，讲血缘间的爱护和亲近，也就是讲以亲为亲。"推恩"就是推恩及人，广施恩惠，把天下人都当作亲人。早在《大学》一书中提出的"修身齐家治国平天下"这一观念中，就隐含有"亲亲"和"推恩"思想的巧妙结合。修身和齐家，提倡的是亲亲，治国和平天下，提倡的是推恩。"身修而后家齐，家齐而后国治，国治而后天下平"，"大学之道，在明明德，在亲民，在止于至善"。在《大学》一书的作者看来，把人们引向"亲民"之路，才是"至善"的社会。

在孟子与齐宣王交谈过程中，引述了《诗经·大雅·思齐》篇中的几句诗："刑于寡妻，至于兄弟，以御家邦。"这里讲了三个大的层面：一是"刑于寡妻"，"刑"是典型，就是第一步要给爱妻、子女（"寡妻"）做出关爱方面的榜样，形成家庭的和睦。二是"至于兄弟"，再将爱推及到同门兄弟身上去，形成家族的团结。三是"以御家邦"，进一步把爱推恩国家和天下（"家邦"）。《诗经》是西周时的作品，这首诗反映的思想说明西周时人已懂得"推恩"的道理，只是没有像孟子那样加以理论的概括罢了。

孟子把《大学》和《诗经》中没有点出的"推恩"两字，清晰地书写了出来。他要突破"家天下"的藩篱，要求人们"推恩以保四海"，要求人们关注亲人以外的天下人，这本身就是极大的突破。

第三，孟子要求人们尽其所能地投身于理想社会的建设。

理想社会不会自然而然地自天而降，只要每个人做好"为长者折枝"这样力所能及的事，那么，"天下可运于掌"。当尧舜这样的圣人并不难，难在不肯扎扎实实地去做。孟子还对齐宣王说："古之人所以大过人者，无他焉，善推其所为而已矣！"（《孟子·梁惠王上》）意思是说，古代的圣君为何远远超过他人和后人呢？没有别的任何原因，只在于他能把仁爱之心实实在在地推向社会、推向天下。

孟子还认为"道若大路然"，即谓行道是与走路一样的，只要坚持着走下去，是一定能达到辉煌的终点的。孟子说得彻底透了。正是从这个意义上讲，他说"人皆可以为尧舜"。这显然是植根于"性善论"而鼓励人人向善，个个都可以有所作为的命题了。

"丈夫"一词，在中国古文字中本身就是对成年男子的尊称，《穀梁传·文公十二年》："男子二十而冠，冠而列为丈夫。"如在"丈夫"之前冠以某一形容词，那就大有褒贬之分了。如见诸《孟子》一书的，称品格低下者为小丈夫、贱丈夫，称品格高尚、志趣远大者为——

大丈夫

大丈夫，指有志气、有节操、有作为的男子汉。它是孟子心目中的理想人格，当然也是孟子自我追求的崇高标杆。"大丈夫"一语后世被广泛应用，用以自谓，亦用以他指，但全都是褒义的。

大丈夫这个命题是在一次随意的交谈中引发出来的。当时，孟子与滕国（今山东枣庄滕县）的国君滕文公有着特殊的交谊。当滕文公还在当滕国世子的时候，就特意到宋国来会见孟子，向孟子讨教治国理政之道。滕定公去世后，滕文公即位，马上把孟子接到了滕国，恭恭敬敬地请教。当然，滕文公是个没多少主见的人，一同被请去的还有其他家派的各式人等。

一次，滕文公请一些士人在一起闲聊。一位名叫景春的纵横家向孟子发问："先生，请教一下，公孙衍、张仪这样的纵横人物，总可以被称为大丈夫了吧?"孟子反问了一句:"你说说,为何这两人可称为大丈夫?"景春回答:"公孙衍佩五国相印,联合山东六国以抗秦。张仪一怒而诸侯惧,这样的人,难道不可以称为大丈夫吗?"孟子摇着头说:"不可以! 不可以! 因为这两个人虽然强势,但不懂礼,不懂仁,不懂义,这样的人,怎能称作为大丈夫呢?"接着,孟子滔滔不绝地作出了"大丈夫"的经典表述——

"居天下之广居,立天下之正位,行天下之大道;得志,与民由之,不得志,独行其道。富贵不能淫,贫贱不能移,威武不能屈,此之谓大丈夫!"(《孟子·滕文公下》)

这是孟子在与纵横家的信徒景春讨论"何为大丈夫"的问题时,说出的一段至理名言,后世视之为经典。在孟子看来,真正的"大丈夫",不在于权势的大小,地位的高低,也不在于一时的是否显赫,而是面对富贵、贫贱、威武等不同人生境遇时,都还能坚持"仁,义,礼"这样一些人生原则,以道进退,以理服人。这是一段思想容量极为丰富的文字。这里强调了三层意思:

其一,大丈夫的思想根基。

孟子称,大丈夫"居天下之广居,立天下之正位,行天下之大道",这是什么意思呢? 原来孟子这里连用了三个有趣的比喻:"居天下之广居",就是说居住在天下最广阔的居室中,以用喻"仁"也;"立天下之正位",就是说站立在天下最正确的位置上,用以喻"礼"也;"行天下之大道",就是说行走在天下最光明的大道上,用以喻"义"也。有仁心、知礼节、行大义,这就是大丈夫的思想根基。

其二,大丈夫的奋斗精神。

这里用了"得志"和"不得志"两个表述生存状态的词儿。如果事业推进得顺利,就同老百姓一起循着正道前行,孟子称之为"与民由之"。如果事业推进得不顺利,不少人半途而废了,但是,大丈夫就是有那样一种志气，就是只存下自己一个人，也要默默无闻地独自坚持干下去，等待时局的好转，孟子称之为"独行其道"。这是一种坚韧不拔、不屈不挠的精神。

其三，大丈夫的具体个人品格。

"富贵不能淫"，大富大贵也不可能使他心志放荡，走向邪僻。

"贫贱不能移"，贫穷和卑贱也不能使他的节操有所改变。

"威武不能屈"，在威势和武力面前，也不能使他的意志有所屈服。

这里有一段孟子师生间的对白，多少可以加深对大丈夫精神的了解。《孟子·滕文公下》有载："彭更问曰：'后车数十乘，从者数百人，以传食于诸侯，不以泰乎？'孟子曰：'非其道，则一箪食不可受于人，如其道，则舜受尧之天下，不以为泰。'"这是一段很有意思的师生对话，大致的意思是这样的：孟子的一位名叫彭更的学生，有一天这样问老师："老师，现在您外出游学时后面跟着的车辆有几十辆，随从人员有几百人之多，住的是诸侯给的高级宾馆，并接受其酒食款待，这是不是有点过分了呢？"孟子回答道："我是有原则的，假如不符合正道的，就是别人给一小篮子饭，我也不会去接受。如果是符合正道，就是舜接受尧的天下那样，也不算是过分的。"由此可见，孟子在坚持大丈夫精神上，是极为清醒的。

为了更好的光大"大丈夫"精神，孟子从反面论述了"小丈夫"和"贱丈夫"这两种人生状态。当孟子不远千里来到齐国时，是充满力求变革齐国的信心的。但由于齐王不求进取而孟子不得不离开齐国时，齐国方面说法有种种，有一说是孟子很气愤，很不满，孟子的回应是："王如用予，则岂徒齐民安，天下之民举安。王庶几改之，予日望之，予岂若是小丈夫然哉，谏于其君而不受，则怒，悻悻然。"（《孟子·公孙丑下》）孟子是说，劝说齐王改革完全是为了齐国好，天下好，现在齐王不觉醒，我则会等待，不会因此而发怒，怀恨在心，这样做就成了小丈夫了。

当时是，齐王既不想践行孟子的仁政主张，又说愿意为孟子在齐都建造馆舍，以重金让孟子在那里讲学，为他装点门面。孟子以为，那是自己不能接受的。那样做，不就成了见利忘义的"贱丈夫"了吗？"有贱丈夫焉，必求龙断（垄断）而登之，以左右望而罔市利，人皆以为贱"（《孟子·公孙丑下》）。意思是说，我孟子不会为了一己之私利，去做左右逢源的"贱丈夫"的。我办事是有底线的，当你拒绝了我的仁政主张时，一切就免谈了。

孟子关于大丈夫所必备的"三不能"——"富贵不能淫，贫贱不能移，威武不能屈"的这段名言，句句闪耀着思想和人格力量的光辉，在中国历史上曾鼓励了不少志士仁人，成为人们不畏强暴、坚持正义的座右铭。千百年来已融进了中华儿女的血脉，成为最可珍视的民族文化遗产。

魏惠王三十五年（公元前 335 年），梁惠王以厚币招贤者，于是，邹衍、淳于髡、孟子都来到了魏国。在魏国，孟子曾与魏惠王讨论过"独乐乐与人乐乐，孰乐"的著名命题。不久，孟子又来到了齐国，齐宣王在他的华美的别墅雪宫接见了他。齐宣王向孟子夸耀起了自己舒适的居住条件给他带来的欢乐，孟子不以为然，直白地告诉他："为民上而不与民同乐者，非也。"其意思是，作为老百姓的上司而不与民同乐，那是错误的，当然也是不足取的。正确的结论只能是——

乐以天下，忧以天下

"乐以天下，忧以天下"，出自《孟子》的《梁惠王下》："乐民之乐者，民亦乐其乐。忧民之忧者，民亦忧其忧。乐以天下，忧以天下，然而不王者，未之有也。"这是孟子对齐宣王说的一段话，其意思是说，国君如果能把民众的快乐当作自己的快乐，那么，民众也会把国君的快乐当作自己的快乐。国君如果能把民众的忧患当作自己的忧患，那么，民众也会把国君的忧患当作自己的忧患。当一个国君能以天下人的快乐作为自己的快乐、以天下人的忧患作为自己的忧患的时候，这样的国王仍然不能称王一统天下的，怕是不会有的吧！这段话的核心思想是"乐以天下，忧以天下"八个大字，成语化以后，人们用以表述志在为天下奉献一切的心迹。

孟子来到齐国之后，至少有两次与齐宣王畅谈了国君之忧乐的问题。

第一次交谈大约发生在孟子初到齐国之时。齐国大夫庄暴来见孟子，告诉孟子，说齐宣王是个很喜音乐的人。过了几天，孟子会见了齐宣王，劈头第一句就问："你的大夫庄暴告诉我说，你很喜欢音乐，是这样吗？"齐宣王有点不好意思地说："我不是喜欢先王的雅乐，只是喜欢时行的流行音乐罢了，算不了什么。"孟子告诉他："在我看来，喜欢先王的雅乐与喜欢流行音乐都一样的，因为它们是一脉相承的。"齐宣王点点头，表示同意。孟子又问："你说，你是一个人听音乐感到快乐呢，还是跟大多数人在一起听音乐感到快乐？"齐宣王说："还是跟大多数人在一起听音乐时感到快乐。"孟子说："那很好！既然说跟大多数人在一起听音乐感到快乐，那你就得借此听一听民众的声音。如果听了大王喜欢的乐曲，人们感到痛心疾首，皱起眉头说：'大王那样喜欢音乐，可为何让我们妻离子散，生活如此艰难呢？'那你得好好考虑你是否真的与民同乐了。如果听了你喜欢的音乐，大家喜形于色，奔走相告：'我们的大王多健康啊，他爱听的乐曲多美啊！'如那样，才算是真正与民同乐了。"在那次会见结束的时候，孟子说了关键性的一句话："今王与民同乐，则王矣！"（《孟子·梁惠王下》）这就是说，现在大王如果真能做到与民同乐，那你可以称王统一天下了。

过些时日，孟子与齐宣王之间又有了第二次交谈。这次齐宣王在自己的华美的行宫接见孟子，不无炫耀地问孟子："你们这些被称为君子的人，也能像我那样享受生活上的欢愉与快乐吗？"孟子的回答很干脆："当然有的，但是，我们的乐与忧是与你享受的不同的。人们要是得不到这种快乐，就会埋怨他们的国君。得不到这种快乐，就埋怨国君这是不对的；可是作为统治老百姓的执政者，不与民同乐也是不对的。"

另一次，在谈到皇家园林的大小时，孟子告诉齐宣王，如果与民同乐，向老百姓开放园林，皇家园林再大（如周文王的方圆七十里），老百姓也不会嫌它大。如果不与民同乐，不准老百姓进入，皇家园林再小（如齐宣王的方圆四十里），老百姓也会嫌它大。可见孟子多次与齐宣王讨论"与民同乐"的问题，所谓"乐以天下，忧以天下"，更为完整地显示了孟子政治学说中的民本思想。

"乐以天下，忧以天下"是动人心魄的千古名句。到了宋代，名相范仲淹进一步将其发挥为"先天下之忧而忧，后天下之乐而乐"。

与忧乐观紧相联结的是生死观。有一段时间，孟子常与兼治儒墨的告子一起讨论人性与人的生死观问题。告子认为"人性无分于善与不善"，而孟子却坚持认为"人性之善也，犹水之就下也"，以为人生下来，心都是善的。从人性善出发，孟子坚持这样的人生价值观念——

舍生取义

"舍生取义"是孟子晚年提出的一个相当成熟的思想观念，他明确指出，一个有为的大丈夫，为了社会的正义事业，是不怕贡献出自己的一切的，最终甚至不惜牺牲自己最可宝贵的生命。"舍生取义"这一成语就首见于《孟子·告子上》篇之中。

孟子曾与同时代的思想家告子进行过多次十分激烈的人性之争，后来被孟子记录在《告子》上、下篇中。告子是战国时期著名的思想家，他兼治儒墨之道，而社会思想观念偏于消极。在人性上，告子最著名的观点是："食色，性也。"其意思是，爱吃好东西，喜欢美色，这是人的本性。这一观点只抓住了人的某些表象，而根本没有体现人的本来面貌，结论显然是错误的，而且是有害的。诚如马克思对此类流行于世界各地的错误观作批判时说的："诚然，饮食男女等等也是人类的机能。然而，如果把这些机能同其他人类活动割裂开来，并使它们成为最后的和唯一的终极目的，那么，在这样的抽象中，它们就只具有动物的性质。"（马克思：《1844 年经济学哲学手稿》）马克思的意思很清楚，不能在动物性与人性之间画上等号，作为万物之灵的人，有比动物更高尚的理想和追求，有更广阔的精神世界。正如孟子所说的，人有对仁和义的追求和向往。可是，告子这一把动物性当人性的观念在当时还是很有市场的。孟子对此提出了尖锐的批判，说："人之有道也。饱食，暖衣，逸居而无教，则近于禽兽！"（《孟子·滕文公上》）孟子在人与动物有着根本性区别这一观念上，是极为清楚的，他认为，只是一味地讲究吃喝玩乐，那不是人，而是"近于禽兽"的作为。

那么，"人之有道"的"道"又何所指呢？在《孟子·告子上》中，孟子作了明晰而具体的解答。他说："鱼，我所欲也，熊掌，亦我所欲也。二者不可得兼，舍鱼而取熊掌者也。生，亦我所欲也，义，亦我所欲也，二者不可得兼，舍生取义者也。生亦我所欲，所欲有甚于生者，故不为苟得也。"这是一段千古名文，其意是：（孟子说）鱼，是我爱吃的，熊掌也是我所爱吃的，但如果两者不能兼而有之时，我就舍弃鱼而取那更珍贵的熊掌。生命，当然是我希望获得的，而正义也是我希望获得的，假如两者不能兼而有之时，那我宁肯舍弃生命而去追求更加弥足珍贵的正义。生命当然是可贵的，但有比生命可贵千百倍的东西，那就是正义。为了正义而甘心情愿舍弃生命，这才是崇高！

在论及"舍生取义"这样一种崇高的人格精神时，孟子注意到了一些人在人生的途程中，会"失其本心"。一些人在穷困之极饿得将要死去时，当有人以高贵的"赐予者"的身份送来一筐饭、一碗汤时，那"赐予者"吆喝着，用脚把饭踢到受赐者面前，这时，有志气的穷困者宁愿饿死，也不会去接受辱没人格的赐予的。孟子称之为"蹴尔而与之，乞人不屑也"，用脚踢过来的（即"蹴尔"）获取的食物，就是叫花子也不屑于接受的。可是，当一些人有了高官厚禄之后，就完全的变了。这些人只要有好处，就捞，不管义与不义，就贪，用孟子的原话来说就是："万钟则不辨礼义而受之，万钟于我何加焉？"（《孟子·告子上》）孟子的意思是说，你已经是享受万钟的高官了，再那样不顾礼义的贪污，有什么好处呢？人在极度贫困时尚且能做到"乞人不屑蹴尔之食"，成了高官后怎么反而"不辨礼义而受之"了呢？孟子把这种"职官愈高，礼义水准愈低"的倒挂现象，最后归结为"此之谓失其本心"，看来，"失其本心"，也可以称之为"失其初心"的吧！孟子把这种社会现象揭示出来，是要引起当世人和后世人的广泛注意。这样一种社会现象，不是时至今日，还在一些人身上延续吗？很值得三思。

孟子的思想，与孔子的思想是一脉相承的，他们都承认生命纵然是珍贵的，但作为有志向的士人来说，有比生命更为重要的东西，那就是仁和义。孔子一再强调"仁者爱人"，"人而不仁如礼何！人而不仁如乐何！"（《论语·八佾》）认为如果人失去了仁，那么还要礼和乐有什么用呢？仁是人性的根本。他明确表示："志士仁人，无求生以害仁，有杀身以成仁。"（《论语·卫灵公》）在孔子看来，仁德比生命更重要，为实现仁的道德理想，即使牺牲了自己宝贵的生命也不应有所顾惜。

孟子继承和弘扬了孔子的道德观念，把"仁"和"义"两者有机地统一在一起。他说："仁，人心也。义，人路也。舍其路而弗由，放其心而不知求，哀哉！"（《孟子·告子上》）孔子已经说了"杀身以成仁"的道德观念，孟子则又向前推一步，提出了"舍身而取义"的行为要求。后世以"孔曰成仁，孟曰取义"并提，显示了孔孟思想观念上的高度契合。

自此之后，杀身成仁、舍生取义的观念，渐次演进为民族层面的英雄主义精神，深入到中华民族每一个子民的心中，成为我们民族全体民众的共同语言，成为与日月同辉、江山同在的永恒哲理。

孟子对当时的时局是不满的。认为那些当国君主都"不乡（向望）道，不志于仁，而求为之强战"，而那些辅臣也只知道"辟土地，充府库"，只顾一己之私利，而根本不顾民众死话。这些人实际上只是"民贼"（《孟子·告子下》）。孟子对时局不满，但不失望。只要有"我"，有志士仁人"舍我其谁"的精神，国家就有希望。大家一起不断砥砺，共同担当起——

天降大任

在论述"天降大任"时，孟子是以"生于忧患，死于安乐"的观念为出发点的。在孟子看来，"忧患"对于民族和对于个人来说，都未必是坏事。"无敌国外患者，国恒亡"。没有敌国的侵扰和外患的攻略的，这样的国家往往易于覆亡。这是对春秋战国五六百年历史的精准总结。在这么长的历史时期内，亡国数百，仔细查阅历史档案，这些亡国之国绝大多数都亡于安逸，亡于疏放，亡于玩忽，一句话，就是亡于无忧患意识。对个人来说也如此。那些成大气候、有大贡献的，哪一个不是在忧患中摸爬滚打奋斗过来的？基于对历史和现实的深刻认识，他道出了这样一番千古名言：

> "故天将降大任于斯人也，必先苦其心志，劳其筋骨，饿其体肤，空乏其身，行拂乱其所为，所以动心忍性，曾益其所不能。"（《孟子·告子下》）

这段话的意思是说，如果上天（孟子历来是以民为"天"的）要把平治天下的大任交给一个人的话，事前一定要使他的心志困苦，使他的筋骨劳累，使他挨饥受饿，使他家庭贫困，还要扰乱他的所作所为，使他屡受挫折。这些都是上天为了用来磨砺他的志向，坚定他的性情，增加他所缺乏的能力。所以说，忧愁灾害可以使人生存，而安逸享乐使人萎靡死亡。

这是一段感人肺腑之言，也是一番惊人心魄之语。为了证实这段话的真实性，孟子特意从历史档案材料中选取六例，加以证实和说明。五帝中的大舜是从田野之中走来的，他原先只是个普普通通的农夫，后被尧帝所任用。商代的名相傅说，原先是筑墙的泥水工，属于奴隶身份，被商高宗武丁发现后被举用为中兴能臣。周初的胶鬲，原先只是个鱼盐贩子，长期生活在社会底层，后被文王发现并举用。春秋时的管仲是一名囚犯，经人举荐后成就了齐桓公的霸业。孙叔敖原本是楚地偏远海滩边的一名苦力，后成为楚国的令尹。百里奚发迹前只是一名市井"小人"，后被秦穆公相中，被举用登上了相位。上述所举六位先贤，哪一位不是从"忧患"中砥砺出来的？

"生于忧患，死于安乐"的认知，其中既有从先贤的身世中获得的感悟，也有孟子自己的切身体验。孟子自小丧父，其母守节没有改嫁。孟母对他管束甚严，希望有一天孟子能够成才为贤。一开始，他们住在墓地旁边。孟子就和邻居的小孩一起学着大人跪拜、哭嚎的样子，玩起办丧事的游戏。孟母看到这种情景，就摇头说："这里不好，我不能让我的孩子住在这里了！"于是搬家到集市场附近，到了那儿，孟子又和邻居的小孩一起，学起商人做生意吆喝的样子。孟母见状又说："这个环境也不适合我孩子的成长！"孟母带着孟子去靠近杀猪宰羊的地方去住。孟子到了那儿便学起了买卖屠宰猪羊的事儿。孟母知道了，又皱起眉头说："这个地方还是不适合我的孩子居住！"于是，他们又搬家了。这一次，他们搬到了学校附近。每月夏历初一这个时候，官员到文庙，行礼跪拜，礼貌相待，孟子见了，都一一学习记住。孟母很满意地说："这才是我儿子应该居住的地方呀！""孟母三迁"对孟子的成长起了极大的作用。后来游历齐、宋、滕、魏、鲁等国，前后有二十多年，让孟子成了一位伟大的思想家、教育家。他曾豪气冲天地说："如欲平治天下，当今之世，舍我其谁？"（《孟子·公孙丑下》）而这里说的"平治天下"的那个"我"，是不断地在忧患中砥砺出来的。这是孟子最具励志精神的篇章，要求有志于治平天下的人们，不怕困难，不怕挫败，勇往直前，去争取胜利。

孟子是个了不起的思想大家，他并不满足于历史的实证，而是力求从理论的高度去完善自己的学说。他把"生于忧患，死于安乐"和"天降大任"的观念牢牢地奠之于厚实的理论基石上。

理论基石之一："人皆可以为尧舜。"

人们一定会问：为何你孟子那样肯定地说，人人都能担当起"以天下为己任"的重任呢？果真是这样吗？孟子的回答很清晰，说这是真的，因为孟子确信"人皆可以为尧舜"。既然人人可以成为尧舜，那么理所当然地人人可以担当起治理天下的大任了。

那么，为何那样肯定地说"人皆可以为尧舜"呢？孟子说道："圣人，与我同类者也。"这种明确人与人之间的同类关系，正如明确"若犬马之于我不同类"一样重要。事实上，对"同类"与"不同类"分不清的人是大有人在。那些大呼小叫"食色性也"的人，不是把犬马之性混同于人性了吗？那么，尧舜这样的圣人，与普普通通的"我"之间同类在哪里呢？孟子说："心之所同然者，何也？谓理也，义也。圣人先得我心之所同然耳！"（《孟子·告子上》）孟子还说："君子所性，仁义礼智根于心。"（《孟子·尽心上》）孟子说得够清楚的了，我们每个人都与圣人是同类，既同类，则同心，既同心，则为"仁义理智根于心"。圣人之所以为圣人，不是有什么不同于他人的地方，只是"圣人先得我心"，"道如大路然"，圣人没什么了不得的，只是在"大路"上先走了一步而已。我们跟着走，赶上是可能的，超越也是可能的。

理论基石之二："从其大体为大人。"

在《孟子·告子上》中，有一段著名的文字："公都子问曰：'钧（均）是人也，或为大人，或为小人，何也？'孟子曰：'从其大体为大人，从其小体为小人。'曰：'钧是人也，或从其大体，或从其小体，何也？'曰：'耳目之官不思，则蔽于物，物交物，则引之而已矣。心之官则思，思则得之，不思则不得也。此天之所与我者，先立乎其大者，则其小者不能夺也，此为大人而已矣！'"

这段文字翻译成白话文大致上是这样的：公都子问孟子："同样是人，为何有的成了志趣高尚的大人物，有的成了目光短浅的小人物？原因何在？"孟子回答说："能够发挥心（大体）的思考功能的人，成了大人物；只知耳目之欲（小体）的人，成了小人物。"公都子又问：
"那么，既然都是人，为何有的人能从大体，而有的人只能从小体呢？"
孟子回答道："耳目是管听和看的，如一个人只是被声色犬马之乐所
蔽，那必成小人。而心是管思考的，思考后就能有是非之理。一个先
立乎大体之心的人，就不会被小体所夺，就能成为大人。"

孟子是想从人体机能角度剖析人成为"大人"和"小人"的因由，
但限于当时科学的局限性，他讲得不太清楚。但是，这段文字主旨是留
存下来了。其一，"从其大体为大人"，就是说，只有不断以仁义道德这
些"大体"修养自己的人，才能成长为"大人"。从此，"从大体""明
大体""顾大局，识大体"等等，作为成语化词汇从汉代开始就广为使
用了（《史记》中已用）。其二，"心之官则思，思则得之，不思则不得
也"。这段文字被后世的人们反复引用，中华文化的思辨精神日益彰显。

荀子留下的生平史料不多，据一些史家考证，他大约生于公元前
313年前后，比孟子晚生了将近一个世纪，孟荀两人是战国时期齐名
的两颗文化巨星。荀子明确反对当时在社会生活中占统治地位的所谓
"天人合一"说，明确提出了"天人相分"说，力求把"人"从"天"
的控制下解放出来，成为独立而具有勃勃生机的主体，他以为——

人最为天下贵

天人关系是战国时期百家争鸣中最热门的话题之一。当时占统治
地位的观点是所谓的"天人合一"说，认为"天"是管控一切的，而
人的行为都是受"天"制约着的。从认识论角度讲，孟子是战国时代
"天人合一"说的领军人物。他说："尽其心者，知其性也。知其性，

则知天矣。存其心，养其性，所以事天也。夭寿不贰，修身以俟之，所以立命也。"（《孟子·尽心上》）这是一段相当完整的论述天人合一的文字，孟子说，人如能尽其心力地思索和践行，就能知道天赋予自己的天性；知道了天性，就能知天道。保存自我的本心，培养自我的善心，为的就是事天。人的寿命有长短，那无法改变。我们要善修其身，善养其性，这才是安身立命之道。在《孟子》一书中，"天"字出现了81次之多，这一段文字中就出现了一系列"心""性""天""命""天命""立命"等难懂的观念。这些到汉代时被董仲舒演化为"天人感应"论，至宋代程朱又将其发展为宋明理学。

荀子比孟子晚出近一个世纪，他打破传统的成见，提出了"天人相分"的新观念。他最早指明所谓"天"，实际上只是一种"自然"而已，人有主动性，人可以"制天命而用之"，反对"蔽于天而不知人"。荀子作《天论》，一开篇就是一派惊人之论："天行有常，不为尧存，不为桀亡。应之以治则吉，应之以乱则凶。强本而节用，则天不能贫，养备而动时，则天不能病。循道而不贰，则天不能祸。""明于天人之分，则可谓至人矣。"荀子在这里用了"至人"一词。"至人"之说，起于道家，庄子把"大泽焚而不能热……飘风振海不能惊"的神人、奇人称为"至人"。荀子把"至人"这一名号借过来，赋予了全新的、人文的色彩。在荀子看来，只有切切实实为民众谋福利的人，只有强本而节用的人，只有承认"人最为天下贵"的人，才真正称得上"至人"。

孟子的文字总体上是明快而流畅的，但一说到"心""性""命"就难懂而晦涩了。而荀子的"天人相分说"则始终是明快的，简直是明白如话的，读者不用翻译就能读懂的。

荀子是战国时期明确提出"人最为天下贵"的第一人。为了说明人在天地间的位置，荀子作了具体的分析："水火有气而无生，草木有生而无知，禽兽有知而无义，人有气、有生、有知亦且有义，故最为天下贵也。力不若牛，走不若马，而牛马为用，何也？曰：人能群，彼不能群也。"（《荀子·王制》）这一段精彩的论述已经接近于科学的论证了。荀子把世间万物分为四大类：一是非生物（水、火之类），二是植物（草木之类），三是动物（禽兽之类），四是人类。在两千多年前能有这样清晰而明白的观念，实在不简单。荀子不仅明晰地提出了天地间存在的四大品类的观念，而且鲜明地说人"最为天下贵"。最贵的不是神仙，不是鬼怪，而是人。以人为贵不仅战国时横行一时的群雄做不到，就是后世的秦皇汉武、唐宗宋祖也做不到。

荀子是中国古代勇敢地向天的权威挑战的第一人，也是明确提出"人最为天下贵"的第一人，这也就是后世我们常说的"人为万物之灵"这一习语的雏形。那么，人之"最贵"，表现在哪些方面呢？

其一，人之"最贵"在于好学。

大家知道，学习这个词汇是孔老夫子发明的，但是，人类的学习行为和学习过程是自有人类以来一直存在着并坚持着的。这是人之为人的一个重大标志，也是"人最为天下贵"的重大标志。《荀子》一书开首第一篇就是《劝学》，《劝学》篇的首句就是："君子曰：学不可以已。"意思是说，在君子看来，作为人，学习生活是永远不可终止的，"君子生非异也，善假于物也"，君子生下来的资质并没有什么奇异的，后天的一切成就都来自不倦地学习。

在《劝学》篇中，说到了终身学习这个命题，还说到了学习不学习，是人与禽兽的真正分界线："学恶乎始，恶乎终？曰：其数（科目）则始乎诵经，终乎读礼；其义则始乎为士，终乎为圣人。真积力久则入，学至乎没而后止也。故学数有终，若其义则不可须臾舍也。为之，人也，舍之，禽兽也。"说得清楚不过了。

其二，人之"最贵"在于礼义。

西方世界曾经流行这样一句俗语："人对人是狼，狼对狼是人。"

其意是说，人与人之间心眼太多了，没有那么坦诚，说不定什么时候就把你出卖了，所以说人对人是狼，狼与狼之间都是同类，至少狼不会吃另外一只狼，所以狼对狼是人。这是西方资本主义心理的真实写照。华夏是文明古国，孟子在答梁惠王问时说过这样的话："仁义而已矣，何必曰利。"（《孟子·梁惠王上》）荀子也说："故学至乎《礼》而止矣。夫是之谓道德之极。"（《荀子·劝学》）

在荀子看来，礼义是"养天下之本"。他说："物不能澹必争，争则必乱，乱则穷矣！先王恶其乱也，故制礼义以分之，使有贫、富、贵、贱之等，足以相兼临者，是养天下之本也。"（《荀子·王制》）这段话的意思是，人们的物欲得不到满足（所谓"不能澹"），就必然会争斗，有争斗就会产生混乱，社会因而会陷入困境。为了解决这个问题，圣王就制定礼义，区分等级，使人们安于贫、富、贵、贱的地位，从而从根本上稳定了社会秩序。这也是禽兽不可能做到的。

其三，人之"最贵"在于群居。

荀子说过一句名言，"人生不能无群"（《荀子·王制》）。他不只是讲"人"不能无群，还讲"人生"不能无群，人的一生中的任何时间段，都不能无群。道理很简单，人一旦失去了群体，他就不能抗御大自然中豺狼虎豹这样一些猛兽的侵袭，在对付大自然中种种灾异（如大洪水之类）现象时也将无所作为。可以这样说，人一旦失去了群体，也就失去了所谓的"最贵"，甚至可以说是失去了一切。

荀子又说："人生不能无群，群而无分则争。"荀子心目中的"群"，不是拼合而成的乌合之众，而是一种组织化、制度化的群体，在这点上，正是其他动物所不能有的。"能以事亲谓之孝，能以事兄谓之弟，能以事上谓之顺，能以使下谓之君。君者，善群也"。这种"群"，是君主领导的有"分"有"合"的严密组织，最后达到"四海之内若一家"的美好境界。

其四，人之"最贵"在于"天地之参"。

坚持"天人相分"说的荀子，认为天、地、人三者是各自独立的，不存在哪个被哪个管、哪个支配哪个的问题。但是，荀子的了不起处又在于，他认为人生天地间，必然要与天地有所互动，作为"最贵"的人，可以而且应该成为"天地之参"。

何为"天地之参"？荀子的意思是，人虽不能随意主宰天地之变，但是，人有主动性，人可以参与、推进、促成天地之变，为民众谋福利，这就是"天地之参"的主旨。荀子说："君子者，天地之参也，万物之总也，民之父母也。"（《荀子·王制》）他是说，德才兼备的君子，应该成为天地之变的参赞，成为万物变化的总管，当然他也是对民众负责的人。荀子又说："天有其时，地有其财，人有其治，夫是之谓能参。舍其所以参，而愿其所参，则惑矣！"（《荀子·天论》）这里连用了三个"参"字，很值得体味。其意是说，老天的运行有它的时序，大地不同地域有它不同的财富资源，人的治理就是要顺时而为、因地而异。人如果不参与、不配合天地之变，只求天地的恩赐，那实在是变成糊涂蛋了。"天地之参"的另一种表述形式叫做"制天命而用之"，即掌握天地万物自身发展的规律，然后好好地利用它。

荀子对"人最为天下贵"做了具体分析。人比之万物来说，无疑是"最为天下贵"；而人中的王公大臣比之庶民来说，又无疑是庶民"最为天下贵"。为了真正体现庶人之"贵"，荀子认为当政者应具备"三大节"，一为"平政爱民"，二为"隆礼敬士"，三为"尚贤使能"。之所以必须这样做，都是因为鉴于历史的经验教训——

载舟覆舟

载舟覆舟，是指民众犹如江河中的水，而君王犹如行进于水中的舟。水可以承载舟船，也可以倾覆舟船。此言用以比喻民心向背的重要性，民众是决定国家兴亡的主要力量。出自《荀子·王制》："君者，舟也。庶人者，水也。水则载舟，水则覆舟。"

一提起"载舟覆舟"一词，一般都会想到唐太宗，想到魏徵对唐太宗说的一段话："怨不在大，可畏惟人。载舟覆舟，所宜深慎。"这里说的"可畏惟人"中的"人"，指的就是民众，民众的顺逆，直接关系到一个政权的兴衰存亡。魏徵此言，实际上是引自文献《荀子》一书的。

"水能载舟，亦能覆舟"这一成语，之所以为世代的人们津津乐道，是因为它精准地道出了人世间的真理。从根本上讲，不是庶民依存于君主，相反，而是君主依存于庶民。没有庶民，君主及其僚属的吃、穿、住、用哪里来？没有庶民，何以抵御外侮？更主要的，没有庶民的拥戴，江山就会像沙上建塔一样，没有坚实的基础，那顷刻即倒！

孔子曾经说过这样的话：一个国君如果大节对了，小节也对，那是上等的君主。一个国君如果大节对了，小节有所出入，那只能算是中等的君主。如果大节错了，即使小节还可以，总只能说是下等的君主了。荀子以为孔子的这番话很重要，于是就演绎出"君主三大节"之论，作为"水能载舟，水亦能覆舟"的理论前提。

何为"君主三大节"？荀子是这样完整地表述的："故君人者，欲安，则莫若平政爱民矣，欲荣，则莫若隆礼敬士矣，欲立功名，则莫若尚贤使能矣；是君人者之大节也。三节者当，则其余莫不当矣。三节者不当，则其余虽曲当，犹将无益也。"（《荀子·王制》）这段话的大致意思是，治国治民的君主想要国泰民安，就没有比改善国政、爱护民众更重要的了。想要国家繁荣，就没有比尊崇礼仪、敬重文士更紧要的了。想要建立功名，就没有比尊重贤人、使用能人更迫切的了。这"三大节"都重要，都要努力做好，才算得上是一个好君王。

这三大节中所谓"平政爱民"，里面说的"平政"，是指能安定民心、平稳社会的政治局面，是与爱民相匹配的。所谓的"隆礼敬士"，也就是重视知识，发展文化事业。所谓的"尚贤使能"，就是要把治国平天下的干才选拔到重要的岗位上来。这三大节中一再强调的"爱民""敬士""尚贤""使能"，都属于政治范畴中的"水"，目的都是为了实施"水能载舟"。在荀子看来，有了这三"大节"，其他"小节"上即使有点什么问题，也就不足道了。

荀子同他的前辈儒家圣人孔子、孟子一样，一边教育学生，一边周游列国。他曾长期盘桓于赵、齐、楚、秦诸国，一面以"最为老师"的身份收徒传道，一面又与各国政治人物交流思想，宣传他的"载舟覆舟"学说。

齐湣王十三年（前288），秦昭王自称西帝，并尊称齐湣王为东帝。国力实际上已经相当虚弱但表面上还似乎强大的齐湣王得意忘形了，准备起兵攻燕以显示自我的威势。这时，荀子以老朋友的身份好言相劝，要求齐湣王辞去没有实际意义的东帝称号，也不要出兵攻燕。针对齐湣王很想显示威势的做派，荀子明确告诉他："威有三：有道德之威者，有暴察之威者，有狂妄之威者。此三威者，不可不孰察也。"（《荀子·强国》）接着，荀子对这三种不同的"威"做了详尽而有说服力的剖析。

何为"道德之威"？礼乐制度完善，道义名分明确，种种举措合乎时宜，爱护民众，造福民众，看得见摸得着，实实在在。这样的道德之威，民众当然是欢迎的，所谓"百姓贵之如帝，高之如天，亲之如父母，畏之如神明"，民众当然"赏不用而民劝，罚不用而威行"。

何为"暴察之威"？不进行道德宣教，不采取合乎时宜的步骤，急功近利，一味地相信刑罚的力量，处决人犯像雷电轰击那样迅猛。老百姓被胁迫着，产生了不必要的畏惧。这样的暴察之威是不稳固的，不能产生长效，甚至会产生逆反心理，有的还会受不了重压而相反投向敌营。

何为"狂妄之威"？无爱民之心，无利民之举，却天天在干扰乱民众生活的勾当。百姓当然会怨声载道，当局者就逮捕民众，刑讯民众，而不是去协调民心。对此，民众当然要反抗，要斗争，他们有的结伴逃散，有的奋起而抗争。这样，"倾覆灭亡，可立而待也"。

最后，荀子作出了这样明白无误的结论："此三威者，不可不孰察也。道德之威，成乎安强；暴察之威，成乎危弱；狂妄之威，成乎灭亡也。"（《荀子·强国》）必须指出，荀子这里说的"三威"，本质上还是在讲民心之背向，讲"载舟覆舟"。

"道德之威，成乎安强"。当政者应乎民声，顺乎民意，为民办实事，让民得实利，如此之"威"，当然是老百姓愿意看到和愿意接受的，国家也会日益强大。这里实际上说的是"水能载舟"的故事。

"狂妄之威，成乎灭亡"。当政者全不顾民心、民意、民情，一意孤行。"无爱人之心，无利人之事，日为乱人之道"，这"二无""一为"的结果是"下比周贲溃以离上"，最后导致政权的"倾覆灭亡"。这里实际上讲的是"水能覆舟"的故事。

"暴察之威，成乎危弱"。从当政者的本意说，也许是为了"禁暴"，于是，采取了"其禁暴也察，其诛不服也审，其刑罚重而信，其诛杀猛而必"的强硬手段，这样做，百姓虽说是"致畏"（害怕）了，但"得间则散",人们怕你,也远离你。这是处于"载舟"与"覆舟"之间的局面。

如此"三威",放在了当政者的面前。当时的齐国已经走向没落,当政的齐湣王也是个昏庸之主,他心仪的还是那种张牙舞爪的"狂妄之威"。他选择了对内镇压民众,对外发动战争的狂妄方略。他听从游说家的胡言乱语,出兵攻燕,衰弱的燕是攻下来了,可由此引发了五国联合攻齐的危机。他这时想到了民众,要民众"齐力抗侮",他那样的不关心民众的死活,谁还会听他的话呢?数月间,齐国百分之八十的国土沦丧。齐湣王见状没有办法,只得外逃,逃到莒国(今山东日照莒县),这时楚国的军队马上攻到莒国,干净利落地把他杀了。"狂妄之威"换来的恶果是民众离散,家破人亡。齐湣王为"载舟覆舟"这句成语增添了一则新的案例。

在战国时的诸子百家中,乃至整个中国古代文化史上,只有荀子既写了《富国》篇,又写了《强国》篇。为了国之富强,荀子主张既要发展生产,广开财源,又要节约财用,反对浪费财物,称之为——

开源节流

"开源节流"这句成语指的是开拓财源,增加收入;节省开支,富裕百姓。开源节流是个关系到国计民生和民族生存发展的大命题,是战国时的伟大思想家荀子首先提出来的。

战国时期长达两个半世纪,这是个战争绵绵不绝、民众遭受极大苦难的历史时期。"战国"这个名词不是后起的,而是当时人对自己所处战争不息时代的直观称谓。春秋时也有战争,那时的战争主要目的在于争霸，而战国时战争的目的在于兼并，大小百余国在两个半世纪中兼并成了战国七雄，"天下争于战国"，战争对生产和生产力的破坏是巨大的，史籍中就常有将一座数十万人乃至上百万人的城市夷为平地的记录。同时，统治者的腐化、奢侈、享乐无度也日甚一日，一些不太起眼的诸侯国也往往后宫上千。正如荀子指出的，必须及时抑制"无君以制臣，无上以制下"和"天下害生纵欲"不良状态发展，"如是，则老弱有失养之忧，而壮者有分争之祸矣"。

在《富国》篇中，荀子强调了发展生产的重要性："夫天地之生万物也，固有余，足以食人矣。"其意是说，在正常情况下，万物能自然生长，社会生产亦能自然发展，解决人们的口粮问题是足够的了。在《强国》篇中，荀子强调的是"教诲之，调一之，则兵劲城固，敌国不敢婴（侵）也"。这里的意思是说，只要对民众加以认真教育，使人们协调一致，那兵强城固也是不成问题的。发展生产，统一民心，提高素养，这既是富国之道，又是强国之道。正是从富国与强国的视角出发，荀子提出了一个极为重要的命题：开源节流。他说："田野县鄙者，财之本也；垣窌仓廪者，财之末也；百姓时和、事业得叙者，货之源也；等赋府库者，货之流也。故明主必谨养其和，节其流，开其源，而时斟酌焉。潢然使天下必有余，而上不忧不足。如是，则上下俱富，交无所藏之，是知国计之极也。"（《荀子·富国》）其意是说，田野乡村的大地是生财之源，而官仓粮库只是生财的末节。百姓得天时调和，通过田事农业获取财货，这是生财之"源"，而国家征收赋税充实国库，那是生财之"流"。英明的君主懂得谨慎地调养天时，使之和顺，节约国库开支，开拓生财源泉，随时调节"源"与"流"的关系，使天下人的财富都有积余，君主也就没有什么忧愁了。像这样，上与下都富足了，财物可能多得没地方收藏，这就是最懂得治国大计的表现。

有学者认为，孔子、墨子对理财思想早已作过论述。是的，他们分别在《论语·颜渊》《墨子·七患》提出了发展生产和节省支出的主张，但是没有像荀子如此完整地论述"开源节流"这个大论题，荀子提出的下述几个要点，是特别值得引人注意的：

其一，开源节流要有制度的保障。

从荀子的观念看，制度的建设是开源节流取得成功的根本保障，因此，必须整齐思想、整齐制度、整齐观念，让人们有规可循、有章可遵。荀子说："必将修礼以齐朝，正法以齐官，平政以齐民。然后节奏齐于朝，百事齐于官，众庶齐于下。"（《荀子·富国》）在这里，荀子连用了六个"齐"字——意思是，全国上下，都要在礼法（荀子是讲"礼法"的）制度的规范下，齐心协力、齐步前行。他这六个"齐"说的是，要修订礼仪制度来规范朝廷，要端正法规以整肃全国的官吏，要处理好政事来统一民众的思想，要让朝臣带头遵循礼仪制度，以礼仪制度来处理百事，也让广大民众根据实际情况落实好礼法制度。

荀子想得非常美满周到，最后达到的目标是"上下一心"。中央朝廷层面，地方官吏层面，下层庶民层面，全都"齐"之于礼法。

其二，开源节流的出发点和归结点是"上下俱富"。

上下俱富的观念也是荀子特有的观念。上下俱富，既是指官民关系，通过开源节流，不仅要使处于社会上层的官僚集团得益，还要使广大民众的生活得以改善。上下俱富也可以指家国关系，不仅是国家富有了，广大的基层家庭成员也要富足起来。

在上下俱富中，下富，即庶人之富，是重点，是关键，"下贫则上贫，下富则上富"，只有庶民们富了，他们的劳动积极性提高了，生产才能得以发展，也才会有上层之富。

其三，为了实现"上下俱富"，要把农业和农村的发展放在第一位。

荀子说"田野县鄙者，财之本也"，其真正的含义就是要发展农村经济。中国是一个农业大国，以农为本是绝对不能放弃的。荀子在《富国》篇中说到"足国之道，节用裕民"时，他说："彼裕民，故多余。裕民则民富，民富则田肥以易，田肥以易则出实百倍。"这段话说得很朴素、很实在。它是在告诉人们，实行裕民政策以后，农民手中就有了钱，就可以用自己手头的钱去买肥料，去精耕细作，这样可以"出实百倍"，生产的粮食果蔬可以成百倍的增长，这是一种多好的良性循环啊！

实行节用裕民政策，还表现在政策的向农村、农业、农民倾斜上。"轻田野之税，平关市之征，省商贾之数，罕兴力役，无夺农时，如是则国富矣！"这样一来，上下俱富的国策就更能落到实处了，"开源节流"也就再也不是一句空话了。

"开源节流"不只是一句简单的历史成语，它蕴含的经济学思想，一直滋养着我们这样一个古老而永远生气勃勃的民族，既"开源"，又"节流"，为这个民族输送着不竭的物质的和文化的养料。我们是一个热爱和平的民族，我们不会去靠侵略他国发家致富，我们民族的发展、繁荣、昌盛、复兴，靠的只能是"节其流，开其源"，正如古人说的，"理财之道，不外开源节流"（《清史稿·英和传》）。

打开《荀子》这部子学经典，开宗明义第一篇就是《劝学》，第一句就是"学不可以已"，其意是说，学习是不可以随意终止的。荀子对学习的重视程度超乎同时代的任何其他学者。重教，必然会导致尊师。他认为，为了国家的兴旺、民族的昌盛，就必须——

贵师重傅

贵师重傅，出自《荀子·大略》："国将兴，必贵师而重傅，贵师而重傅，则法度存。"其意是说，国家将要兴盛，必然要尊师重教，尊师重教，国家的法度就能得到了保存和实施。

荀子自己就是当教师的，他懂得教师这一职业行当的重要性，也懂得当教师的艰辛和不易。早年，他像他的前辈孔子、孟子一样，设立私学，收徒讲学。还带着众多的弟子，四出游学。他是战国时期最著名的老师。晚年，他有相当长一段时间定居在齐国，在齐的稷下学宫任教。不过，他任教稷下学宫时，已是齐宣王（前319—前300）晚期，主要是在齐湣王（前300—前284）时期，已是战国晚期了。那时齐国国力已十分弱，齐湣王又不理国政，专事征伐，哪有物力和财力去办教育，荀子大力呼吁尊师重傅，一方面当然为教育的长久计，但显然也有拯救处于危局中的稷下学宫的意思。

"贵师重傅"这句成语说的是重视教师，尊重教师。从个人角度讲，贵师重傅是学习知识的需要，是改造心性的需要，"不教无以理民性"；从国家角度讲，贵师重傅是治国安邦的需要，是造就治国大才的需要。荀子说："国将兴，必贵师而重傅。贵师而重傅，则法度存。国将衰，必贱师而轻傅。贱师而轻傅，则人有快，人有快则法度坏。"（《荀子·大略》）伟大思想家、教育家的一段言辞，足足可以影响一个民族的文化走向。荀子的这段话就为中华民族的文化兴邦指明了前进的方向。荀子认为，尊师不只是事关教师地位提高的问题，还涉及"法度存""国将兴"这样的事关国家民族兴盛的基础性问题。在荀子那里，"法度"具有广义的内涵，既是指兴邦治国的规范性体制，又包容着源自儒家的礼制。教师威望的确立，教师社会地位的提升，都有利于下一代人的培养和教育，从而为"国将兴"创造最为重要的条件。

荀子是主张性恶论的。他认为，就是那些圣人也是经过学习才成圣的："不学不成。尧学于君畴，舜学于务成昭，禹学于西王国。""为贤人以下至庶民也……不学不成。""其人而不教，不祥。"（《荀子·大略》）不仅对个人不祥，对国家民族也不祥。荀子认为，不学习的人，只求获取自己的痛快（即"有快"），而不知道社会责任，不知道用社会法纪约束自己，那自然会闹腾得"法度坏"了，这不就是"国将衰"的表征吗？

由是，荀子进一步提出了著名的"隆师"说，他曾说过："非我而当者，吾师也；是我而当者，吾友也……故君子隆师而亲友。"（《荀子·修身》）意思是说，能够批评我的不足、态度又十分中肯的，是我的良师；能够赞扬我的优点，而且态度恳切的，是我的益友。因此，作为一个君子一定要隆师和亲友。荀子所谓的"隆师"，是一个大口号、一种大动作，目的就是要大大提高教师的社会地位，使广大民众都知道这样一个基本的道理：社会要发展，民众的素质要提高，绝对不能离开对老师的依靠。"隆师"势在必行，势在必为。

怎样理解"隆师"的必然性和必要性？在荀子看来，"隆师"是改变人性，建设礼治社会的需要。在荀子看来，人生下来都是小人，现在又恰遇乱世，因此人的本性就更加昏乱了，可说是"小重小也"，也就是小人变得更加渺小了。如果"人无师，无法，则其心正其口腹也"，如果没有老师，人长大后最多懂得一点口腹之乐罢了。只有老师才能帮助人们"以夫先王之道，仁义之统，以相群居，以相持养，以相藩饰，以相安固"（《荀子·荣辱》）。是老师，让人们懂得了先王之道，懂得了仁义之统，懂得合群互助、相互扶持，以求社会的安定团结。"人无礼则不生，事无礼则不成，国家无礼则不宁"，而教师就是传授"治气、养生之术"（《荀子·修身》）的人。

荀子在论述"贵师重傅"时,强调人有师表、国有师表的重要。师不仅起到传播知识的作用,还起到教化的作用,起到为人榜样的作用。教育搞好了,不仅能提高人的道德水平,知识水平也会大大提高,科技就会发展,物质就会丰富,民众就会安居乐业。因此只有"贵师重傅"才能"国将兴",而"贱师轻傅"则"国将衰",所以尊师重教历来都被贤明的君王所重视。"凡人有所一同:饥而欲食,寒而欲暖,劳而欲息,好利而恶害"。从人的发展趋向看,"可以为尧、禹,可以为桀、跖,可以为工匠,可以为农贾。"关键是不同的教育和不同的经历。"尧、禹者,非生而具者也,夫起于变故,成乎修为,待尽而后备者也"(《荀子·荣辱》)。尧、禹成为圣人,一是经历了种种社会"变故",二是在老师指导下的种种"修为",把恶劣的人性消除"殆(待)尽"、学习而"后备"了种种礼法观念,这才成了世所公认的大圣人。圣人亦有师,圣人必有师!

荀子认为,师法为国之大宝。最终,荀子把"隆师"提到与天地君亲等同的地位。他说:"人无师无法,而知则必为盗,勇则必为贼,能则必为乱,察则必为怪,辩则必为诞。人有师有法,而知则速通,勇则速威,能则速成,察则速尽,辩则速论。"得出的结论是:"故有师法者,人之大宝也;无师法者,人之大殃也。"(《荀子·儒效》)后来,荀子在说到"礼有三本"时,解析如下:"天地者,生之本也;先祖者,类之本也;君师者,治之本也。无天地,恶生?无先祖,恶出?无君师,恶治?三者偏亡,焉无安人。故礼,上事天,下事地,尊先祖而隆君师,是礼之三本也。"(《荀子·礼论》)自此,"天、地、君、亲、师"的说法,流行于全社会了。

既然"师"值得贵,"傅"值得重,那对教师的要求也必然是相当高的了。"师术有四,而博习不与焉。尊严而惮,可以为师;耆艾而信,可以为师;诵说而不陵不犯,可以为师;知微而论,可以为师。"

（《荀子·致仕》）这是说，当老师的，仅仅是有广博的知识是不够的，此外还必须具备如下条件：一是要有尊严而令人敬畏；二是年高而有信用；三是诵读经典不违原意而且能身体力行；四是能有独到的精微体会同时加以论述。由这样的师傅教出来的学生，还会差吗？

战国时期出了一位"其学无所不窥"的、足以与春秋时的老子匹敌的大思想家庄子，后世并称两人为"老庄"。庄子活着的时候，贫困潦倒，住在偏狭的小巷里，少与人接触，也少为人所知，可死后数百年，尤其是到魏晋南北朝时期，他那以寓言形式写成的"十余万言"的《庄子》一书，竟是一纸风行，令他闻名遐迩了。人们赞许其思想其语言的特色在于——

汪洋恣肆

汪洋，指水势浩大的海洋。恣肆，指波谲浪诡，超乎寻常。"汪洋恣肆"亦作"汪洋自肆"，亦作"汪洋自恣"，意思都是一样的。作为成语，常指人的气度和文章超凡脱俗，气势宏大磅礴，不同凡响，最早见于人们对庄子文章的评述。明代袁中道《李温陵传》有言："今之言汪洋恣肆，莫如《庄子》，然未有因读《庄子》而汪洋恣肆者也；即汪洋恣肆之人，又未必读《庄子》也。"这就说明了，庄子其人为文的语言特色和文章构架是汪洋恣肆的，这是为世人公认的事实。

庄子（前369—前286）是战国时期道家的代表人物。据载，庄子与梁惠王和齐宣王同时代，似乎还打过交道。他是宋国蒙（今河南商丘东北）人，当时宋国已极度衰弱，民生极为困顿。他是个隐者，为了生存和糊口，做过一段时间的漆园小吏。他生活贫穷，却又鄙弃荣华富贵，不合于权势。庄子的学问渊博，游历过很多国家，对当时的各学派都有研究，也写了一些文稿进行过分析批判。

庄子在文稿中写过这样的一则人生掌故：楚威王听说他的才学很高，派使者带着厚礼，请他去做相国。庄子笑着对楚国的使者说："千金，重利；卿相，尊位也。子独不见郊祭之牺牛乎？养食以数岁，衣以文绣，以入太庙。当是之时，虽欲为孤豚，岂可得乎？子亟去，无污我。我宁游戏污渎之中自快，无为有国者所羁，终身不仕，以快吾志焉！"（《史记·老庄申韩列传》）庄子在这里说得很透彻明亮：千金、重利和卿相这样的尊位对于他来说没有什么吸引力。你就没有看见祭祀用的牛吗？喂养它好几年，然后给它披上有花纹的锦绣，牵到祭祀祖先的太庙去充当祭品。到了这个时候，它就想当个小猪，免受宰割，也办不到了。他对前来劝他出山为官的人说，你赶快给我走开，不要侮辱我的人格了。我宁愿像乌龟一样在泥塘里自寻快乐，也不受一国君主的约束，我一辈子不做官，让我永远自由快乐吧！庄子以其才学取财富高位如探囊取物，然而，庄子无意仕进，只在不长的时间里做过管漆园的小吏。说他自己"终身不仕"，基本上是属实的。

"鼓盆而歌"是庄子生命历程中的又一个大事件。说庄子的妻子死了，他唯一的好朋友惠施来看望他，想安慰他几句。可是，一到丧家现场，却使惠施大为吃惊。只见庄子赤着双脚，蹲坐在那里，敲着个破瓦盆在那里唱歌。惠施实在看不下去了，便不客气地批评道："你的妻子跟你生活了一辈子，跟着你过的一直是苦日子，还给你生了儿，育了女，现在妻子死去了，你不哭也就罢了，鼓盆而歌，你不觉得这样做，太过分了吗？"庄子却回答道："事情完全不是你想象的那样。妻子刚死去的时候，我也曾悲伤过。但后来我认真思考了以后，就想通了。"惠施问："你是怎么想通的？"庄子说了下面一段有意思的话："（人的一生）是相与为春秋冬夏四时之行也，人且偃然寝于巨室，而

我噭噭然随而哭之，自以为不通乎命，故止也。"（《庄子·至乐》）

　　庄子的这段原话翻译成现代文就是：人的一生，是与大自然的春、夏、秋、冬的运行，是完全一样的。人奔忙了一生，最后静静地安息在天地这个"巨室"中，那是多么美好的事。如果我为此而哭哭啼啼，那正好说明我还不通达生命发展之理（"不通乎命"）。他懂得了这些，因此就止住了啼哭。

　　《史记》记载说，庄子"其学无所不窥，然其要本归于老子之言，故其著书十余万言，大抵率寓言也"。庄子自己也说，他的作品是"寓言十九"，即十分之九是以自己编织的寓言故事来表达自我情怀。在他的寓言故事中，不少是说孔子和孔子之徒的，司马迁说他是在"诋讪孔子之徒"，实际上并非如此。他只是编织诸多的孔子及其弟子的寓言故事，来表述自我的心迹而已。庄子寓言中的孔子及孔子之徒，已是变味了的，那也是情理中的事。他的寓言故事本身就是"其言汪洋恣肆以适己"的体现。

　　比起老子来，庄子的语言更"汪洋"，也更"恣肆"。为了表述"万物齐一"的观念，他说出了"物无非是，物无非彼""彼出于是，是亦因彼""是亦彼也，彼亦是也"这样一番是是非非的高论，让人一时摸不着头脑。他的"天地与我并生，而万物与我为一"这样的大话，更是"汪洋"得让人一时很难接受。

　　庄子对当世统治者采取完全不合作的态度。他逍遥自在，为所欲为，永远保持着一种独立思考、不偏不倚的人格精神。当庄子快要死了的时候，他的学生想用很多好东西给他陪葬。庄子听了，很不高兴地说："我以天地为棺椁，以时间为连璧，星辰为珍珠，万物可以作为我的陪葬。我陪葬的东西难道还不够多吗？哪里还用加上这些东西！"学生说："我恐怕乌鸦老鹰会吃掉您的遗体。"庄子说："在地面上被乌鸦老鹰吃掉，埋在地下会被蚂蚁吃掉，现在你把我埋了，等于是夺过乌鸦老鹰的吃食，再交给蚂蚁，你这样做是多么偏心眼啊！"

这样的种种寓言故事，大多不是有其事的故事。但是，它们却生动地体现着庄子式的"汪洋恣肆"。

庄子的言辞是那样的汪洋恣肆，无拘无束，似乎他是个没心没肺的浪荡子。但这只是庄子用来障人耳目的处世良方而已。实际上，他是个有着崇高志向的了不起的士人。面对楚王使者，庄子说过："终身不仕，以快吾志。"他心中的志向不在于当高官，也不在于赚大钱。那么，他终生究竟何所求呢？有了，那就是他自己说的——

大鹏展翅

"大鹏展翅"这个成语指的是志向高远、凌空万里。此成语典出于庄子的名文《逍遥游》。自庄子以寓言的形式塑造了"大鹏"这一伟大的形象以后，它从一定意义上成了为远大目标不懈奋飞的民族精神的象征。在民族文化的祝词贺语中，"鹏程万里"永远是人们乐见的首选。

《逍遥游》一文中，有这样一段精彩的文字："穷发之北，有冥海者，天池也。有鱼焉，其广数千里，未有知其修者，其名曰鲲。有鸟焉，其名为鹏。背若大山，翼若垂天之云。抟扶摇羊角而上者九万里，绝云气，负青天，然后图南，且适南冥也。"

这是对志向高远的鲲鹏的绝妙而写实式的演示。看那大鹏，"背若大山，翼若垂天之云"，何等的伟岸，何等的气度万千！它原先居住在北海地区的天池里，为了实现自己高远的志向，它决定南飞到南海地区的天池，另择新居。大鹏扑打海水三千里，绕着大旋风向上展翅腾飞九万里。在九万里之上的苍穹中，大鹏穿透云层，背托青天，可以说万物皆在其羽翼之下矣！经过多少时日的穿越，终于到了庄子想象中的"无极之外"的南海地区的天池。

在这段声情并茂的文字中，庄子在"大""高""远"三字上做足了文章，也倾注足了自己的情感。

"大"，直觉地说，该文记述的是大鹏体量之大。进化前的鲲鱼，"其大不知几千里也"。这是在讲神话，不然哪有一条鲲鱼的体积有几千里大的？这条鲲鱼后来进化了，就化为了一只大鹏鸟，"鹏之背，不知几千里也"，"其翼若垂天之云"，说明经过进化，它的体量是更大了。很显然，讲大鹏体量之大只是表面现象，实际还是为了讲志向之"大"埋下伏笔。

体量之"大"神话的背后，是志向之"大"的神话，他不愿蜷缩在"北冥"之地，而一心向往着飞向远方。

"高"，是说大鹏飞翔之高。在高翔之前，先是"水击三千里"。大鹏虽说是鸟，但它起于鲲鱼，因此它在腾飞之前先要与水奋斗，"水击三千里"意味着扑打海水三千里，这三千里的击水，相当于起飞前的助跑。三千里助跑完毕，马上"怒而飞"了。这里说的"怒而飞"，相当于我们平时说的"奋飞"而起。不得了，一下上升到了九万里的高空。九万里有多高呢？作者做了一种特别有意思的说明，"风斯在下矣"，就是说"风"已在它的下面了，相当于说已进入了无风的太空领域。这显然已是"高"之至境矣！

"远"，从北海之天池到南海的天池，行进了多少时日、前行了多少路程？作者没有明说。只是说，"野马也"，后去的是野马般奔腾的雾气。"尘埃也"，后去的是飞飞扬扬的尘埃。"生物之以气息相吹也"，后去的是各种各样的喘息着的生命实体。随着这些的后去，大鹏一路前行，直指"无极之外"的南海天池。"无极之外"云云，相当于说，这一进程是永远在路上的，是生命不息，前行不止的。

这就是庄子笔下的"逍遥游"。这里所谓的"逍遥"者，指的是自由自在、无拘无束的那种自我实现的状态。在大战乱的战国时期，人们期盼个体的自由和自我意愿的终极实现，一定程度上曲曲折折地反映了民心和民意。

有趣的是，正当大鹏启程远行的时候，一只小鸟出来笑话大鹏了。小鸟神气活现地这样说："你大鹏真太有意思了，要飞那么高干什么呀？要飞那么远干什么呀？我在蓬草野蒿间跳来跳去，最高不过飞几丈就落下来了，不是也很开心、很逍遥吗？"大鹏笑了笑，没加以理睬，还是飞自己的路程。

庄子在文中安排这样一个有趣的小插曲的用意，注家说法不一。与庄子本意最接近的，应该就是向秀、郭象在《逍遥义》中的说法了。他们认为，人不在尊卑、高低、大小，只要能"各任其性"，就都可以达到自由自在、无拘无束的逍遥境界的。也就是说，逍遥自在，显示天性之纯真，是人人皆可为之的。这就是庄子所谓的"此大小之辩也"。

表面上庄子看来好像冲淡无为，与世无争，在相当多的场合，还表现出对不良世态的悲观和失望。其实，他内心充满着爱憎情结，他深爱着受苦受难的广大庶民，最憎恶的是那些鱼肉百姓的统治者，以及披着"圣者""知者""仁者"外衣的——

窃国大盗

庄子写了一篇很有意思的文章，题目名之为《胠箧》。"胠"，是撬窃的意思；"箧"，是木箱之类的盛财物之器具。把"胠箧"两字直译成白话，就是撬开箱子窃物的盗贼，或者称为"小偷"。文章的题目虽然直指那些小偷之类的窃贼，但立题的真意却在揭露那些比小偷危害超过千百倍的"巨盗"，即所谓的"窃国大盗"。

文章在全面展开之前，庄子先给人们讲了一则意味深长的故事：人们为了应付撬箱子（肤箧）、摸钱袋（探囊）、开财柜（发匮）这样的小偷小摸者，作了种种充分的准备。把家中藏有贵重物品的箱子，用绳索捆了又捆，又用插栓、锁钥加固防范，以为这样可以万无一失了，还自以为这是很聪明的做法。可是，这次来的不是小偷，而是大盗（巨盗）。大盗不是要打开箱子，偷偷摸摸从箱子里窃取点什么，而是整个儿的把箱子扛走。这样，"聪明人"把箱子捆得严严实实的，把锁装得好好的，实际上不就反而帮了大盗的忙了吗？

接着，庄子从具体的、日常生活中的小偷和大盗，再讲到国家、社会生活中的小偷和大盗。

庄子讲了"田氏代齐"的历史故事。齐国曾经是一个"邻邑相望、鸡犬之音相闻"的和平昌盛的国家，发展鱼盐之利，发展农耕事业，一度使这个国家成为"衣被天下"的强国、富国。"立宗庙社稷，治邑屋州闾乡曲"，这些都是"法圣人"而为。后来，在陈国落难的田成子，逃到了齐国，齐桓公可怜他，收留了他，还给了他很高的职官。田氏在齐地站稳了脚跟之后，就采取极端措施，杀死了齐君，夺得了政权，建立了全新的田齐政权。庄子写道："田成子一旦杀齐君而盗其国，所盗者岂独其国邪？并与其圣知之法而盗之。"他"窃"取了齐国以后，不是还以"圣人之法"做了许多善事吗？齐国百姓不都还很感激他吗？这些表面文章当年庄子称为"圣知之法而盗之"。

庄子还讲了春秋时期著名的大盗——盗跖的故事。盗跖起于鲁国，后横行天下，是很有一套为盗的道术的。他的门徒曾问盗跖："当强盗的，也有自己的大道吗？"盗跖回答说："怎么会没有自己的道呢？能够准确地猜度出室内藏有何种财物的，就可算是'圣'了；能够率先进入偷盗现场的，可称之为'勇'；抢得财物后，让同道者先走，自己甘愿最后退出现场的，可称之为'义'；能正确判断出能否得手的，可称之为'智'；得来钱财后，让这些酒肉兄弟们平均分配的，可称之为'仁'。这就是盗之大道。不在这大道上行走，而能成为所谓的大盗的，至今还没有听说过。"由盗跖的所作所为、所言所行，庄子引发出一条经典性的结论："圣人生而大盗起！"道理很简单，因为那些大盗都是打着圣人的仁、义、礼、智、信这样冠冕堂皇的旗号的。

讲了这几则故事之后，庄子就直奔主题，讲出了这样一段名言："彼窃钩者诛，窃国者为诸侯，诸侯之门，而仁义存焉。则是非窃仁义圣知邪？"（《庄子·胠箧》）其意是说，现在的天下实在太不公平了，那些偷窃腰带环钩（"窃钩者"）之类小东西的人，一旦抓到后，就要受到了有关当局的刑戮和杀害，毫不留情。而那些窃夺了整个国家（"窃国者"）的人，却可以堂而皇之地执掌天下权柄，不少人还成为诸侯；在当了诸侯之后，在其门庭里还挂起了仁义道德之类的招牌，而这些人不正是真正危害天下的大之又大的盗贼吗？

"窃国者侯"造成了极大的社会危害性。追随这些窃国者的，是一个庞大的利益集团。那些追随大盗，从而高居于民众之上的人，他们窃夺了仁义，也把控了经济生活中的斗斛、秤具、符玺这样一些关键性器具，用以为自己谋私利，用以危害百姓。这些人即使有了高官厚禄，有了数不尽的所谓"赏赐"，也不可能满足他们的欲壑，他们的巨大欲壑，永远也填不满，即使面临着行刑杀戮的危险，也不可能禁止其对社会财富的追寻。而社会上之所以有那样多的人作恶，且无法无天，都是所谓的"圣人"的过错造成的。

有这样一种似是而非的说法："鱼儿不可脱于渊，国之利器不可以示人。"这是两句根本连不起来的话语。鱼儿离不开水，在中国文化中一般指统治者为"鱼",而民众被喻为"水"。鱼儿离不开水,那就是说任何统治者要想站住脚,都离不开民众。因此,顺着这句"鱼儿不可脱于渊"的,应该是"国之利器应示于人",即让老百姓知道,让老百姓参与。现在,那些大盗式的"圣人"的治理天下时却用了一句相反的话,即所谓"利器不可以示人"。这里要问:既然是"国之利器",事关民众,事关民生,为什么就不可以明示于天下呢?说穿了,这里说的"不可以示人",实际上是因为其中有太多的见不得人的东西,或者说是不敢于"示人",如果民众知道了太多的真相,看清了其中含有的那些见不得人的东西,不是要起来造反了吗?

庄子深刻揭露了"仁义"的虚伪和社会的黑暗,一针见血地指出"窃钩者诛,窃国者为诸侯"的现实状况,庄子看不到社会的出路,于是提出"绝圣弃知"的主张,要摒弃社会文明与进步,倒退到人类的原始状态。这是庄子社会观和政治观的消极面和局限性。不过,历史记住了这样两句名言:"窃钩者诛,窃国者侯。"因为庄子把窃国者归之于盗贼一类。因此,后来的人们也就称窃国者为"窃国大盗"了!

在中国古代思想家中,谈论人之生死最多的,非庄子莫属。他说过:"知天之所为,知人之所为,至矣!"意思是说,能弄懂自然运行的,能弄懂人的生死存亡的,就是了不得的高人了。在《大宗师》一文中,有四个奇人聚在一起大谈其人生的生生死死,最后得出的共同结论是这样的:"夫大块载我以形,劳我以生,佚我以老,息我以死。"这里说的"大块",相当于我们常说的大地。四人共同的见解是,大地是生命的载体、人类的母亲。四人经过探讨有了共同的结论之后,他们之间"相视而笑",互相视对方为——

莫逆之交

莫逆之交，指非常要好或情投意合的朋友，简单地说就是志同道合。出自《庄子·大宗师》："四人相视而笑，莫逆于心，遂相与为友。"这里的"莫"是代词，指代没有什么事。"逆"，意为违逆。"莫逆"，最原始的意思是，两人（或数人）之间不会因为什么事而产生违逆情感的。成语化以后，"莫逆"就是指情投意合、无所猜忌的人际关系。

《大宗师》一文写道，古代有四个怪人，他们的名字分别叫子祀、子舆、子犁、子来。四个人常常聚集在一起，谈论一些富有哲理的问题。有一天，四人中有人说："人们常说，人的生死存亡本是一体的，谁能说得清楚啊？"四个人中的另一个人说："人的生死存亡的一体性，可以说难于理解，也可以说易于理解。我们不妨把'无'当作人体的头颅，把'生'当作人体的脊梁，把'死'当作人体的屁股，这样一来，生生死死不就是完全一体了吗？"听了这话，还有人说，"可不要忘了，载我以形的是大地，劳我以生的是大地，佚我以老的是大地，息我以死的也是大地，我们可不能忘了大地母亲啊！"

听了这一番妙论，"四人相视而笑，莫逆于心，遂相与为友"。内心相契，心领神会，在认识趋于一致的基础上，这四个人成了难得的好朋友。这次聚会的最大的成果是，将"死生存亡为一体"的观念深深地烙进了四人的灵魂。

有聚就有散。聚会过后，四人各奔南北东西，各自去干自己想干的事了，但四人间一直保持着声息相通。

不久子舆生了病，病得很重，子祀前去探望他。听说自己的莫逆之交子祀来看望他，子舆真是高兴，抱病出门去迎接。他腰弯背驼，脸上的五官都移了位，下巴隐藏在肚脐之下，肩部高过头顶，弯曲的颈椎形如赘瘤朝天隆起，让人已认不出相貌来了。尽管如此，子舆一点痛苦也没有的样子。他悠闲地、若无其事地一瘸一拐地走到井边，照照自己的影子，对子祀说："上天真是伟大啊！就这么些天，把我变成如此屈曲不伸的样子了！"

子祀似乎带点同情意味地说："疾病把你屈曲成这么个样子，你自己一点也不讨厌和不忧虑吗？"

子舆回答："没有，我已真正记住了'生死存亡为一体'的话了，我怎么会讨厌这副样子呢！如果把我的左臂变成公鸡，我便用它来报晓；如果把我的右臂变成弹弓，我便用它来打斑鸠吃。如果把我的臀部变化成为车轮，我便用它来当骏马乘坐，难道还要更换别的车马吗？至于生命的获得，那是因为适时；生命的丧失，那是因为顺应。所以，我只要顺应自然就行了，怎么能去厌恶和忧虑现状呢？"

子祀也感悟了，自言自语着离去："是啊，生死一体，有什么好哀叹的呢？有什么好悲哀的呢？"

又过了一段时间，子来也害病了，而且病得将要死去了。子犁前往探望，见其妻子儿女都围在床前大声哭泣，便上前规劝说："哎呀！你们不要哭了行不行呢？你们真不懂事呀，生生死死本是平常事，本是一种顺乎自然的变化，你们怎么可以如此惊扰子来由生而死的变化呢？"

子犁靠着门，与子来轻轻地说话："伟大啊，造物者又将把你变成什么？把你变成老鼠的肝吗？变成虫子的腿吗？变成……"此时的子犁想到的不是死的悲哀，而是万物变化之理。

子来似乎很清醒，知道自己生命的终极快要到来了。似对自己，又似对子女，又似对朋友，说了一段具有经典意义的话——

夫大块载我以形，劳我以生，佚我以老，息我以死。故善吾生者，乃所以善吾死也。……今一以天地为大炉，以造化为大冶，恶乎往而不可哉！（《庄子·大宗师》）

这是中华古典文献中对人生旨趣的最精彩解读之一，千百年后对世人仍有着相当的启迪作用。这段话翻译成现代语就是说：作为一个人，我来到人世，大自然（大块）把我的形体托载，给了我生身之处。回首人生，劳苦使我感受到生命的真实存在（"劳我以生"），衰老使我享受到人生的安逸（"佚我以老"），死亡使我有机会静静地休息（"息我以死"）。正因为如此，我把活着看作是好事乐事，同时也把死亡看成是好事乐事。整个天地就是一座熔铸万物的大熔炉，而造化就是在这座大熔炉前操作的大冶匠，而每个人也罢，每件物也好，都只是天地不断制作出来的产品罢了。这样想，我死后变成什么都顺其自然了。

子犁紧紧握着子来的手说："我们的心是完全相通的，真是知心朋友啊！"就这样，子来安闲熟睡似地离开人世，又好像惊喜地醒过来而回到人间。这里也表达了庄子对人际彼此"志同道合，交谊深厚"社会的向往。后人将"莫逆于心，遂相与为友"概括为"莫逆之交"的成语。

最为难能可贵的是，稷下学宫不是单一学派展示身手的舞台，而是各家学派的一个"公共舞台"。在这里，儒墨显学地位受到了极大的挑战，道、儒、墨、法、名、兵、农、阴阳等诸大学派在这里各展风貌、各显身手，并且渐渐地有了融会贯通的趋向。这些，都可谓是——

学术荟萃

　　稷下学宫汇集了道、儒、墨、法、名、兵、农、阴阳等诸家之学，反映了战国中后期政治趋向统一、学术走向融会的时代潮流。可以说，春秋战国时代有一定影响的大学派，都可以在稷下学宫找到它的踪迹。正如郭沫若先生说的："稷下学宫成为一时学术荟萃的中心，周、秦诸子的盛况是在这儿形成了一个最高峰的。"（《十批判书》）而"不治而议论"的这种学者之风一直延续了几千年。

　　在稷下学宫，多元政治下的多元文化氛围，体现得十分浓烈。只要是有一得之见的学派和学术人物，不管你原先身居何处，社会地位怎样，都是可以在稷下学宫找到一席之地的。这里不仅儒、墨两大家得到应有的重视，道、名、法等学派也有了应有的一席之地。正如庄子在《天下》篇中说的，"天下大乱，贤圣不明，道德不一，天下多得一察焉以自好。譬如耳、目、鼻、口，皆有所明，不能相通，犹百家众技也，皆有所长，时有所用。""皆有所长，时有所用"这八个字，把各学术家派得以生存的根基说清楚了。

　　在稷下学宫，不仅容得下儒、墨、道、法、名等大的学派，也容得了大的学派中各有特色的小的学派。道家是战国后期特别流行的一个学派，在道家中又分成若干个小的道家学派，比如宋钘这一派道家，特别强调待人宽恕，克己自励，刻苦节约，主张"禁攻息兵以救世"，主旨近乎墨家。尹文这一派道家，主张各学派之间不要多所攻击，要以自我的学术魅力来证明自己："以大道治者，则名、法、儒、墨自废。"（《尹文子》）田骈这一派道家，善于辩说，滔滔不绝，号称"天口骈"，他主张万物"齐一"，认为变化就是"自然"，自然变化的结果是走向"齐一"，实际上是为日后的大一统作舆论准备。这三大派道家长期共存于稷下学宫中，相互促进而不是相互拆台。

来稷下学宫游学的稷下先生们，他们自身的功能和价值定位，似乎前后也有不小的变化。到了稷下学宫的后期，稷下先生们在如下三个方面实现了其很有价值的华丽转身。

其一，从学术并存到学术融合的华丽转身。

这里可以举一大实例。在中国历史上，长期来就有阴阳学说、五行学说、儒家学说，三者可以说是并行不悖的。阴阳学说起于何时，已难以考稽了。反正人们在日常生活中感受到了阴阳的客观存在。日出为阳，日落为阴；昼为阳，夜为阴；暖和为阳，寒冷为阴。再推广到人类社会生活中，则以男为阳，女为阴；性情开朗刚毅为阳，性情内向柔弱为阴。这是阴阳学说。五行学说也出现于生活实际。"六府三事，谓之九功。水火金木土谷，谓之六府，正德、利用、厚生，谓之三事。"（《左传·文公七年》）最早将金、木、水、火、土再加上"谷"称为"六府"的，是平水土的大禹，到孟子时又将其包装成五行学说。儒家学说起自社会生活，人们把从事婚丧礼仪的那些人称为"儒"，儒们又根据生活实践形成了儒学。

到战国中后期，齐国出了个大学问家邹衍，他来到了稷下学宫，成了稷下的台柱之一。他的学说"闳大不经"，他先学天学，又学地学，"称引天地剖判以来"的自然、历史变化，他说中国有九州，为赤县神州，但中国之外更有八个神州，为大九州，因此中国只是世界的一部分。这在当时是震天撼地的"奇说"。他又称，他到稷下当老师，就是要把阴阳五行用儒家的观念统一起来。邹衍"以阴阳主运显于诸侯"，把阴阳的运行与王朝的兴亡联系在一起。又发明了"五行终始论"，以五行相生相克来附会王朝的兴替，实际上是为建立统一的封建王朝制造舆论。邹衍更为了不起的是，他还将新创立的阴阳五行说加以儒术的包装，使其更具理论的色彩。"然要其归，必止于仁义节俭，君臣上下六亲之施"(《史记·孟子荀卿列传》)。据史学家考证,阴阳五行说的形成,儒家思想观念的融入,都是邹衍在稷下学宫讲学期间完成的。

其二,从"不治而议论"到既议论又治的华丽转身。

"不治而议论"被视为中国文人洁身自好的一种文化传统。文人为了实施"以天下为己任"的理想,必然要议论天下,这是骨鲠在喉,不得已而言之。但是,为了表明自己的"议论"的无所求于社会,因此又往往采取"不治"的洒脱态度,即既不当官,也不理政。

可是,面对战国末的时局,当时的众多士人,包括稷下学宫的士人,采取了现实主义的"世俗"态度,放下身段,参与了当时的种种国政,有的还为社会和民众作出了彪炳史册的杰出贡献。

稷下学宫的淳于髡是战国时期的一位大学问家,也是位大活动家,他是齐国人。他联络了赵人慎到,齐人田骈、接子,楚人环渊,一起研究学问,一起投身政治。他敢于干预齐威王的行政。当齐威王"好为淫乐,作长夜之乐"时,他敢于当面直谏这位威势十足的帝王。当楚国发兵攻齐时,淳于髡出使赵国,成功地使楚国不战而撤兵。后来齐宣王继王位以后,淳于髡"一日之内见(荐)七士于王",为宣王的立国创造了条件。他是当时"管(子)晏(子)不及"的社会活动家。从他身上,我们看到了战国晚期"士"身份的自我转换。

其三,从单纯"议论"到著书立说的华丽转身。

当初只是"不治而议论",后来那些大师感到单是议论不够,就纷纷动起笔杆子来了,于是就有了"各著书言治乱之事"的兴旺景象。据说,《宋子》《田子》《蜎子》《捷子》等失传的子书,都写于稷下学宫的。《管子》《晏子春秋》《司马法》《周官》这些作品的编成,也有稷下学宫学者的参与。尤其值得一提的是,被称为"最为老师"的荀子,他的大著《荀子》一书,当也是成书于稷下学宫的。

一个从长期分裂走向
统一的大时代

到公元前四世纪中叶，战国这个漫长的历史时期已经走完了它的半程，各国经过改革，战国七雄——秦、韩、赵、魏、齐、楚、燕——的政治军事格局已经形成，之后七雄之间你死我活的战争，客观上为走向统一准备了条件。公元前354年，魏国起兵伐赵，次年赵国求救于齐国。当时齐国大将孙膑采取的策略是——

围魏救赵

"围魏救赵"，指的是袭击敌人的后方，以迫使进攻之敌撤回，也含有声东击西之意。这语源出自魏、赵、齐之间的一场战事。

公元前356年，秦孝公用商鞅实行变法，晚起的秦国也开始走上富国强兵之路。此时，一些重要国家的变法都已完成，"战国七雄"的格局基本形成。中原地区有从晋国分裂出来的韩、赵、魏三强，在其东面是强大的齐国，在其西面是不可一世的秦国。北边是初露头角的燕国，南边是地域广大的楚国。这七国都建立起了中央集权体制，都实行了一定意义上的法治。此时，国与国之间的分合及战和也处于无序状态。

魏惠王（前369—前319）时期，魏国实行强军战略，国力强大了起来，而相邻的赵、齐两国国力也正处于上升期。在对外扩张这一点上，三国之间的矛盾开始突现出来了。公元前354年，赵国伐卫，很快就夺取了卫国的漆和富丘两地，并在那里筑城，显然是想长期占有。对赵国的外扩，强大的魏国是不能允许的。在交涉无效的情况下，魏国起八万大军，由名将庞涓率领，直扑赵之邯郸而来。赵国有点难以招架了，于次年求救于齐国，并许诺解围后以中山相赠。齐国也不愿意看到一个过分强大的魏国的存在，毅然出兵助赵，派出的是大将田忌和军师孙膑。

说来也巧，在这次魏齐的军事较量中，魏方派出的是名将庞涓，而齐方军中的军师是孙膑。庞涓和孙膑两人既是同门师兄弟，又是早有纠葛的军事对手。这孙膑乃中国历史上被尊为"兵圣"的孙武其人的后代，曾与庞涓同学，一起学习兵法，两人对用兵之法都十分谙熟精通。多年前，魏王听得孙膑的大名，用重金将其聘得，当时庞涓也正在事奉魏国，且得到魏王信任，委为大将军。庞涓自觉能力不及孙膑，而现在地位却在孙膑之上，产生了忌妒心和恐惧心，怕日久对方在地位上会超越自己，遂以膑刑（去掉膝盖骨）这样的毒刑使孙膑致残，断孙膑两足并在他脸上刺字，企图使孙膑不能行走，又羞于见人。后来孙膑装疯，庞涓多次试探，都看不出他有装疯的痕迹，也就渐渐放松了警惕。孙膑利用庞涓的疏忽，通过正当着齐国使者的友人的救助，逃离了魏国，来到了齐国，并得到很有识见的齐威王的器重。这是一段关于庞涓与孙膑的恩怨旧事。

齐威王很想率军西向，称霸中原，因此对孙膑言听计从。孙膑很善于处理人际关系，与同在齐国的名将田忌关系相处得也很好，历史上著名的"田忌赛马"的故事，据说还是孙膑出的主意呢！这次魏齐之间的军事较量，给了孙膑和庞涓这对有着多年恩恩怨怨的同门兄弟再一次较量的机会。

且说田忌与孙膑率数万大军进入魏赵交界之地时，田忌直截了当地说："我们得率军急进，直逼赵国邯郸，不然不出半月，赵军要守不住了。如果赵失邯郸这样的重镇，我们也很难与拥有重兵的魏军争雄了。"听了田忌上面这一席话，孙膑连忙制止说："正像要解开乱丝和结绳，不可以握拳去打一样，排解赵魏这样的争斗，我们不能直接参与搏击，如直接参与邯郸城的搏斗，我们的伤亡会很重，而且很难说一定能取胜。"田忌急忙问："那可怎么办？"孙膑似乎早已成竹在胸，徐徐道来："正像平息纠纷要抓住要害，乘虚取势一样，这次解邯郸之围也要'乘虚取势'。现在魏国精兵倾国而出，主将庞涓的注意力也全放在攻打邯郸城上。就虚实论，实的是邯郸前线，虚的是魏国国内。若我军直攻魏国，那庞涓必怕失去后方基地而回师解救，这样一来邯郸之围定会不战而自解。我们再于中途伏击庞涓归路，其军必败。"田忌觉得孙膑思考得很到位，决定依计而行。

孙膑的那一套方略的确是极具兵家的远谋深虑的："君不若引兵疾走大梁，据其街路，冲其方虚，彼必释赵而自救。是我一举解赵之围而收弊于魏也。"（《史记·孙子吴起列传》）这就是历史上著名的"围魏救赵"之计。孙膑的谋略当然完全是对的。当时魏国倾全国兵力攻赵国，它的国内必然空虚。现在齐军不是直奔魏赵的主战场邯郸，而是奔魏国的首都大梁（今河南开封）而去。魏军一听到齐军攻其首都，立马慌了阵脚，主将庞涓下令："立即抽调征战部队的主力回师，如果大梁失守，我等都要死无葬身之地了。"原先攻邯郸城的魏军一下撤走了十分之七八。赵军见大部魏军后撤，马上命令部队反攻，魏军完全没有作好应有的准备，在赵军的反击下，死伤极为严重。

赵军追杀了一阵，也就班师回城了。再说庞涓带着数万疲乏之师直奔大梁而去，沿途连休息都顾不上。这时，以逸待劳的孙膑带领齐军正静候在魏军的回师路上。

齐、魏两军相遇于桂陵（今河南长垣西北）。齐的数万军马是生力军，而魏军已战斗近一年，这次又远奔而来。两军一战，只花了一天多一点的时间，魏军大败。庞涓一年前带出的八万精兵，在此役中大部分被消灭，留下部分残兵败将，也不敢回魏国复命，都投诚了齐军。

孙膑在桂陵之战中运用的"围魏救赵"的战术，被后世兵家视为经典，也为后世演绎为一句颇具智慧的成语。

这里要说的还是孙膑和庞涓两员军事天才之间的又一次抗衡和斗争。桂陵之战后十三年，即公元前342年，魏、赵联军攻韩，齐派孙膑等率齐救韩。这次军事斗争的胜利者，仍然是孙膑，失败者仍然是庞涓。孙膑是个大勇者，也是个大智者，他以"示弱"之计迷惑对手，称之为——

减灶诱敌

"减灶诱敌"，说的是用行军中减少军灶的方法，诱惑敌人，使敌人过低地估算对方的力量，过高地估计自己的力量而造成军事上的失误，最终在不经意间给敌方以致命一击。这事发生在桂陵之战后十三年（前341）的另一次重大的战斗中。

公元前四世纪中叶，齐、魏两国联合周边各国，开展种种争霸斗争，成为这一时段列国兼并斗争的核心。近二十年间，以齐、魏为主角展开的桂陵之战和马陵之战这两场大战，是这种争霸斗争的两个爆发点。

桂林之战虽说使魏国丧失了八万精锐部队，但是，在统治时间长达整整半个世纪（前369—前319）的魏惠王努力下，魏国很快就恢复了元气。这个魏惠王，就是与孟子一起大谈其如何称王称霸的梁惠王。魏惠王自以为是"于国尽心焉"，且能"察邻国之政"的有为之君。公元前 342 年，魏国拉开了联赵攻韩战争的大幕。韩国本来是三晋最弱的国家，怎顶得住几十万魏赵联军的进犯，不得已只得求救于齐国。齐国是绝不能让魏国一家独大的，次年派出田忌为大将、田婴为副将、孙膑为军师的五万大军救韩。而魏惠王派出的侵韩军队是十万。单是魏军就比齐军多了一倍。

孙膑在这场大战中施行的是故意"示弱"方略。作为助韩援军的军师，战争还没打响，就向主帅田忌交底，说："魏国为代表的三晋军队，历来以剽悍勇猛善战著称，而齐军早有胆怯的名声流传在外。魏军自大，看不起齐军，我现在就是要利用这一点，智取庞涓。"田忌赞同地说："好啊，那就让魏军尝尝'胆怯'的齐军的味道吧！"当田忌问到如何"示弱"时，孙膑在田忌的耳际轻轻说了一番话。接着，两人相视哈哈大笑。

齐军是作为韩军的援军前来的。在前行过程中，齐军故意避过了魏军的精锐部队，因此，直到齐军进入魏境，攻到魏都大梁城下时，都没有进行过剧烈的战斗。而魏军为了消灭齐军的主力，急于交战。齐军到达大梁一带时，庞涓回师率军来到了大梁，并放言要与齐军决一死战。

可是，"示弱"的齐军似乎真的是不堪一击。反正，在魏军面前，齐军是闻风而逃，魏军是乘胜追击。第一天，魏军追到齐军扎营地的时候，发现齐人的军灶很多，够得上十万军人吃饭用。第二天，魏军追到齐军扎营地的时候，那里只有够五万军人吃饭用的军灶了，第三天，魏军追到齐军扎营地的时候，只剩下三万军人用的军灶了。军事上十分浅薄的庞涓为之大喜，他暗地里对部属说："我早知道齐军胆怯，不到三天，没打什么大仗，士兵逃亡已经过半了！这样的军队能顶什么用？"于是，他"乃弃其步军，与其轻锐倍日并行逐之"（《史记·孙子吴起列传》）。魏军轻敌了，只带少量精锐部队前行追逐齐军。魏军这样做，为的是快点赶上齐军，全歼这支在他看来很不中用的部队。

紧赶慢赶，到了战斗第六天的傍晚时分，庞涓所率的轻骑部队来到了马陵（今河北大名东南）。马陵，亦称"马陵道"，是地势险峻的两山之间的一道狭长的通道。孙膑计算了庞涓的行程，算准傍晚可以到达马陵，于是预先让善射的士兵埋伏在山道两侧，砍掉一棵当道的大树，上面大书：庞涓当死于此树之下！庞涓到达该树之时，天已黑尽。正当他举起火把观看树上的文字时，万箭齐发。魏军溃败，庞涓被乱箭射死。死前，他恨恨地说："遂成竖子之名！"意思是说，我这么一死，让那小子成名了。魏军见主帅已死，也就纷纷散了。齐军全胜而归，孙膑也由此声名大振。而马陵之战后，魏国衰落下去了，基本上退出了争霸的行列。

孙膑是一位天才的军事指挥家，更是一位军事理论家。在《汉书·艺文志》中，在说到兵权谋十三家的著录时，说到了《吴孙子兵法》八十二篇，《图》九卷；《齐孙子》八十九篇，《图》四卷。这里说到的《吴孙子》，指的是春秋时活动于吴国的孙武，而《齐孙子》则指的是战国时活动于齐国的孙膑。《孙子兵法》和《孙膑兵法》都是历史名著，但《孙膑兵法》早已失传。1972 年 4 月，从山东省临沂县银雀山一座西汉前期的墓葬中才发现了《孙膑兵法》残本，人们对孙膑的军事思想才有更多的了解。残本有一万一千余字，十分珍贵。

《孙膑兵法》总结了战国时的战争和军事实践经验，提出了许多有价值的军事理论。在《篡卒》篇中，孙膑列举了战争取胜的五个条件："恒胜有五：得主专制，胜；知道，胜；得众，胜；左右和，胜；量敌计险，胜。"这五个方面说得是很全面的。"得主专制"，将帅得到君主信任，有指挥作战的全权。"知道"，就是弄明白战争的"道"，也就是客观规律。"得众"，就是得到民众的拥护，这是最重要的。"左右和"，指的是将帅士卒的和睦同心。"量敌计险",指的是正确地判断敌情,了解战地的地形地势。这些说的是理论,但本身就与孙膑自身的军事实践息息相关。他指挥的桂陵、马陵两战,如果没有"得众"这个最基本的条件,取胜是根本不能的。"得主专制"这一条也全具备了,战争中齐威王是把一切指挥权都交付给他,一点也不干预他。"左右和",他每次出兵,都与田忌同行,两人互相信得过,配合得十分默契。战"马陵",可以说是"量敌计险"的典范之作。"量敌",战前孙膑把对手怎么想的摸索得十分清楚,不然怎么敢冒"示弱"这个险?他的"计险"也做得极到位,马陵道有多险、庞涓何时到马陵道、马陵道的万名射手如何埋伏,全都设计得妥妥帖帖,这些都具有教科书式的意义。

孙膑还强调了战争中"权""势""谋""诈"诸要素。"权所以聚众",把权紧紧抓在手中,才能聚众,也才能服众。"势所以令士必斗",造声势、鼓士气,都是"必斗"所需。"谋所以令敌无备",谋略的终极目的是要攻其不备。"诈所以困敌",战争中的对敌使诈为的是困缚住敌人的手脚,从而制服敌手。孙膑的这些观念把他祖先孙武的"兵不厌诈"思想发挥得淋漓尽致了。可以说,后一个孙子的思想可能比前一个孙子的思想有过之而无不及,只是当下还没有充分开发和研究罢了。

战国列强,初霸时或称公,或称侯,臣下统称诸侯国的领袖为君。可是,到了公元前四世纪中叶,列强的脚跟已经站稳,周王的领土更小,且分裂成了东西周,周王的权威进一步下落,公元前 369 年梁(魏)惠王首先称王,随后各国跟进,连小小的中山国也称王了。当时的态势,可说天下群雄一叠叠地喊着——

称王称霸

　　"称王称霸"，意谓狂妄自大，独断独行，目空一切。在历史上，群雄真正称王称霸的时期是战国时期。三代以来，"王"是夏、商、周三代天子的称号，臣子只能以公、侯、伯、子、男称之。可是到了战国中后期就不得了了，那些有一点实力的诸侯动不动就称王，正如有史家指出的："诸侯称王，王楚在春秋之世，余皆在战国。"（罗根泽：《诸子考索·管子·形势》）意思是说，春秋三百年间，只有楚自称为王，而战国时称王者比比皆是了。

　　春秋时称王的，只有地处南国的楚，这是一个特例，而且也没有人认同它，对天下大局的影响也不大。当时，楚偏居天下之南陲，其邦属"化外之邦"，地位低微，到周成王时，只"封以子男之田"，在政治等第上是最低下的。后来，楚一点点强大起来，周王室却一点点衰微了，可楚为"南蛮"的旧观念还尚未变，楚的地位还是很低。此时天下大乱，楚熊通三十七年（前703），熊通就提出"请王室尊吾号"，结果是"王室不听"。熊通发怒了，"王不加位，我自尊耳！"于是就自立为所谓的楚武王。

　　这是春秋早期率先自立为王的国家，比战国时的魏惠王称王（前369年）早了334年。

　　战国时最早称王的是那个魏惠王（梁惠王）。他于前369年登上君位就称王，论国力魏国确实是当时列国中最为强大的。因为是第一个公然称王，很可能会犯众怒。为了把魏国往"犯众怒"的道上推，商鞅专门到了魏国，对魏王说，你称王就要称得像模像样，既要有王家礼仪，又要让各国都知道。得意忘形的魏惠王真的照着样子做了。建王宫、造王车、穿王服，还自称为夏王。他这样做了，结果却并不像一些人希望的那样被群起而攻之，相反，绝大多数人容忍了这种做法。

魏国称王之时，周王室愈发衰微了。就在魏惠王称王后两年（前367），领地处于韩国环围中的由周分裂的东周和西周两个领土更小的国家，对天下的管控当然更是有名无实了。魏国原来的国都在安邑，处于秦、赵、韩的包围之中，魏惠王九年（前361），迁都于四通八达的大梁，魏国也就更名为梁国。基于这种种有利的形势，魏惠王于公元前344年（梁惠王二十六年）发起了一次在逢泽（河南开封市东南）召开的诸侯盟会，把东西周的两位天子请来，当着周天子的面称王。会议的由头是"从十二诸侯朝天子，以西图秦"，实际上是要大家承认他这个自封的"王"。与会者有十二诸侯国，虽说不少人心中反对，但由于魏的强大和周天子的认可，都敢怒不敢言。"魏王拥土千里，带甲三十六万。"（《战国策·齐策五》）谁敢在这太岁头上动土？

这是开了个战国时期诸侯称王的头，之后就纷纷称王了。魏惠王称王后，曾一再与东方强国较量，结果是互有胜负，谁都吃不了谁。魏惠王十五年（前356）这一年，秦孝公任用商鞅变法，同年齐威王称王，魏惠王没有表示反对。第二年（前355）魏惠王入齐，与齐威王会见，并一同到郊外进行田猎，这当然是友好的表示。公元前344年，秦孝公又一次派出商鞅入魏，一方面再一次肯定魏惠王的称王，同时又为他出谋划策，其中一条是秦魏联手，共图霸业和王业，魏惠王表示了认同。

魏惠王称王后的第三十五年（前334），魏王约请齐君在齐国的徐州举行盟会，这就是历史上有名的"徐州相王"，两国相互承认对方为王，两国既称王又称霸。这无疑等于宣布了齐、魏之间的联盟关系。但这一联盟关系又使战国七雄之间的关系更复杂。数年前还是支持魏称王的秦孝公突然翻了脸，宣告魏为秦的"腹心疾"（《史记·商君列传》），决心要将魏摧垮。战国后期的形势更加复杂了，各国之间的矛盾也更尖锐了。

时至此时，诸侯称王已成了气候，问题只在于你是否真正具有称王的实力和气魄。

又过了九年，即秦惠文王十三年（前325），秦、韩两国相继称王。次年，秦惠文王更元。很有意思的是，这种政治上的互相承认为"王"，颇似一种买卖和交易。当年的四月初四，秦惠文王举行"称王"仪式，按照魏、齐"徐州相王"的先例，秦邀请了魏、韩之君入秦。魏早在公元前369年已称王，四十四年后的这次"相王"会上秦正式予以承认，魏也对秦的称王予以认可。韩、秦都是此时称王，借此机会也实行了"相王"。有趣的是，为了表示魏、韩两君推尊秦君为王，魏、韩两君还当场为秦王驾驭，如同当年魏惠王称王时"乘夏车，称夏王"一样。

又过了两年，即前323年，魏国的公孙衍为对抗秦、齐、楚，发起"五国相王"（《战国策·中山策》），这五国是韩、赵、魏、燕、中山，五国相互承认为"王"，这样，称"王"的行列中又新增了赵、燕、中山三个国家，目的明显是为了对付强秦。但这样做收效甚微。就在当时，就有国家说中山国太小，不应该承认它可以称王。

这样，到公元前322年——距秦统一刚好还有百年——战国七雄都已称王，连小小中山国也称了王。公元前318年，宋国也称王。这样，除了周天子称王外，还有十来个诸侯国也称王称霸起来了。可以说，"称王称霸"成了战国晚期政治生活中一道特有的风景线。

中国是农桑之国，列朝列代列国的人们都从事养蚕织丝，被世人称为丝绸之国。因此，对蚕食桑叶的过程谁都十分熟悉。一张完整的桑叶放在面前，蚕宝宝不慌不忙，不经意间就蚕食得干干净净了。秦从落后的小国，后来变为强大的大国，最终一统天下，这过程有点与之相似，人喻之为——

蚕食天下

商鞅变法后，秦国是强大了，当时就有人向秦王建言："可以并诸侯，吞天下，称帝而治。"继秦孝公而起的秦惠文王还是清醒的，他说："毛羽未成，不可以高蜚；文理未明，不可以并兼。"最后，还是采取慢慢来的"蚕食天下"的国策。策士苏秦说过："秦之攻韩、魏也，无有名山大川之限，稍蚕食之，傅国都而止。韩、魏不能支秦，必入臣于秦。"这里在用词上十分传神，在"蚕食"的前头冠之以"稍"字，说明秦国兼并天下常常是悄无声息地进行的。又说："诸侯之地五倍于秦，料度诸侯之卒十倍于秦，六国为一，并力西面而攻秦，秦必破矣。"（《史记·苏秦列传》）意思是明确的，秦国只有取"蚕食"国策，才能"有天下"。

其实，秦国自秦惠文王即位之后，就有如何成就"王业"之争。策士张仪提出一个主张：韩国已经相当衰弱了，秦可以乘势攻韩，夺取其新城、宜阳两地，这样就在被包围在韩国内地的周天子领地外打开了一个大大的缺口，进而"劫天子"，以至于"挟天子以令于天下"。可是，司马迁的先祖司马错为首的"蚕食派"坚决反对这样的大动作。认为那样做，就一下把秦放到了天下的对立面，不但王业无成，还有彻底垮台的可能。司马错主张，只有先"蚕食"作为"戎翟之长"的蜀国，才能"取其地足以广国，得其财足以富民缮兵"（《战国策·秦策一》）。再说，"得蜀则得楚，楚亡则天下并矣"（《华阳国志·蜀志》）！秦惠文王一听有理，就下定决心依照司马错的"蚕食"国策办。

听从司马错的建言，秦决定把"蚕食"的第一步放在灭蜀上。这可不是件简单的事。"（秦惠王）九年（前329）伐蜀，灭之。"（《史记·秦本纪》）这是一种简单化的记述，事实上，从宣布"伐蜀"，到真正达到"灭之"的目的，前后经过了十多年的时间。惠王九年发布了伐蜀令，但秦国当时没有下多大的劲。秦国是在等待时机。过了三五年，蜀国与苴国、巴国的矛盾加剧，并发展为战争。苴国和巴国同族，又长期友好。蜀国与巴国有世仇，看到苴国助巴国，就出兵先打相对弱小的苴国。苴国抵挡不住，国君逃到巴国，又请求秦国救援。秦惠文王后元九年（前316），秦王命司马错等为将大举攻蜀。两军大战于霞萌（今四川眉山市彭山区），结果蜀军大败，蜀王被杀，蜀国灭亡。要不了多久，秦国又轻而易举地消灭了巴国和苴国。

"蚕食"了巴蜀地区以后，秦王给了当地民众许多优惠政策。原先那些蜀王、巴王、苴王的子弟，得到了一定的封赏。同时，实行较轻的征收赋税制度，甚至可以用土产的布和鸡羽纳赋，有功的巴蜀人士可以免除若干年的赋税。还有，实行大规模的移民政策，"移秦民万家实之"，这样做客观上有利于民族的团结和融合。

秦王在西北攻灭巴、蜀、苴的同时，又对西南地区实行"蚕食"政策。当时，义渠是西戎中最强的一支，居住于洛水一带。这是十分强悍的民族，曾经数次打败过秦军。秦惠文王七年（前331）义渠内部发生战争，秦惠王趁机出征义渠。到秦惠文王后元四年（前321）义渠王才屈服称臣。第二年义渠反，秦又出兵。到秦惠文王后元十年"伐取义渠二十五城"（《史记·秦本纪》）。从此，秦在西北地区才算站住了脚跟。

兼并了西南的巴蜀和西北的义渠以后，秦就着力实施"蚕食三晋"的计划了。前340年，乘魏大败于齐之机，商鞅率军夺取了魏河西之地。十年以后，又夺取河东汾阳、皮氏、曲沃等地。又一年，又占有魏的蒲阳，迫魏献出上郡15县，这样，黄河西部和东岸的重要地区都为秦所有了。在这基础上，秦又出函谷关攻韩。韩国的重镇宜阳（今河南洛阳宜阳）战略地位重要，韩有 10 万精兵守护。秦将甘茂率军攻之，经一年苦战，终于拿下宜阳，这样就打通了通往中原的门户。后秦又取得了韩的宛城、邓城等冶铁工业中心。总之，战国中期以后，秦不断蚕食三晋，三晋土地不断落入秦人之手，到公元前 300 年前后，大约有一半的三晋土地归于秦国。秦一点点吞没三晋领土的行为长达半个多世纪，时断时续，说是"蚕食"，实在太生动形象了。

在此期间，一度强大的楚国也衰落了，秦用武力和欺骗的手段也"蚕食"了不少南国土地。公元前 305 年，新立的秦昭王利用所谓联姻手段，硬生生地把楚拉出了反秦的合纵行列，并在黄棘（今河南南阳地区）结盟，在结盟期间，"蚕食"了楚的部分土地。公元前 299 年，秦昭王约楚怀王到武关相会结盟，并说答应把上庸（今湖北十堰竹溪）送给楚国。楚大夫屈原以为"秦虎狼之国，不可信"，可怀王坚持前去。可是，一到那里，怀王即被扣留，并要挟割取黔中郡等大片国土。楚顷襄王十八年（公元前 280），秦军大肆攻楚。楚之别都鄢（今湖北宜城）被攻破，楚军民死数十万人。在两年间，秦攻克了楚都郢周边数百里的富庶地区。楚之败在于"百姓心离，城池不修，既无良臣，又无守备"。秦虽说以斩首为功，但亦重视城邑的占领。白起因"蚕食"楚地有功，而被封为武安君。

总而言之，秦国"蚕食天下"的政策是相当成功的。由西南到西北，由三晋到东部齐地，由楚地到东南沿海的吴越，一步一个脚印地推进，最后完成了天下的统一。

魏惠王时，魏国曾盛极一时，甚至可以与强秦一决高下。可是，到了百年后的魏安釐王时代（前 276—前 242），其境况就大不相同了，秦国益加强大，而魏国明显衰弱了。在秦国的强势入侵面前，魏国委曲求全，不是割地，就是进贡。这时，具有战略眼光的苏秦之弟苏代站出来仗义执言，指出那样做无异于只是——

抱薪救火

抱薪救火，指抱着柴草去救火，结果很可能是灾祸反而扩大。它告诫人们解决问题或消除灾祸，只有看清事物本质，才能用正确的方法去处理，否则只会使问题更加严重，灾祸继续扩大。这个成语出自汉代刘向《战国策·魏策三》："以地事秦，譬犹抱薪而救火也，薪不尽，则火不止。今王之地有尽，而秦之求无穷，是薪火之说也。"这段话的意思是说，魏国想一味地以割地来求得与秦国的和平相处，这好比是有人抱了一大堆的柴火去救大火一样，柴火不烧尽，火是扑不灭的。现在魏国的土地是有限的，而秦国对土地的要求是无穷无尽的，怎么能满足得了呢？这里的核心语词是"抱薪救火"，你抱着薪柴去救火，你的心可能是好的，但结果未必好，非坏事不可！

历史往往会重演，这里有一段相似的历史。战国早中期，魏国曾经强大过，一度连西方的秦国、东方的齐国都要一定程度上看魏国的脸色行事。可是，到了公元前三世纪的中期，魏国的政治军事形势急剧恶化，桂陵、马陵两战大败，大伤了魏国的元气，之后，魏的国君一代不如一代，继梁惠王而起的梁襄王，甚至被孟子称为"望之不似人君"，之后就更等而次之了。魏国不断衰落之势已成。而秦国却在商鞅变法的基础上高速崛起。公元前265年，秦灭西周。公元前249年，秦又灭了东周。推翻了名义上的天下共主周天子以后，紧接下来，就是全力以赴收拾包括魏国在内的山东六国的那些旧贵了。

魏国的安釐王（前276—前242）即位后，魏国的殆势进一步加速，秦国又加紧了进攻，魏国连连战败。安釐王元年（前276），秦国进攻魏国，轻而易举地获得了魏国两座重要城市。安釐王二年，秦国又一次进攻魏国，又获得了两座城市，秦国的军队还直逼魏国的都城大梁（今河南开封），形势十分危急。韩国派兵来救，但也被秦军打败。魏国没有办法，只得主动地割让了一块土地给秦国，才算了结了这场战争。

可是，到了安釐王三年，秦国又发动进攻，强占了魏国的四座城市，并杀死了魏国四万军民。

到安釐王四年，秦国更把魏、韩、赵三国军队一起打得大败，杀死兵士十五万人，魏国的大将芒卯也因此失踪，实际上是因害怕而逃亡了。

魏国军队的接连败北，使安釐王坐卧不安。此时，魏国军队的另一位大将段干子向安釐王提出一个匪夷所思的建议："大王啊，秦国也不是故意为难我国，他要的无非是土地，如果我们主动把南阳这块宝地割让给秦国，请求罢兵议和，那事情的一切不就了结了吗？如果大王愿意这样做，我可以作为议和代表去秦王那里去说说，我想事情一定是能说妥的。"安釐王本来对秦军的进攻十分害怕，经段干子这么一说，以为割让土地就可以求得太平了，便急匆匆地准备照着段干子说的话去办理了。

这个打算被一个叫苏代的谋士知道了，他是一贯主张"合纵抗秦"的苏秦的弟弟，他也极力主张各诸侯国联合起来抵抗强暴的秦国。苏代得知魏国准备割地求和的想法后，马上前去对安釐王说："秦国是个不守信义的国家，秦王是个贪得无厌的国君，你想用魏国的领土、权利，去换取和平，那是根本办不到的，道理很简单，因为你根本无法满足侵略者的欲望。"安釐王疑惑地反问道："真的吗？"

苏代回答说："当然是真的！妄想以领土换和平，你换得的最多只是片刻之安，而招来的是更大的祸害。只要你国土还没有割完，秦国就还会不断提出新的领土要求。"安釐王还是疑惑不解地问道："秦国真会是这样吗？"苏代肯定地说："当然真会是这样的。"

停顿了片刻之后，苏代告诉了魏王这样一个信息："我还想告诉你，要你主动献出土地的那个段干子，可以肯定地说，他是个里通外国的内奸。只要段干子花言巧语让你把国土献给秦国，秦君就给段干子封官晋爵，这已是公开的秘密了，只有你大王还不知道。想要官印的是段干子，想要魏国土地的是秦王，而受害的只能是魏国和魏国民众，这个道理还不清楚吗？"

糊涂的安釐王对苏代的这一番忠言就是听不进去。苏代最后就举了形象的事例来说明："这好比抱着柴草去救火，柴草一把一把地投入火中，火怎么能扑灭呢？柴草一天不烧完，火是一天不会熄灭的。正像你的领土一天不送完，你就一天也得不到真正的和平一样。"

尽管苏代讲得头头是道，但是胆小怕事而极为糊涂的安釐王只顾眼前的太平，一味地委屈求和，根本听不进苏代的一番劝告。与"抱薪救火"观点相类似的，是魏国大臣须贾的另一种说法。

苏代说的是现实，而须贾是用历史上一些国家的经验教训来说明问题的。他告诉魏安釐王："燕、赵之所以国全兵劲，而地不并乎诸侯者，以其能忍难而重出地也。宋、中山数伐数割，而随以亡。臣以为燕、赵可法，而宋、中山可无为也。夫秦贪戾之国而无亲，蚕食魏，尽晋国，何厌之有哉！"（《战国策·魏策三》）

这里举了两类有说服力的国家。一类是燕、赵，他们遭受了诸多的失败，一度也很危急，但是，"能忍难而重出地"，任愿忍受种种苦难，但不轻易割地，结果是"国全兵劲"，国家是保全下来了，兵力也强劲了。另一类是宋、中山，只要打一次败仗，就主动地割一次地，结果"国随以亡"，到战国中晚期这两个国家就消亡了。须贾要魏国国君学学燕、赵两国的"忍难"精神，认为这才是真正的"救亡"之道。

这时的安釐王已是鬼迷心窍，他既不听苏代的"抱薪救火"之论，又不听须贾的"能忍难而重出地"之说，还是依段干子的意见把魏国大片土地割让给秦国。公元前225年，果然秦军又向魏国大举进攻，包围了国都大梁，掘开黄河大堤让洪水淹没了大梁城，魏国终于被秦国灭掉了。由此，"抱薪救火"以魏国惨痛的教训而为成语流传了下来。

战国中后期，秦的国势渐渐强盛，秦与山东六国的关系日趋紧张，统一这个大课题迫切地放到了人们的面前。在统一天下过程中，既有"事一强以攻众弱"的连横，又有"合众弱以攻一强"的合纵，穿梭于"纵"与"横"之间的政治家和思想家，被世人称为纵横家，这种复杂多变的斗争，被称为——

合纵连横

"合纵连横"是战国时各国间彼此斗争的策略与实践。整个战国时期的大势是：战国初期群雄峰起，通过变法，各大国都在天下占有了一席之地。战国中期魏、齐两强对峙，双方争战不已。经过数十年的战争，齐强而魏衰。到了战国后期，秦国从西部崛起，变成了东西两雄争强的局面，而韩、赵、魏、楚、燕等国摇摆于两强之间。开初，所谓的"合众弱以攻一强"中说的"一强"，可以指秦，也可以指齐，但随着齐国国力的削弱，"一强"就专指秦国了。"合纵连横"是指在当时特定的条件下，秦设法与六国中的某国（或数国）合作，称"连横"；相对弱小的六国团结起来对付秦国，称"合纵"。后世用此语时，也就泛指国与国、利益集团与利益集团之间的联合与斗争了。

战国中后期以后，秦国通过商鞅变法迅速强大，形成了对山东六国的巨大威胁。如果山东六国不团结起来，很有可能一个个被消灭，于是就有了"合纵"之说，也有了合纵家的兴起。合纵策略的首倡者是公孙衍。公孙衍为魏人，一度入秦为官，后回到魏国，从事合纵事业。公元前324年，公孙衍策划魏、齐两次相会，以图抗秦。最有名的是他策动了魏、赵、韩、燕、中山"五国相王"，这是个战国历史上的大事件，其目的就是团结起来抵抗强秦。公元前318年公孙衍又策动了魏、赵、韩、楚、燕五国合纵抗秦，楚王为合纵长。但是，这次活动，其实只有三晋联军在活动，而楚、燕按兵不动，结果也没有什么成效。

继公孙衍而起的是"挂六国相印"的合纵代表苏秦。他为了合纵大业，差不多走遍了山东六国，也取得了不俗的成绩。史书上有这样一段记述："苏秦既约六国从亲，归赵，赵肃侯封为武安君，乃投从约书于秦，秦兵不敢窥函谷关十五年。"（《史记·苏秦列传》）当时的形势实在不错，苏秦还把六国抗秦的"从约书"公开投寄给秦国，使秦国在相当长一段时间里不敢轻举妄动。后来事态逆转，一方面是因为时间一长六国中的不少国家动摇了，"从约皆解"，使秦国有机可乘。另一方面苏秦在六国受到一些人的排挤，最后是被人暗杀了。

与苏秦的"合纵"相对立的是张仪提倡的"连横"，也就是利用山东六国中的种种矛盾，拉拢其中的一些国家，去打击另一些国家，达到逐个击破的目的。当政的秦惠文王对张仪的这种做法很是欣赏，公元前328年就任命其为相，爵位大良造，这是这一时期秦国国内最高爵位。公元前325年，在张仪的精心安排下，秦惠文君正式称王。就在这一年，秦君和魏君相会，互相尊对方为王。公元前323年，张仪拉拢齐、楚等国，寻机攻魏，这是张仪的第一次"连横"，但没有成功。

张仪的第一次连横活动失败后，没有气馁，积极筹措新的连横。

当时，有一个相当稳定的齐楚联盟。在七雄中，当时就国力而言，秦居第一，齐居第二，楚居第三。如果老二与老三之间有牢固的同盟关系，那秦这个老大就难当了。张仪看准了楚怀王的无能与自私，公元前318年五国合纵抗秦时，就是楚躲在后面不出兵，致使那次合纵失败。看来，要拆散齐楚同盟，还得从楚怀王这个不中用的草包身上下手。

公元前313年，张仪假意辞去秦相之职，南下来到楚国，并求见楚怀王。见了楚怀王后，他就十分肉麻地对楚怀王说："秦王要我来，是要我向您问好。秦王说了，他一生中最尊重的人只有一个，那就是德高望重的您。不只秦王是这样认为的，我也是这样认为的。秦王最痛恨的人是齐王，要不是您与齐王的关系不错，秦王早就下令攻齐了。"这一番话马上拉近了两人之间的关系，楚怀王是个短视而贪利的人，听说秦王那样看重自己，竟然忘乎所以地说："秦王要我做什么，您爽快地说吧！"张仪也就直言说："秦王希望您不要与齐走得那么近，如果您能与齐绝交，秦王说了，他将贡献给您商於六百里地。"楚怀王一听说只要与齐绝交，就可得到那么大的好处，想都没去多想，一口答应下来了。

辞别张仪后，无能而短视的楚怀王真的与齐绝交，并故意辱骂齐王，两国的关系一下恶化起来了，由是楚齐间发生了战争。事后，楚派人到秦国去要"商於六百里地"，这时张仪却翻了脸，一本正经地回答说："我说的是可以将我的私邑六里地送你，哪有六百里？"楚怀王知道被玩弄了，大怒，率军进攻秦的商於之地。秦早已作好了全面反击、全歼楚军的准备，双方激战于丹阳（今河南丹水之北），楚军大败，八万将士被斩首，主帅之下七十余名将军被俘。怀王更怒，倾全国之兵袭秦，大战于蓝田（今湖北钟祥西北），结果又是大败，汉中地区为秦所得。

楚怀王是战国时代"合纵连横"过程中的一个典型的悲剧人物。楚国在战国末期是第三号强国，这就决定了这个国家的元首级人物在合纵连横的历史舞台上必然要扮演重要的角色。就楚怀王本人的素养来说，平庸而贪财，这就决定了其人难有自己的作为。在"合纵"和"连横"两种选择都放在他面前的时候，他往往是游移的，举棋不定的，甚至可以说是骑墙的。这样，"合纵"派不会认同他，"连横"派也不喜欢他，他只是天下走向大一统过程中强势者手中的一枚棋子，当他失去利用价值的时候，则悲剧性地成了一枚弃子。公元前301年，秦以会盟的名义把楚怀王骗到秦国，接着抓了起来。三年后，即公元前298年，怀王出逃过一次，不料计谋泄露，秦人在楚道上拦截，怀王想逃到赵国去，赵人不接纳他。他想逃到魏国去，魏国也不想为他开方便之门。秦军追至，将他押回狱中，最后病发而死。怀王死前，其子已在国内即王位，他就是楚顷襄王。公元前294年，秦王为楚顷襄王送去一信："楚背秦，秦且率诸侯伐楚，争一旦之命。"楚顷襄王比楚怀王更无能，马上回信表示臣服。

在"合纵连横"的全过程中，秦牢牢地把握了发展的主动权。公元前318年公孙衍导演的那次合纵，是山东六国团结起来抗秦的事。可是，公元前284年，又发生了一起燕、韩、赵、魏、秦五国联合起来攻齐的战斗，在这一事件中，秦国起了积极作用，其结果也是可想而知的。

在合纵连横过程中，纵横家们当然起了不小的作用，但最终起作用的还是各国的主政者和广大民众。秦国的主政者的政策更得体，更得到群众的拥戴，因此最后的成功还是属于秦国的。

战国末年，在楚国出了一位伟大的爱国诗人，他的名字叫屈原（约前340—约前278），虽然短寿，可他的爱国精神、伟大诗章《离骚》，却永留人世。就在他的母国面临危亡的关键时刻，屈大夫发出了如是的生命最强音——

九死不悔

"九死不悔"，形容为国为民献身的意志坚定，意为无论在前行中有多少艰难险阻，即使是面临多次（"九"为多意）献出自己生命的危境，也绝不会有一丝一毫的动摇。"亦余心之所善兮，虽九死其犹未悔"（《离骚》），此言完整地表达了伟大的爱国诗人屈原之心声，他明确表示，要为国为民献出自己的一切，甚至于生命，这是我屈原一心所向往（"心之善"）的，永远也不会为此而有所悔恨。此心不变，天日可鉴！

屈原的母国楚国也曾经强大过，春秋时期，楚武王在发展经济的同时，决定把首都由丹阳迁到郢（今湖北荆州江陵），从此以后，可以北上到黄河中游，南通长江流域。那里地势险要，农业发达，迁都是楚国成为南方强国的必要条件。到楚文王登位的时候，就锐意北上发展。到楚庄王时期，楚国北上争霸，霸业也达到了顶峰。在经济文化上，已经与华夏侯国没有多大差别，有"问鼎中原"之举。春秋后期，楚国的势力，伸向西南的巴蜀和东南的吴越，楚国差不多占有了整个南部中国，是当时列国中地域最大、人口最多的国家。但是，进入战国时期以后，秦、魏等国都进行了相当彻底的变革，楚国虽说在悼王时也曾起用吴起变法，但悼王一死，楚国的旧贵马上卷土重来，不但推翻了变革成果，还实行反攻倒算。这样，楚虽也列入战国七雄，但它在一点点衰落下去。楚怀王在"合纵""连横"中的无所作为，绝对不能只看成是一种个人现象，它是楚国衰败的一个缩影。

楚怀王昏庸无能，在复杂的政治军事斗争中一再受骗，丧师失地。

公元前 280 年，秦将司马错先是平定西北和西南，巩固了秦的后方基地，然后全力攻楚，楚被迫割让上庸和汉水北岸地给秦。公元前 278 年，秦将白起攻破楚国都城郢（今湖北荆州江陵），并南进到洞庭湖一带，意在消灭楚国。秦军还在夷陵（今湖北宜昌东南）焚烧了楚先王的陵墓。

屈原，名平，楚武王子瑕的后裔，算起来还是楚的王族子弟。其一生与楚怀王和楚顷襄王时期楚国的命运直接关联在一起。大致上可以分为四个阶段。

第一阶段是年轻时受怀王重用的阶段。

据考，那时大约屈原二十来岁，他是个"博闻强志，明于治乱，娴于辞令"的人，当然会受到楚怀王的青睐和重用。他一度位居左徒高官。左徒一职，仅见于战国时的楚国，此职仅次于令尹（相国），负责参与议论国事，发布号令和接待宾客等政务。在楚国历史上，记载有春申君黄歇和屈原两人任过此职。

《史记》上说："屈平任左徒，入则与王图谋国事，以出号令，出则接遇宾客，应对诸侯，王甚任之。"如此看来，楚怀王一度十分器重他。从时间上讲，这一阶段至少有四五年之久。

第二阶段是"屈平既绌"的阶段。

绌者，黜也，意为贬退，排斥，废除。《礼记》上有"不孝者，君绌以爵"的说法。一般学者以为，屈原的"被绌"实际上就是被楚怀王从左徒的高位上革除了下来，并不是一撸到底。

为何被绌呢？从现有的资料看，至少有两个方面的原因：一是屈原与怀王之间政见上的巨大分歧。公元前 319 年，公孙衍导演了一次山东六国团结起来抗秦的合纵大剧。大剧一开演，其他各国基本上如约出兵攻秦，唯有楚怀王不知出于何等居心，拖着不出兵，这使屈原很生气，于是发生了争执。二是据《史记》说，"上官大夫与之同列，争宠而心害其能"。这个上官大夫在怀王那里说了不少坏话，最后把屈原从左徒的高位上拉下来了。两个原因叠加在一起，屈原是非下台不可了。

有专家认为，屈原被革除左徒高官之后，当了一阵子的"三闾大夫"，统管屈、景、昭三大王族子弟，也管社会教育，相当于是教育部长。这"三闾大夫"一职可能是楚怀王为了安排屈原而特设的官职，查历史，在任何国家的任何时期都未有此职。

第三阶段是被怀王"放流"的阶段。

后来怀王是在"背信弃义"的邪道上越走越远。当时"齐与楚从（纵）亲"，即建立了合纵的亲密关系，秦国为了破坏这种关系，"令张仪佯去秦，厚币委质事楚"，即谓命令张仪假装离开秦，用丰厚的礼物和人质（讨好楚国），来依靠楚国。屈原提醒怀王，他就是不听，结果上了大当，坏了大事。

张仪第二次来楚，"设诡辩于怀王之宠姬郑袖"，屈原力主"杀张仪"，而"怀王竟听郑袖"，致使放虎归山。

在屈原与怀王思想距离越来越远的情况下，屈原被逐出京城，但其忠心不变。"（屈平）虽放流，眷顾楚国，系心怀王，不忘欲反，冀幸君之一悟，俗之一改也。"到这时他还是希望怀王能改过自新。

第四阶段是被顷襄王"怒而迁之"的阶段。

楚怀王死后，同样昏庸的楚顷襄王进一步压制屈原。屈原的心是那样的善良。当时秦国要骗怀王去秦国，屈原当时就说："秦虎狼之国，不可信，不如毋行。"可是怀王的稚子子兰"劝王行"，结果怀王被抓，最后被杀于秦国。怀王死后，好心的屈原还在可怜他、同情他，埋怨子兰当年不该"劝王行"。可是，此时已是怀王的大儿顷襄王和小儿子兰共同当政，他们哪里听得了这些话？"令尹子兰闻之，大怒，卒使上官大夫短屈原于顷襄王，顷襄王怒而迁之。"（《史记·屈原贾生列传》）

这里说的"迁"，实际上就是流放。屈原被迁于江南（指湖北南部、湖南北部的长江以南地区）一带。屈原十分悲愤，行吟于泽畔，创作了大量爱国爱民的诗章。在被流放中，他写下了这样的诗章："长太息以掩涕兮，哀民生之多艰。……亦余心之所善兮，虽九死其犹未悔。"（《离骚》）诗为心声，屈原在流放中写的这几句诗，明确地表达了他崇高的心志：最使他叹息流泪痛苦的，是民众的多灾多难。为了实现自己所追求的目标，就是牺牲了自己最可宝贵的生命，也没有什么可以悔恨的。这是多么伟大的人格精神啊！

"九死不悔"，表达的是一种爱国深情，为了国家和民众，就是死去多次也无所悔。公元前278年，秦军攻占了楚国的百年古都郢，屈原闻知消息后，悲愤交加，毅然写下绝笔诗作《怀沙》，抱石投入汨罗江自尽了。据传，后世农历五月初五端午节吃粽子、划龙舟，就是为了纪念这位伟大的爱国者。

在战国历史上，"将相和"的故事动人心弦。老资格的赵国老将廉颇，看不起出身贫贱、却地位比他高的上卿蔺相如。当廉颇以不礼貌的方式向蔺相如发起进攻"羞辱他"时，蔺相如为了"先国家之急"而步步退让，甚至为了防止矛盾激化而"引车避匿"。当廉颇弄清真相后，就真心实意地背着荆条上门谢罪，世称——

负荆请罪

"负荆请罪"，是说自己背上表示谢罪的荆条，向对方赔不是，请求对方予以谅解。荆，指的是荆条，在古代用来抽打罪人。自己背负荆条就有愿意认罚的意思。此成语所述说的故事就发生在战国末期赵国的大将廉颇和上卿蔺相如之间。蔺相如在说到自己为何对廉颇步步退让时，说了句"吾所以为此者，以先国家之急而后私仇也"的话，这使廉颇着实感动，史载"廉颇闻之，肉袒负荆，因宾客至蔺相如门谢罪"。廉颇听到蔺相如那大公无私的话，感动得不得了，马上赤膊背上荆条，由朋友陪伴着到蔺相如府上去请罪。这就是"负荆请罪"成语的原典。后人在用这一成语时，多指承认自己的过错，真诚地向对方表示赔礼道歉。

赵惠文王时，赵国大将廉颇，以其超凡的武功赢得了赵国在国际上崇高的地位，从而威风八面，声震四方。而蔺相如呢，出身低微，其父原先只是赵国宦者令（管理宦官的头目）缪贤家的一个舍人。何为"舍人"？就是当时私门里的办事人员，没有任何的社会地位。可是，不拘一格用人才的赵惠文王，竟因蔺相如在两大事件中的出色表现而加以超常提拔，使其成为位在廉颇之上的上卿。

这里有必要说一说发生在蔺相如身上的那两件事的来龙去脉。

第一件就是"完璧归赵"的故事。赵惠文王得了一件以"和氏璧"命名的宝贝，不知怎么这事传到了强势的秦昭襄王耳里。秦昭襄王想要这件宝贝，放出话来说愿用十五座城市来换取。赵惠文王听后心里很紧张，因为宝贝如果送到秦王手中之后，城市未必会到手。这时，宦官的头领缪贤说："我家中有个人，叫蔺相如，他有办法保全这件宝贝。"赵王将信将疑，就只能让这个叫蔺相如的人去处置这件事了。

蔺相如到了秦国，恭恭敬敬地将和氏璧献上。秦王很高兴，自己看了，又递给旁边的那些美人看，过了好一会儿，就是不提交换城市的事。这时，蔺相如对秦王说："璧上有斑点，让我指给大王看。"说罢，就把和氏璧拿回了手中。他退后数步，靠着柱子怒气冲冲地对秦王说："赵王是接到您秦王愿用十五座城市来交换和氏璧的书信后，诚心诚意派我前来的。现在看来，您秦王根本没有用城市换宝贝的诚意。

我明确告诉您，现在宝贝在我手中，如您要强抢的话，我马上让我的头颅和这宝贝一起在这柱子上撞得粉碎！"秦王一看那场景，知道这个蔺相如是硬汉子，是要玩真的，连忙解释说："哪里会强抢呢，的确是想用十五座城市换你那宝贝。"一面说着，一面在一幅秦国的地图上胡乱点着一些城市。蔺相如强硬地说："即使真的换，这样重大的事，也得斋戒五天才行。"秦王没了办法，只好得答应五天后再"交换"。

蔺相如就利用这五天的所谓"斋戒期"，让人矫装打扮，把和氏璧送回了赵国。当五天后秦王要那宝贝时，蔺相如宣布："秦国得先将十五座城市划给赵国，赵国是个弱国，是不会失信不交出宝贝的。"后来秦国也不谈十五座城市的事，也不谈和氏璧的事。和氏璧也就成功回到赵国，"完璧归赵"的成语出典于此。

第二件是"渑池之会"的故事。赵惠文王二十年（前279）秦王派使者通知赵王，在西河外的渑池（今河南三门峡渑池西）举行一次友好会见，实际上是想通过这次会见对赵施加压力。赵国此时已经十分衰弱，因此赴会时很紧张，去时带了蔺相如随行。

席间，秦王大搞侮辱赵王的阴谋活动。秦王故意喝得醉意浓浓的，对赵王说："我听说了，您赵王很喜欢弹瑟，能否为我弹一曲，让我欣赏欣赏？"赵王无奈，只得即席弹奏了一曲。这时，秦王马上命秦国的史官上前记下："某年某月某日，秦王命赵王弹曲一首。"这时，蔺相如上前对秦王说："赵王听说秦王擅长秦乐，现在我奉上秦国的盆缶，请秦王敲打秦乐。"此时秦王发怒，不肯奏乐。蔺相如亦以怒言警告："现在我与大王的距离只有不满五步，大王要是不答应我的请求，我就血溅大王跟前了。"秦王看蔺相如这种狠劲，只得勉强地在缶边上敲了一下。蔺相如马上命赵国史官写上："某年某月某日，秦王为赵王击缶。"蔺相如的针锋相对，使秦王想在"渑池之会"上侮辱赵国和赵王的企图没有得逞，保住了一个大国应有的尊严。

"完璧归赵"事件，蔺相如使秦昭王想侵吞"和氏璧"的梦想化为幻影；在赵惠文王与秦昭王的"渑池之会"中，秦国又一次占不到一点儿便宜，蔺相如保卫了赵国的尊严。第一件事的结果是蔺相如被拜为了上大夫，位在所有大夫之上。第二件事后蔺相如则被拜为上卿，位在身为大将军的廉颇之上。

这些都使廉颇感到很不舒服，也很不服气。他自视身为赵国大将，攻城略地，功莫大焉，而贱人出身的蔺相如"徒以口舌为劳，而位居我上"，让廉颇怎么也想不通。

廉颇四出扬言："如果我在哪里碰上他，就一定非要好好羞辱他不可。"这话很快就传到了蔺相如的耳中，蔺相如也马上作出了对策：此后有什么朝会，只要廉颇参与的，蔺相如就"常称病，不欲与廉颇争列"。就是在路上偶尔有碰到的机会，蔺相如也总是绕道而行，即所谓的"引车避匿"。总之，不想与廉颇"硬碰硬"。

蔺相如的家臣见他那样"胆小怕事"，很不高兴，不少人为此而想离开他改换门庭。这时，蔺相如出来劝阻这些人，他问这些想离开他的人："你们看看，廉颇将军与秦王比较起来，哪个更厉害些？"

回答是："当然秦王要厉害得多了！"

蔺相如说："我连秦王都不怕，都敢于在秦的朝廷上斥责他，并辱骂他的那些不讲理的群臣。这些我都不怕，会怕一个廉颇将军吗？"

众人不解地问："既然不怕他，那你为何老是躲着他呢？"

这时，蔺相如说了一句关键的话："以先国家之急而后私仇也！"意思是说，在我看来，国家的利益是最紧急最重要的，而个人之间恩恩怨怨算不了什么，永远应该放在最后头！蔺相如的话很快就传到了廉颇的耳朵里，廉颇静下心来想了想，觉得自己为了争个人的一口气，就不顾国家的利益，真不应该。于是，他脱下战袍，赤着上身，背上荆条，到蔺相如府上请罪。蔺相如见廉颇前来"负荆请罪"，连忙热情地出来迎接。

从此以后，他们俩成了好朋友，同心协力保卫赵国。史书上这样写来："卒相与欢，为刎颈之交。"这里又多了一句著名的中国成语："刎颈之交"。"刎颈"，指的是割颈而亡。司马贞《史记索引》解道："要齐生死刎颈无悔也。"他们成了同生死共患难的最心知的朋友。

蔺颇的"负荆请罪"，廉颇与蔺相如之间的"将相和"，以及之后的"刎颈之交"，成为中华文明历史上的经典故事。

赵国历史发展的起伏很大。自赵武灵王"胡服骑射"后，一度国力强盛。公元前298年，赵惠文王继位，又有廉颇和蔺相如两大臣的通力扶持，国力一直呈上升势头。可是，传到第三代赵孝成王时，赵国国力出现了转折性变化。这位赵王重用只会夸夸其谈，没有实际经验的赵括为主帅，结果大败于秦，赵国从此一蹶不振。由是，历史上留下了一个不光彩的新名词——

纸上谈兵

"纸上谈兵"，指的是只会照着文本夸夸其谈，不懂得理解，不懂得消化，更不懂得实际运用。它的原典出于战国末期赵国年轻将领赵括。史书上说："赵括自少时学兵法，言兵事，以天下莫能当。""括徒能读其父书传，不知合变也。"（《史记·廉颇蔺相如列传》）这段话的意思是，赵括这个人从小就熟读兵书，而且能言善辩，自以为天下没人可与其配敌。他熟读了其父赵奢的兵书，但不懂得变通和实际运用。后人将这两段话概括成了"纸上谈兵"这样一句成语。由于赵括在长平之战中的"纸上谈兵"，赵国丧师四十五万，从此一蹶不振。

经过赵武灵王和赵惠文王两代人的努力，一直到赵惠文王后期，赵国的国力与秦国还可以说在伯仲之间。这是有史实为证的。赵惠文王二十九年（前270），秦国率军进攻赵国的阏与（今山西和顺），当时赵国的名将赵奢率精兵驻于距邯郸三十里处守候敌军，接连二十八天不出战，秦军在远处只是鼓噪勒兵，不敢前进。然后，赵奢所率赵军经两天一夜急行军，突然出现在阏与前线，大破秦军。之后数年，秦军不敢轻易进攻赵国。

可是，到了赵孝成王继位后，国力就大为削弱了。赵孝成王六年（前260）离秦统一六国只有四十来年了，秦赵两国的军队对峙于长平（今山西晋城高平）。当时的局势对赵国很不利。秦昭王用范雎为相，采取"远交近攻"的策略，孤立赵国。而赵国的名将赵奢刚病死，蔺相如又在重病之中，担子一下落到了老将廉颇一人身上。廉颇深知赵国的实力已大不如前，于是采取坚壁固守的战术，任凭秦军怎么挑衅，赵军就是固守不出，两军在长平对峙了好几个月。

这时，秦相范雎出了个恶招，派间谍以千金买通赵王左右，又在赵国四处散布流言道："在赵国，廉颇已经老了，是最容易对付的，秦人最怕的是名将赵奢的儿子赵括。"昏庸的赵王对廉颇的"固守不出"本来就不太满意，听到外面的流言后，就决定换将，让赵括来替代廉颇当长平战事的主帅。

一听说赵王要易帅，而且让赵括为主帅，下面是一片哗然并加以反对。最早跑出来反对的是赵括的母亲。当接到其子被任命为军事统帅以后的第一时间，赵括其母马上大书五字："括不可使将！"赵孝成王把赵母找去，问："何以知赵括不可使将？"赵母用两句话加以概括。第一句话是"知子莫若父"。她老人家说，儿子的父亲赵奢在世的时候就不认为儿子是个将才。有一次，"尝与其父奢言兵事，奢不能难，然不谓善"。当时父子俩谈兵，儿子滔滔不绝，甚至当父亲的也难不住他，可是父亲赵奢不称道他。当时赵母有点奇怪，儿子那样"优秀"，为何不肯定他，赵奢回答说："兵，死地也，而括易言之。使赵不将括即已；若必将之，破赵军者，必括也！"这段话的意思是，战争是关乎生死的大事，而赵括把它看成是很容易的事，将来赵国不用这小子便罢，如用他，赵国一定会垮在他手里。

赵母告诉赵王的第二句话是，"知子莫若母"。她老人家说，"父子异心"，他父亲得到王上的赏赐以后，"尽以予军吏士大夫，受命之日，不问家事"，他是把一切都扑在国家的军务上。可是，这个当儿子的呢？"王所赐金帛，归藏于家，而日视便利田宅可买者买之。"他不像其父把王上赐给的钱财分给大家共同享用，而是藏在家中，准备买田宅为个人享用。这样的人怎么可以为一国之统帅呢？

可是，当时的赵王根本听不进她老人家的话，相反说："我已经定下来了，你不要再多说了！"赵母见赵王这样无知，随即说了句掏心的话："大王如果一定要用他，如果日后出了什么事，你要答应我，不要为儿子的事连坐到我家人。"赵王答应了。

重病中的蔺相如知道大事不好，马上强扶病体，去见那个赵孝成王，蔺相如说："王以名使括，若胶柱而鼓瑟耳。括徒能读其父书传，不知合变也。"（《史记·廉颇蔺相如列传》）意思是说，大王你只是从赵括爱读兵书这样的虚名而用这个人，这正像用胶粘住瑟上的弦柱之后再来弹奏一样的可笑。赵括只是读了不少他父亲留下的兵书，而且夸夸其谈，可是，他根本不懂得结合战争实际随机应变，不懂得实际应用。使用这样的人，要出大事啊！后人从蔺相如对赵王的这番话中，概括出了"纸上谈兵"这么一句成语。赵孝成王前面已被赵母数落了一通，现在蔺相如又来说一通大道理，很不耐烦，说："你们老了，赵括这个年轻人可大用，外面有那么多人都在夸他呢！"他不知道，那些夸赵括怎么怎么了不得的人，其实是秦国派来的奸细。

结果怎样呢？秦军在白起的率领下，以少得多的兵力把赵军包围在长平城中。秦昭王亲自到秦国各地去征召十五岁以上的男子参军，加强对长平的包围。在严峻的局势下，赵括一筹莫展，最后只得亲率精锐部队突围，结果"秦军射杀赵括，括军败，数十万之众遂降秦，秦悉坑之。赵前后所亡凡四十五万"（《史记·廉颇蔺相如列传》）。这就是"纸上谈兵"造成的恶果。

长平之战是赵孝成王六年到七年（前260—前259）的事，大约过了三十年，到赵代王嘉元年（前227）时，"秦进兵破嘉，遂灭赵以为郡"（《史记·赵世家》）。而这一切变故，正应了名将赵奢生前的一句话："破赵军者，必括也！"

常言道，合久必分，分久必合。春秋战国时期经历了五百多年的分裂和战乱，使民众受尽了苦难，统一早已是众望所向。梁惠王五十一年（前319），也就是离秦始皇统一中国差不多百年的时候，在战国历史上有着重大影响、在位时间长达半个多世纪的梁惠王去世了，传位给了被孟子视为"望之不似人君"的梁襄王。当时孟子长期受聘于梁国。梁襄王向孟子请教，天下的发展走向会是怎样的？孟子对天下大势早已了然于胸，十分肯定地作答——

天下将定于一

"天下将定于一"，这是身处在战国中期的孟子对时局发展趋势的一种终极性的预言。这位大思想家以为，虽然眼下乱象环生，四分五裂，各国之间征战不已，但是人心思定，人心思统，人心思"一"，最后的发展趋向必然是"天下将定于一"的。孟子很坚定，在他看来，天下的统一是必然的，只不过时间的早晚问题，也就是统一于谁的问题。

孟子是邹（今山东邹城东南）人，大约生存于公元前 372 年到公元前 289 年间。从生年看，离进入战国时代的公元前 476 年差不多已有百年。从终年看，离秦统一中国的公元前 221 年差不多还有七十来年。说孟子是战国中期人，是完全确切的。他是孔子之孙子思的再传弟子，其学派俗称"思孟学派"。他对孔子的推崇已经达到了无以复加的地步。他认为："孔子，圣之时者也，孔子之谓集大成。"（《孟子·万章下》）"自有生民以来，未有盛于孔子也。"（《孟子·公孙丑上》）孟子一直以孔子学说的继承人自居，又说自己是孔门的"私淑弟子"。在理论上，在思想体系上，孔孟是一脉相承的。

孟子有一个重要的思想，认为"五百年必有王者兴"（《孟子·公孙丑下》），这所谓的"王者"，当然是统一天下的君主了。他推算了一下，从尧舜到商汤，再从商汤到周文王，都是五百来年。在他看来，尧、舜、商汤、周文王这样一些"王者"，都是应时代之运而生的。也就是说，社会发展到一定时期（孟子划定为 500 年）就会有一位"王者"出来整饬社会风纪，维护社会统一。从周文王到当今之世，已经超出五百年了，孟子相信也必有"王者兴"来整治天下的乱象。他所说的"王者兴"，显然就是担当起统一天下大任的伟人。

孟子与孔子一样，也周游过列国。孟子曾游历过齐、宋、滕、魏、鲁等国，前后时间长达二十余年。孟子周游列国的过程，实际上也是宣传自己"五百年必有王者兴"的理论的过程，也是寻找和培育"王者"的过程。他每到一地，"言必称尧舜"，他是希望有人站出来继承尧舜的道统，以担当"王者"的重任。"尧舜之道，不以仁政，不能平治天下。"（《孟子·离娄上》）他也主张效法周文王，认为"文王视民如伤"（《孟子·离娄下》）。主张学习文王不伤害民众、不扰民害民的精神，认为只要扎扎实实地施行仁政，"师文王，大国五年，小国七年，必为政于天下矣"（《孟子·离娄上》）！这些说法，显然是具有浓烈的理想主义色彩的。他举文王为例说道，文王当年只是居于岐山脚下的一个小邦，可是，他实行"耕者九一"的裕民政策，推行"关市讥（稽）而不征"的富民政策，实行对鳏、寡、独、孤等"天下之穷民"的优抚政策，文王的如此"发政施仁"，赢得了天下人的民心，最后也赢得了天下。孟子对齐宣王说："王如善之，则何为而不行？"（《孟子·梁惠王下》）孟子认为，如果你齐宣王认认真真地按照周文王的办法去做，那还有什么事办不成的呢？可惜齐宣王根本就没把他的话听进去，推三阻四地说这也办不到，那也办不好，最后干脆"王顾左右而言他"了。

孟子在魏国停留的时间挺长，对魏惠王（即梁惠王）也曾寄予厚望。孟子一到梁国（魏国），梁惠王就问："叟，不远千里而来，亦将有以利吾国乎？"（《孟子·梁惠王上》）当时孟子已五十多岁，故被梁惠王称为"叟"。梁惠王的意思是说，老先生啊，您年纪那样大了，还不远千里而来，您能给我国带来何种利益呢？孟子的回答很直白，他说："王何必曰利，亦有仁义而已矣。"孟子的意思是讲，你不要开口闭口就是一个"利"字，我给你带来的是一个好东西，那就是"仁义"。后来他在魏国那么长时间，讲的确实就是"仁义"两字。他要求梁惠王"与民偕乐"，批评其"王好战"，向梁惠王宣传"养生丧死无憾，王道之始也"，目的都是想让对方"行仁政"。可惜这些目的没有达到。

梁惠王去世后，接班的是"望之不似人君"的那位梁襄王。孟子在与新任王位的那位梁襄王见面时，双方曾有这样一番颇有意思的交谈——

梁襄王问："先生，请告诉我，天下要怎样才能太平下来？"

孟子回答："天下必将统一，统一后才能太平。"

梁襄王又问："那你看看现在谁能统一天下啊？"（言外之意是，我能不能统一天下啊?)

孟子回答说:"只有那种不嗜好屠杀民众的人,才能统一天下。"

梁襄王对此回答感到好奇了,问:"那种不嗜好杀人的人君,人家还会怕他吗?谁还能跟从他呢?"

孟子以禾苗生长为例回答:"大王啊!您知道禾苗生长的情况吗?当七八月间一发生干旱,狠毒的太阳当空照,人们怕它,也恨它,禾苗就会枯槁了。一旦天上乌云密布,下起大雨,雨水让禾苗又喜又爱,那么禾苗就长得茂盛了。如果人君像七八月间狠毒的太阳那样令人害怕的话,谁能受得了呢?"孟子又以严肃的口气告诉他:"只要为国君的不嗜杀人,爱护民众,民众都会跟从他的。如今各国的国君没有不嗜好杀人的,当然统一不了。当有一天出了不嗜好杀人的国君,那老百姓都会伸长脖子期待他的解救。如果像这样,老百姓归随他,就会像水向低处奔流一样,谁又有什么本事阻拦得了呢?"

孟子在这里强调的是民本思想。他纠正了当时统治者普遍存在的错误观念:当政者对民众要要威势,以为杀人越多越能统一天下。孟子说得很清楚,只有爱护民众的人,才能得到民众的拥戴,才能担当起统一天下的重任。

孟子这段与梁襄王对话的核心词汇就是"仁者无敌"。孟子这样说来:"地方百里,而可以王。王如施仁政于民,省刑罚,薄税敛,深耕易耨,壮者以暇日修其孝、悌、忠、信,入以事其父兄,出以事其长上,可使制梃以挞秦、楚之坚甲利兵矣!"孟子的意思是说,就是地方百里的小地方的首领,也能统一天下。如果他能施仁政于民众,减轻刑罚,减少赋税,教民众努力发展农耕生产,壮年人趁农闲时好好学习孝悌忠信的道理,以便在家里好好侍奉父老,外出尊敬长者,这样的民众,就是拿着木棍当武器,也能战胜坚甲利兵的秦楚之师。从根本上讲,这些正是"天下将定于一"的必要前提条件。

图书在版编目(CIP)数据

　成语里的万年中华史. 春秋战国卷 / 郭志坤,陈雪
良著. --上海:上海书店出版社,2024.7
　ISBN 978-7-5458-2368-4

　Ⅰ.①成… Ⅱ.①郭… ②陈… Ⅲ.①汉语-成语-
通俗读物②中国历史-春秋战国时代-通俗读物　Ⅳ.
①H136.31-49②K209

　中国国家版本馆 CIP 数据核字(2024)第 073808 号

责任编辑　岳霄雪　俞芝悦　解永健
封面设计　郦书径

成语里的万年中华史:春秋战国卷

郭志坤　陈雪良　著

出　　版　上海人民出版社　上海书店出版社
　　　　　(201101　上海市闵行区号景路 159 弄 C 座)
发　　行　上海人民出版社发行中心
印　　刷　江阴市机关印刷服务有限公司
开　　本　640×965　1/16
印　　张　22.5
字　　数　240,000
版　　次　2024 年 7 月第 1 版
印　　次　2024 年 7 月第 1 次印刷
ISBN 978-7-5458-2368-4/K·496

定　　价　95.00 元